K. O. Schmidt

Der geheimnisvolle Helfer in dir

K. O. Schmidt

Der geheimnisvolle Helfer in dir

Dynamik geistiger Selbsthilfe

Ein Brevier praktischer Lebenskunst

BAUER
Verlag Hermann Bauer
Freiburg im Breisgau

CIP-Titelaufnahme der Deutschen Bibliothek

Schmidt, Karl O.:
Der geheimnisvolle Helfer in dir : Dynamik geistiger
Selbsthilfe; ein Brevier praktischer Lebenskunst /
K. O. Schmidt. – 13. Aufl. – Freiburg im Breisgau : Bauer, 1989
ISBN 3-7626-7043-9

Von diesem Werk erschien eine französische Ausgabe
unter dem Titel »Le succès est à vos ordres«
in den Editions Astra, Paris,
und eine holländische Ausgabe
unter dem Titel »Uw verborgen krachten«
in der Uitgeverij De Cyclus, Leiden.

13. Auflage 1989
ISBN 3-7626-7043-9

Gesamtherstellung: May & Co, Darmstadt.
Printed in Germany.

I. Teil

Der Schlüssel zum Erfolg

»Weh denen, die in weiter Ferne suchen
und, was nahe liegt, nicht sehen!
Sie gleichen denen, die im Wasser stehen
und dabei vor Durst vergehen.«

Alter Spruch

KLEINE VOR-BESINNUNG

Strahlst Du Lebensfreude, Selbstvertrauen und Optimismus aus? Oder bist Du ein Sklave Deiner Sorgen und von der Last des Lebens gebeugt?

Steuerst Du, Deines Sieges gewiß, vollbewußt Deinem jeweiligen Ziele zu? Oder läßt Du Dich ziellos, der Linie des geringsten Widerstandes folgend, vom Leben treiben?

Weißt Du, was Du kannst, was Du willst und wie Du es erreichst? Oder überläßt Du Dich im wesentlichen dem Zufall und den Umständen?

Stehst Du schon dort, wo Du sein möchtest? Hast Du den hohen Lebensstandard, den Du ersehnst, schon erreicht?

Wenn nicht, dann laß Dir sagen, daß Du alles überwinden kannst, was Dir im Wege steht, und daß Du alles zu erreichen vermagst, was Du wünschest – gleich, wer Du jetzt bist, wo Du heute stehst und was Du augenblicklich tust!

Du kannst stark sein und ohne Furcht leben.

Du kannst so glücklich und reich sein, wie Du willst.

Du kannst Erfolg haben in allem, was Du unternimmst. Die Kraft und die Fähigkeit, kein Versager, sondern ein Jasager und Sieger zu sein, ist in Dir! –

Das ist kein billiger Trost, sondern eine Wahrheit, die die moderne dynamische Psychologie unwiderleglich klargestellt hat, die die großen Erfolgreichen auf allen Gebieten des Lebens längst praktisch nützen und die auch Dir helfen wird, Dein Leben und Schicksal zu meistern.

Und hier ist diese Wahrheit:

In Dir lebt ein Heinzelmännchen, eine verborgene Kraft, ein hilfreicher Genius, ein Gebieter über tausend unausgeschöpfte Möglichkeiten, der Dich zu den Höhen des Lebens emportragen kann. Das ist seine Aufgabe. Er vermag sie aber nur zu erfüllen, wenn Du ihm durch rechtes Denken und Verhalten und durch Dein Vertrauen die Möglichkeit gibst, Dir zu helfen.

Die alten Sagen vom hilfreichen Heinzelmännchen sind – im Lichte der modernen Seelenforschung gesehen – keine Märchen, sondern Wirklichkeit: ich nenne dieses Heinzelmännchen in Dir den »*Inneren Helfer*« und will gleich hier betonen, daß er mir unaufhörlich die besten Dienste leistet, daß ich alles, was ich erreicht und geschaffen habe, ihm verdanke, und daß ich aus unzähligen gleichartigen Erfahrungen anderer Menschen weiß, daß *jeder* diesen inneren Helfer zu seinem Freund und Verbündeten machen kann und zum Bürgen wachsenden Glückes und Erfolges im Leben.

Wie das geschehen kann und wie Du mit seinem Beistand alle Sorgen und Ängste, Schwierigkeiten und Nöte sicher überwindest, will ich Dir hier zeigen. Ich bin gewiß, daß Du mir eines Tages bestätigen wirst, daß der »innere Helfer« auch Dich sorgenfrei, glücklich und erfolgreich gemacht hat!

DYNAMISCHE PSYCHOLOGIE

Dies ist keine Lektüre im üblichen Sinne, die man zur Kenntnis nimmt und dann beiseite legt. Es ist der Universalschlüssel zu einem neuen Leben, den Du ständig zur Hand haben und mit dessen rechtem Gebrauch Du Dich gründlich vertraut machen solltest.

Habe keine Angst, daß ich Dich mit fremdwortreichen Theorien oder weltanschaulichen Meinungen langweilen werde. Was ich hier gebe, ist eine tausendfach bewährte *Methode erfolgreicher Selbst- und Lebensmeisterung durch dynamische Psychologie,* die keines Beweises bedarf, weil sie sich für den, der sie anwendet, sogleich selbst beweist. Aus dieser Methode leitet sich eine Vielzahl bewährter Rezepte ab zur Überwindung aller Schwierigkeiten und Nöte, wie sie sich im täglichen Leben jedes Menschen einstellen.

Die hier vermittelten praktischen Ergebnisse angewandter Psychodynamik werden Dir das schmerzliche Lehrgeld eigener leidvoller Erfahrungen und Enttäuschungen ersparen, das selbst die Erfolgreichsten zahlen mußten, *bevor* sie den hier gezeigten einfachsten Weg wirklicher Selbsthilfe entdeckten und gingen. Die im II. Teil gelehrte *Technik der geistigen Selbsthilfe* kann jederzeit ohne fremden Beistand angewandt werden: sie führt zur Selbstentspannung, Selbstruhigstellung, Selbst-Besinnung und zur Herbeiführung der Hilfe von innen. Die im III. Teil folgenden mannigfachen *Rezepte* sind durchweg von einer Vielzahl von Menschen aller Typen als nützlich und hilfreich erprobt und werden auch Dir helfen, die mannigfachen Sorgen und Nöte, Widrigkeiten und Hindernisse, die im Leben an Dich herantreten, erfolgreich zu meistern.

Die dynamische Psychologie oder *Psychodynamik* – auf deutsch: Seelenkraftlehre – führt Dich auf direktem Wege, also ohne quälende seelische Selbstzergliederung und mühsames Suchen nach Hemmungen und Verdrängungen, zu dem, was die Tiefenpsychologie erstrebt, aber keineswegs immer erreicht: zur *Psycho-Synthese,* d. h. zur *inneren Einung.* In ihr liegt der Schlüssel zur Meisterung aller Nöte, weil bei der Nach-Innen-Wendung in Stille und Meditation und in der Hingabe an den innersten Kern unseres Wesens die verschütteten Kräfte des Ewigen in uns aufbrechen, aufströmen und uns die Meisterung des Lebens ermöglichen.

Die dynamische Psychologie zeigt, daß unsere Hemmungen und Schwierigkeiten letztlich daher rühren, daß wir die *Atomenergien der Seele* ungenügend kennen und darum höchst unzulänglich meistern. Sie lehrt uns, die gewaltigen Tiefenkräfte, die bisher brach lagen, in konstruktiver Weise zu unserem Besten zu betätigen – durch rechtes Denken und Handeln – im Bündnis mit der stärksten Macht, die es gibt: dem Heinzelmännchen oder *Ingenieur in uns,* der die Atomenergien der Seele sinnvoll, lebenfördernd und erfolgbringend einzusetzen weiß – und es auch *tut,* sofern wir ihm nicht durch negatives Denken entgegenwirken, sondern uns ihm willig gleichschalten und ihn vertrauensvoll unser Wohl wirken lassen.

Das Ganze der dynamischen Psychologie ist hier auf einen Generalnenner gebracht – den *»inneren Helfer«* – und zugleich so leicht anwendbar gemacht, daß sich jeder sofort erfolgreich als Psychodynamiker betätigen und sich und sein Leben von innen her zu meistern in der Lage ist.

Was mit den Mitteln und Methoden der Psychodynamik erreicht wird, ist ebenso bedeutsam wie schicksalentscheidend: es ist eine innere Wandlung und Erneuerung, die automatisch die Wandlung und Erneuerung des äußeren Lebens nach sich zieht. Mit dieser Wandlung können wir rechnen, an sie dürfen wir glauben, von ihr dürfen wir alles erwarten. In ihr werden wir das, was *Nietzsche* als höchstes Ziel seines Lebens erkannte, aber nie erreichte: »Ich möchte irgendwann einmal nur noch ein *Ja-Sagender* sein«: wir werden *Bejaher und Neugestalter des Lebens von innen her.* Wir lernen, den Schwerpunkt unseres Daseins von außen nach *innen* zu verlegen, und das äußere Dasein von innen aus erfolgreich zu meistern.

Das ist der Anfang eines neuen Lebens, hundertmal schöner als das alte und frei von allem, was Dich bisher nicht froh und glücklich werden ließ – reich an Gedanken und Beglückungen und an neuen Möglichkeiten, mit den Dingen fertig zu werden und durch bewußte Partnerschaft mit dem inneren Helfer Deines Schicksals Schmied zu sein.

DER INNERE HELFER

Du suchst Hilfe in Deiner Zerrissenheit, Trost für Deinen Kummer, Befreiung von Deinen Sorgen, Erlösung vom Leid. Diese Hilfe wird Dir werden, sowie Du sie nicht mehr außer Dir suchst, sondern in Dir.

In Dir ist ein Helfer, auf den Du Dich restlos verlassen kannst, ohne je verlassen zu werden, ein Helfer, der – wie der Geist in Aladdins Wunderlampe – nur auf Deine Wünsche wartet und auf Dein Vertrauen, um Dir beizustehen. Die Besinnung auf das Heinzelmännchen in Dir macht Dich frei von fremder Hilfe, stellt Dich erstmalig und endgültig auf Deine eigenen Füße und gibt Dir das Bewußtsein, daß Du selbst Deines Schicksals Meister bist.

Das ist das erste, was Du erkennen mußt, wenn Du wirklich frei werden willst: *Alle Kraft ist in mir!* »Die Wahrheit«, sagt der englische Dichter *Browning,* »ist in uns, nie kommt sie von außen, sei Dein Glaube, wie er will. In jedem von uns ist ein Zentrum der Kraft, wo die Fülle der Liebe und Wahrheit wohnt.«

Daß der innere Helfer der einzige wirkliche und unverlierbare Freund ist, den wir haben, war auch die Erkenntnis *Emersons:* »Vollkommenen Frieden erlangt nur der, dem das eigene innere Selbst Freund und Berater ist. Wer zu viele Freunde hat, verliert sich selbst. Darum wende Dich an Deinen inneren Führer und besprich mit ihm die Sorgen, die Dich bedrücken, und die Pläne, die Du ausführen möchtest.«

Wenn Du es tust, wirst Du schrittweise aus einem lebensunsicheren Schwächling zu einem Riesen an Kraft. »Wenn Du zur vollen Erkenntnis Deiner inneren Kraft erwachst, bist Du imstande, Dein Leben völlig nach Deinem Willen zu gestalten«, sagt Ralph Waldo *Trine* – und das ist, wie Du bald sehen wirst, nicht zuviel versprochen.

Was die dynamische Psychologie in Übereinstimmung mit den Weisen aller Zeiten und Zonen und mit den großen Erfolgreichen in allen Völkern als befreiende Erkenntnis verkündet und beweist, ist dies:

Du kannst aus jeder Not und Gefahr siegreich hervorgehen und Glück und Erfolg erlangen, soviel Du ersehnst und bejahst!

Du kannst ungeahnte Energien in Dir entfesseln und mit ihrer Hilfe Dein Schicksal meistern!

In Dir schlummern alle Kräfte und Möglichkeiten, um glücklich, gesund und erfolgreich zu sein. In Dir ist das strahlende Zentrum des Lebens, in Dir ist der Himmel, den Du ersehnst – Du mußt ihn nur erkennen und in die Welt hinausstrahlen! Besinne Dich auf diese innere Kraft, Deinen inneren Helfer, durch den Du eins bist mit den Kräften des Alls!

Immer noch gilt, was vor Jahrtausenden der indische Weise Manu lehrte: »Wer in seinem innersten Selbst den unsichtbaren Gesetzgeber aller Dinge erkannt hat und ihm allein vertraut, der hat die Seligkeit erlangt.«

Du wirst hier – mit Recht – die Frage stellen, ob dieser »Innere Helfer« auch keine Phantasiegestalt ist, sondern greifbare Realität.

Hier meine Antwort: Die moderne Seelenforschung hat begonnen, das Dasein und Wirken des Inneren Helfers aufzudecken. Aber was viel wichtiger ist: *Du selbst* kannst ihn jederzeit als innere Wirklichkeit erleben und sein Wirken in der Außenwelt zu spüren bekommen. Ich erspare es mir, hier auch nur einen jener ungezählten Fälle zu schildern, in denen der Innere Helfer in besonderer Weise in das Leben derer, die ihm vertrauten, eingriff. Wer es *selbst erlebt* hat, wie in schwierigen Lagen die Stimme des Inneren Helfers beratend ertönte oder wie von innen her Kraft und Hilfe kam, der fragt nicht mehr nach Beweisen. Und wer es noch nicht erlebte, der wird nur durch *eigene Erfahrung* wirklich überzeugt werden. Eben dazu wird hier der Weg gezeigt.

Es gibt kein größeres Glück für den nach Halt und Kraft, Frieden und Sicherheit suchenden Menschen als dieses Erleben des Inneren Helfers und des Geborgenseins in seiner Hut. Nichts ist erstrebenswerter als die Gewißheit, daß seine starke Hand uns hält und schützt, so daß uns kein Leid geschehen kann. Und nichts wirkt erlösender, als wenn wir in der Stille die tröstende Stimme des Inneren Helfers vernehmen:

»Fürchte dich nicht! Ich bin bei dir und helfe dir! Meine Kraft ist deine Kraft! Mein Leben ist dein Leben! Vertraue mir – und dir wird nichts mangeln!«

Die Erfahrung der lebendigen Gegenwart dieses Inneren Helfers steht im Mittelpunkt aller bedeutenden Philosophien und Religionen – vom alten Indien bis in unsere Zeit. Unter den verschiedensten Namen ist der Innere Helfer in den Lehren der Weisen und Erleuchteten aller Zeiten aufgetaucht – allerdings, ohne daß die Menschheit bis heute das lebendige Bewußtsein seiner Gegenwart in ihren Alltag hineintrug:

Es ist der »Brahma im Menschen« der altindischen Philosophen, der »Purusha« der Upanishaden, der »Guru« der Yogapraktiker, der »Fylgjur«, der »unsichtbare Freund und Gefährte« der alten Germanen, das »Daimonion« des Sokrates, die innere Stimme, die ihn zeitlebens beriet.

Er ist das »transzendentale Subjekt« der Spiritualisten, der »geistige Führer« der Illuminaten, der »sechste Sinn« der Okkultisten, der »geistige Arzt« und wie er sonst noch von all denen genannt wird, die ihn erlebten.

Er ist das »Es« der Psychoanalytiker, das in den tiefsten Gründen des Unbewußten als der »Ingenieur in uns« die leibseelischen Funktionen regelt und das Verhalten des Menschen bestimmt. Er ist »die schöpferische Kraft in uns«, das »Über-Ich« der modernen Philosophie, das als der unsichtbare Partner des Ich diesem erst die Möglichkeit gibt, das Leben zu meistern. Er ist die »irrationale Potenz«, die der Ratio, dem rechnenden Verstand, als urtümliche Kraft der Intuition, der unmittelbaren Wahrheitsschau, und als der *»innere Kybernetes«* (Steuermann und Schicksalslenker) gegenübersteht.

Er ist der »Genius« der Dichter und Künstler, der »Engel« der Seher, der sie zur Erkenntnis des Wesens und der Wahrheit des Lebens befähigte. Er ist das »Höhere Selbst« oder »Überselbst« der Esoteriker aller Richtungen, das »Fünklein« der Mystiker, der »überschattende Genius« der Theosophen, der große Baumeister unseres Leibes und unseres Lebens.

Er ist das »innere Licht« der Quäker, der »Gottfunke« der Stillen im Lande, der »Schutzengel« der verschiedenen christlichen Bekenntnisse, dessen Wirkungsbereich unbegrenzt ist, weil er jenseits steht von Raum und Zeit.

Es ist unmöglich, hier die Geschichte des Inneren Helfers in all seinen Erscheinungsformen zu verfolgen. Es wird genügen, wenn wir im weiteren *ein* Beispiel aus tausenden herausgreifen: das des großen griechischen Weisen *Sokrates*. An diesem Beispiel wird – bei Besprechung der Wirkungsweise des Inneren Helfers – gezeigt, daß er sich, wenn Du einmal die Verbindung mit ihm erreicht hast, immer zur rechten Zeit ankündet und einschaltet – sei es durch einen befreienden »Einfall«, eine beglückende Inspiration, eine plötzlich aufblitzende Gewißheit, durch eine Warnung in Gefahr oder durch einen Rat, durch eine Welle der Kraft und Glückseligkeit, oder durch den unmittelbaren Eingriff in das äußere Geschehen, was von Unwissenden als Wunder gewertet wird.

Emerson nennt ihn die »Überseele«, deren Innewerden ihn dazu brachte, »so völlig darauf zu vertrauen, daß alles Gott ist, was tief in unserem Innern lebt, daß er stets vor aller Augen tat, was die innere Stimme ihm riet.«

»Der unendliche Geist wohnt in unserer Seele«, lehrte lange vor Emerson der große Stoiker *Seneca.* Und noch dreitausend Jahre früher gab ein Erleuchteter des Ostens der gleichen Wahrheit Ausdruck: »In allen Herzen wohnt der strahlende Eine, so wußten die Weisen von Urbeginn an.«

»Sein Name ist: Gott im Menschen«, umschrieb *Laotse* das Erlebnis des Inneren Helfers. Von ihm führt eine lange Reihe von Namen bis zu *C. G. Jung,* dem führenden Psychotherapeuten unserer Tage, der diese höchste Instanz im Menschen den »inneren Gott« oder das »Selbst« nennt.

Doch genug der Beispiele, die Dir zeigen mögen, daß die letzte Weisheit der Tiefenpsychologen, der großen Philosophen, Mystiker und Erleuchteten aller Zeiten wie der großen Religionen auf die Bejahung der lebendigen Gegenwart des *»Inneren Helfers«* im Menschen hinausläuft.

In jedem Augenblick wacht dieser Innere Helfer über uns. Jederzeit steht er uns zur Verfügung. Unaufhörlich mahnt und rät uns seine Stimme. Aber nur selten hören wir auf das innere Wort. Zumeist wird die leise innere Stimme vom Lärm der Außenwelt übertönt ...

... Nur wenn wir, von Leid und Sorgen bedrückt, in einer stillen Stunde in uns hineinlauschen, werden wir wach für die Stimme des Innern.

Und in dem Maße, als wir uns, wie *Trine* sagt, »dem Willen unseres höheren Selbstes und der Erkenntnis unserer Einheit mit dem Geist des Lebens öffnen, wächst die Klarheit, mit der die Stimme des Innern zu uns spricht. Je williger wir ihr lauschen und ihrem Rate folgen, desto deutlicher spricht sie zu uns, bis allmählich die Zeit kommt, in der ihre Leitung unfehlbar wird.« Dann erkennen wir, wieviel Not wir hätten vermeiden können, wenn wir schon früher der Stimme des inneren Helfers gelauscht und uns seiner Führung überlassen hätten.

Die Gegenwart des Inneren Helfers bedeutet aber nicht, daß Du nun einfach alles ihm überlassen und selbst die Hände in den Schoß legen kannst. Die Erfahrung lehrt, daß der Innere Helfer Dir nur soweit beisteht, als Du Dir selbst zu helfen entschlossen bist. Du mußt tun, was Du zu tun vermagst, und zugleich dem Inneren Helfer vertrauen; dann tut er das Seine, um Dein Wohl aufs beste zu fördern.

Eben dieses Bewußtsein ist es, das den Menschen stark und mutig, aktiv und erfolgreich macht: die Gewißheit, daß er nicht allein steht, sondern mit dem Inneren Helfer verbündet ist, der stärker ist als alle äußeren Mächte, die sich gegen ihn stellen könnten.

DIR GESCHIEHT NACH DEINEM GLAUBEN!

– Aber was nützt mich der Innere Helfer, wenn ich von seinem Vorhandensein nichts merke? Gibt es einen Weg, sein Dasein und Wirken mit Sicherheit zu erleben?

– Gewiß, einen solchen Weg gibt es. Es ist der *Weg nach innen,* über den noch zu sprechen ist. Auf diesem Wege gelangst Du früher oder später zum Erleben der Hilfe von innen. Bevor der Innere Helfer sich Dir fühlbar äußern kann, muß er zuvor von Dir angesprochen werden. Du kannst ihn nicht sehen, aber Du kannst ihn fühlen und sein Wirken wahrnehmen. Ähnlich wie Du den elektrischen Strom zwar nicht sehen, aber fühlen und zum Wirken bringen kannst, so vermagst Du die Kraft des Inneren Helfers durch rechte innere Schaltung zum Wirken zu bringen und so das Unsichtbare sichtbar zu machen – an den Wirkungen, die es in Deinem Leben auslöst.

– Und welcher Art sind diese Wirkungen?

– Sie sind mannigfachster Art und führen von augenblicklich spürbaren Besserungen im körperlichen und seelischen Befinden bis zur vollständigen Wandlung Deines Lebens und Deiner Umwelt.

Der Innere Helfer kann jede Last leicht machen, jede Sorge in eine Beglückung, jeden Fehlschlag in einen Erfolg verwandeln. Die Richtung seines Wirkens wird entscheidend bestimmt durch Dein Denken, woraus die Forderung *bejahenden Denkens* entspringt, das es ihm möglich macht, immer sichtbarer Dein Wohl zu wirken. Denn ihm eignet eine unvorstellbare Zielstrebigkeit, die ihn nicht ruhen läßt, bevor das Ziel, das Du ihm bewußt oder unbewußt durch die Richtung Deines Denkens stecktest, erreicht ist . . .

. . . Er ist immer wach und tätig und stets bereit, Dir zu helfen und zu raten. Er macht Dich, wenn Du ihm vertraust, gelassen und froh, selbst wenn alles verloren scheint. Er zieht die Dinge und Menschen an, die Dich jeweils am besten fördern. Er gibt Dir neue Gedanken und macht Dich hellsichtig für neue Möglichkeiten. Er mehrt Deine Erkenntnis und stählt Deinen Willen. Er kann Dir helfen, Vergessenes oder Verlorenes wiederzufinden und Gewißheit zu erlangen, wo Du von Zweifeln gequält wirst.

. . . Er kann Deine Arbeitslosigkeit beenden und Dich zu den Menschen führen, die Dir beistehen werden. Er kann Dir den Lebensgefährten suchen, mit dem Du am glücklichsten wirst. Er kann Dich gesund machen und Dich in Harmonie mit dem Unendlichen bringen. Er kann das Herz Deiner Feinde verwandeln, daß sie Deine Freunde werden. Er kann Deinen Lieben, wenn sie krank sind, neue Kraft geben – kurz: er kann jeden Deiner Wünsche erfüllen, wofür im weiteren eine Fülle von Beispielen gegeben wird.

Der Innere Helfer macht Dich mächtiger als das Schicksal. Er gibt Dir die Kraft, Dein Leben im Lichte der Ewigkeit zu betrachten, zu bejahen und zu meistern. Er erfüllt Dich mit den kosmischen Energien der Harmonie, der Liebe, der Gesundheit, des Mutes und des Erfolgs, wenn Du ihn um Kraft, um Mut, um Weisheit bittest.

Alles, was Du ersehnst, gibt er Dir nach dem Maße Deines Vertrauens.

Doch wozu erzähle ich Dir von der Größe der Macht des Inneren Helfers, der Dir Freund und Bruder, Vater und Führer, Lehrer und Befreier sein kann! Geh' den Weg nach innen und eine Dich ihm – dann weißt Du dies alles bald selber und besser!

≈

Um Dich der Kräfte des Inneren Helfers zu bedienen, ist vor allem eines nötig: *Hingabe* an ihn und rückhaltloses *Vertrauen.*

Meister *Eckehart* hat einmal gesagt: »Dem gläubigen Menschen sind alle Dinge möglich, und nach der Stärke seines Glaubens wird er im Gebete erhört.« Das ist ein tiefes Wort: nur der, der sich glaubens- und vertrauensvoll auf die Hilfe von innen einstellt, wird sie erlangen und erfahren. Das gleiche meint das Bibelwort:

»So jemand unter euch Weisheit mangelt, der bitte Gott, so wird sie ihm gegeben werden. Er bitte aber im Glauben und zweifle nicht; denn wer da zweifelt, der ist der Meereswoge gleich, die vom Winde getrieben und verweht wird. Ein solcher Mensch denke nicht, daß er etwas empfangen werde.«

Das Vertrauen ist die Kraft, die Dich am schnellsten mit dem inneren Helfer verbindet. Es ist das Öl, das den »psychischen Automatismus« leichter arbeiten läßt. Wo das Vertrauen fehlt, kann die Hilfe von innen nicht voll wirksam werden.

Es ist ähnlich wie bei Dir: Fühlst Du nicht auch Deine Kräfte lahmgelegt, wenn Du siehst, daß man Dir nicht vertraut, Dir nichts zutraut? Genau so geht es dem Inneren Helfer, der Deine Gedanken und Gefühle jederzeit restlos durchschaut. Erst wenn Du seine Kräfte vertrauend bejahst, stehen sie Dir zur Verfügung.

Die Menschen früherer Zeiten besaßen dieses absolute Vertrauen – darum vermochten sie geist-schöpferisch zu wirken. Der seelisch zerrissene Gegenwartsmensch hat zumeist den Anschluß an die inneren Kräfte verloren, und erst das Vertrauen, die stete stille *Bejahung* derselben verbindet ihn nach und nach aufs neue mit den Kräften des Geistes und dem Inneren Helfer.

Blicke auf die größten Männer der Weltgeschichte: ihr Vertrauen auf ihre innere Kraft war das Pferd, das sie an ihr Ziel trug. Ihr Vertrauen war zugleich Selbstbesinnung und Anschluß an die Kraftströme der geistigen Welt. Ihr Vertrauen vermehrte ihre Kräfte um die Allkraft des Inneren Helfers und bewirkte, daß ihre Taten für Tausende und Millionen schicksalbestimmend wurden, daß ihre Ideen noch heute leben.

Je größer Dein Vertrauen, desto inniger wird Deine Einheit mit dem Inneren Helfer und desto größer Deine Klarheit und Sieggewißheit selbst in den gefährlichsten Lagen. Dein bejahendes Denken macht die Kraft in Dir zu einem Magneten, der das Ersehnte anzieht.

Vielleicht spürst Du den Erfolg nicht immer gleich; aber irgendwann, wo Du es vielleicht am wenigsten erwartetest – zu der Stunde, die der Innere Helfer für die richtige hält –, wirst Du für Dein Vertrauen belohnt: Du bist in Not, weißt Dir keinen Rat – da strömt es jäh in Dich ein, neuer Mut, neue Kraft quillt empor aus den Tiefen Deiner Seele. Dein Selbstvertrauen kehrt wieder, plötzlich siehst Du den Ausweg und erringst den Erfolg!

Immer ward und wird Dir Erfüllung Deines Sehnens nach der Stärke Deines Vertrauens.

DIE BESTE PARTNERSCHAFT

Die Tatsache, daß der innere Helfer immer gegenwärtig und immer bereit ist, uns beizustehen, nützt uns nichts, solange wir uns nicht von ihm helfen lassen wollen, solange wir alles selber machen wollen – genau so, wie ein Bankkonto für uns wertlos ist, wenn wir nichts von ihm abheben.

Erst wenn wir mit unseren äußeren Hilfsquellen am Ende und bereit sind, einmal die *Partnerschaft mit dem Inneren Helfer* zu versuchen, entdecken wir, daß wir über Kräfte und Mittel verfügen, die den Wert eines vergessenen und unabgehobenen Bankkontos weit übersteigen, weil sie praktisch unausschöpfbar sind.

Mit der Teilhabe an der Hilfe von innen ist es ähnlich wie mit dem Schwimmen: Wer ins Wasser fällt, nicht schwimmen kann und deshalb von der Angst gepackt wird, verkrampft sich und zappelt sich ab, bis er untergeht und ertrinkt. Wenn er hingegen entspannt bleibt und sich richtig verhält, entdeckt er, daß das Wasser ihn trägt und daß es nicht schwer ist, ans Ufer zu kommen.

Im Meer des Lebens ist es nicht anders: solange wir, angstverkrampft, gegen die Widrigkeiten des Daseins ankämpfen, zappeln wir uns vergeblich ab und gehen schließlich unter. Wenn wir uns hingegen *entspannen* und uns richtig verhalten, dem Inneren Helfer vertrauen und das Leben bejahen, dann entdecken wir, daß das Leben uns freundlich gesonnen ist und daß der Innere Helfer uns trägt, bis das Ufer des Erfolgs erreicht ist.

Die Nutzanwendung aus dieser Erkenntnis wirst Du im weiteren zu ziehen lernen und dabei selbst feststellen, daß die bewußte Partnerschaft mit dem Inneren Helfer Glück und Erfolg bedeutet, Frieden und Freude, Harmonie, Fortschritt und Fülle.

Je bewußter Du Dich täglich in Stille und Meditation mit dem Inneren Helfer verbindest und verbündest und Dich vertrauensvoll seiner Weisheit und Führung überlässest, desto gelassener wirst Du und desto überlegener, desto mehr Kräfte werden frei und stehen zu Deiner Verfügung und desto mehr Möglichkeiten erfolgreichen Vorwärtsschreitens erschließen sich Dir.

Die Partnerschaft mit dem Inneren Helfer bedeutet Glück, Kraft, Harmonie, Gesundheit und Fülle von innen her. Was Du, von diesen Kräften des Innern erfüllt, wirkst, wird immer zum Erfolg führen.

Vergiß aber nie, daß der Innere Helfer kein Perpetuum mobile ist, das, einmal angekurbelt, für immer von allein weiterläuft. Er bedarf Deines steten positiven Denkens, um seine Kräfte ständig voll zu entfalten.

Um diese *positive innere Haltung* immer fester in der Seele zu verankern – denn die menschliche Natur neigt dazu, immer wieder in den alten Schlendrian negativen Denkens zurückzufallen! –, ist tägliche Übung der Entspannung und *Meditation* nötig. Nur dadurch wird die neue geistige Haltung Dir nach und nach zur Gewohnheit, zur zweiten, zur ersten Natur. Immer, wenn Du Dich schwach, mutlos oder müde fühlst, besinne Dich daher:

»Ich bin eins mit den Kräften des Inneren Helfers! Er ist mein Hort und mein Schutz, mein Berater und Führer. Er steht mir bei. Er leitet mich und sorgt für mich. Er erfüllt mich mit neuer Kraft und neuem Mut und bewirkt, daß mein Weg aufwärts führt. Mit seiner Hilfe erreiche ich alles, was ich ersehne. Denn er und ich: wir sind immer die Stärkeren und allen äußeren Umständen überlegen!«

Morgens beim Aufwachen bejahe täglich aufs neue:

»Ich bin eins mit dem Inneren Helfer. Ich lasse ihn den ganzen Tag durch mich wirken. Er führt mich auch heute wieder zu größerer Gesundheit und Fülle, Kraft und Harmonie. Ich werde heute nur das denken, was ihm sein Wirken erleichtert!«

Oder kürzer:

»Ich bin eins mit dem Inneren Helfer. Er hilft mir immer und in jeder Hinsicht!«

Ebenso bejahe seine Gegenwart allabendlich unmittelbar vor dem Einschlafen etwa wie folgt:

»Mein Innerer Helfer bringt mich in immer bewußtere Har-

monie mit den Kräften des Alls und wirkt, auch wenn ich schlafe, unermüdlich an der Verwirklichung meiner Wünsche. Durch ihn bin ich eins mit allen Menschenbrüdern. Ich bin eins mit dem Ewigen, eins mit den Geistkräften des Alls.«

Sowie der Kontakt lebendiger geworden ist, gehe in der Bejahung von der dritten Person zur zweiten über, also statt: »Mein Innerer Helfer bringt mir . . .« nunmehr in unmittelbarer Hinwendung an ihn: *»Du, mein Innerer Helfer, bringst mich in immer bewußtere Harmonie mit den Kräften des Alls.«* Dieser Hinweis gilt auch für alle weiter angegebenen Bejahungen.

Den, der sich auf solche Weise auf den inneren Halt verläßt, kann nichts umwerfen. Er erweist sich allen Widrigkeiten gegenüber als der Stärkere. Aber man muß das Dasein und Wirken des Inneren Helfers nicht nur *bejahen,* sondern es mit Leib und Seele *fühlen* und sich diesem Gefühl so restlos hingeben, bis einem nichts gewisser ist als die Tatsache des Von-innen-her-gestützt-, -beschützt- und -geführtseins.

Ein Zeichen dafür, daß Du den Anschluß an den Inneren Helfer erlangt hast, ist das eines Tages in Dir erwachende und von da ab immer mehr wachsende *Gefühl innerer Krafterfülltheit* und wohligen Geborgenseins. Es kann den Menschen so stark überkommen, daß er glaubt, aus der Fremde in die Heimat zurückgekehrt zu sein, oder als ob alles in ihm Licht sei. Bei jedem äußert sich dieses Erleben der Partnerschaft mit dem Inneren Helfer anders; jeder aber weiß von dem Augenblick an mit absoluter Gewißheit:

»Ich bin jetzt eins mit den Kraftströmen meines Inneren Helfers, die gespeist werden aus den Energiequellen des Unendlichen. Durch die Kraft in mir bin ich Herr meiner Gesundheit, meines Lebensglücks und meines Geschicks!«

Und er weiß zugleich, daß Vertrauen zum Inneren Helfer Selbst-Vertrauen im höchsten Sinne dieses Wortes bedeutet – und Vertrauen zum Schicksal. Schicksalsvertrauen aber bedeutet *Lebensüberlegenheit aus Schicksalsgelassenheit.*

II. TEIL

Technik der geistigen Selbsthilfe

»Vertraue in jedem Falle Deiner eigenen Seele; darin besteht das Halten der Gebote Gottes.«

Ecclesiasticus (2)

DER WEG NACH INNEN

In den Sagen vom Heinzelmännchen heißt es beziehungsvoll, daß es seine Wohn- und Werkstatt in den schweigenden Tiefen der mütterlichen Erde habe und nur hervorkomme und unser Wohl wirke, während wir schlafen.

In der Tat liegt die Heimstatt des inneren Helfers tief unter der Schwelle des Bewußtseins – in den schweigenden Tiefen des Unbewußten oder besser: des Überbewußten; und er hilft am besten, wenn das meist negativ gestimmte Tagesbewußtsein weitgehend abgeschaltet ist.

Es ist nun durchaus nicht nötig, daß wir zu diesem Zweck den Schlaf aufsuchen, wir können vielmehr sogar wachbewußt in lebendige Verbindung mit dem Heinzelmännchen in uns und seinen Kräften kommen – nämlich auf dem Wege nach innen, in dem der Selbstruhigstellung folgenden Schweigen der *Meditation*.

Bedenke einmal, was das praktisch bedeutet:

Der Mensch lebt im allgemeinen von einem Bruchteil seiner

wirklichen Kräfte – durchschnittlich von einem Siebentel. Die übrigen sechs Siebentel seiner Kräfte, Fähigkeiten und Möglichkeiten schlummern zeitlebens unausgenützt in den unzugänglichen Tiefen seines Wesens.

Ich vergleiche den wachbewußten Menschen gern mit einem schwimmenden Eisberg, von dem der kleinere Teil – etwa ein Siebentel – über dem Meere sichtbar ist (das Wachbewußtsein), während die übrigen sechs Siebentel (das Unter- und Überbewußtsein) unter der Meeresoberfläche (der »Bewußtseinsschwelle«) verborgen bleiben und, wie das bei schwimmenden Eisbergen und brachliegenden Kräften leicht der Fall ist, mehr Unheil stiften als Segen.

Im Mittelpunkt nun dieses größeren, unsichtbaren Teils unseres Wesens ist die Heimstatt des inneren Helfers. Von hier aus wirkt er unaufhörlich auf unseren Körper regenerierend und heilend und auf unser Leben ordnend und lenkend ein, ohne daß wir in der Regel viel davon merken. Alles Große und Wesentliche geschieht ja in der Stille.

Es liegt auf der Hand, daß es eine enorme Erhöhung unserer Kraft, Produktivität, Dynamik und Lebenstüchtigkeit und eine allseitige Bereicherung unseres Daseins bedeuten würde, wenn es möglich wäre, die Tiefenkräfte des Un- und Überbewußten voll in unseren Dienst zu stellen, die Partnerschaft mit dem inneren Helfer zu erreichen und uns seine volle Mitwirkung bei der Verwirklichung unserer Wünsche zu sichern.

Eben das ist möglich.

Es ist möglich, in lebendige Verbindung mit der zentralen Instanz im Innersten unseres Wesens, mit dem Schicksalslenker in uns, dem *Inneren Helfer,* zu gelangen, der die Antwort weiß auf jede Frage, die uns bewegt, der die Lösung jedes Problems kennt, das uns quält, der uns die Kraft leihen kann, jede Schwierigkeit zu meistern, der jedwede Fähigkeit in uns erwecken kann, von deren Entfaltung die Erreichung eines Zieles abhängt, der unseren Lebensweg weit in die Zukunft hinein übersieht und, wenn wir ihm vertrauen, im

Voraus Hindernisse beiseite räumt und Schicksalsfäden knüpft, die sich im rechten Augenblick segenbringend auswirken ...

Und *wie* ist das möglich?

Durch die *Meditation*, das heißt die schweigende Einwärtswendung zum Inneren Helfer. Die Meditation, deren einfache Technik Du gleich kennenlernen wirst, dient allgemein dazu, den Anschluß an die Tiefenkräfte des Ewigen in Dir herbeizuführen und Dir zu helfen, aus der Selbstruhigstellung, Versenkung und inneren Einung Kraft und Weisheit für den Lebenskampf zu gewinnen.

Als das eigentliche Mittel geistiger Selbsthilfe dient die Meditation Dir im besonderen bei der Überwindung innerer Hemmungen und äußerer Hindernisse und zur Lösung schwieriger Fragen von innen heraus, indem sie die latenten Kräfte Deines Inneren Helfers aktiviert.

Wir stellen damit die Meditation bewußt in den Dienst rechter Lebensführung. Sie sollte nie Selbstzweck sein – nie ein Mittel, uns angenehmen Gefühlen hinzugeben, uns um unsere Alltagspflichten zu drücken und uns einem beschaulichen Leben zu ergeben –, sondern sie soll das gottgegebene Mittel sein, mit Hilfe der in ihr erwachenden und entwickelten Innenkräfte zu einer harmonischen, wirklichkeitsgemäßen und erfolgreichen Lebensführung zu gelangen.

Schweigende Einwärtswendung zum Inneren Helfer – das ist Wesen und Sinn der Meditation, in der wir dem Inneren Helfer Fragen stellen oder unsere Wünsche ans Herz legen, wobei die Antwort oder Hilfe um so rascher erfolgt, je positiver, gefühlsbetonter und bejahender dabei unsere Gedanken sind. Denn davon hängt der Umfang der Kräfte ab, die in den Tiefen unserer Seele ausgesprochen und mobilisiert werden.

Die vertrauensvolle Bejahung dessen, was wir verwirklicht wünschen – das ist das zweite Merkmal der Meditation. Die Bejahung ist der Anfang der Verwirklichung – das Saatkorn, das in der Meditation vom inneren Licht zum Leben erweckt wird, zu keimen und zu wachsen beginnt, bis es aus dem Erdreich der Seele in die Alltagswirklichkeit hinauswächst.

Durch jede Bejahung werden die Wachstums- und Bilde-Kräfte des Lebendigen angesprochen, die Werdekräfte des Unsichtbaren, die an der Verwirklichung des Bejahten zu arbeiten beginnen, bis es aus einem inneren Ur-Bild und Zu-Stand zu einem äußeren Abbild und Gegen-Stand geworden ist.

Dieser Werdeprozeß ist, einmal angelaufen, unaufhaltsam: der beharrlich bejahende Mensch verwandelt sich innen und außen; er wird zum Magneten für das, was er bejaht; er wächst um das, was er liebt; und alle Wege, die er nun geht, ebnen sich unter seinen Füßen. Der geistige Schwerpunkt seines Daseins liegt nun nicht mehr in den Dingen und Umständen, sondern im Zentrum seines Wesens; sein Innerer Helfer ist zum Lenker seines Lebens geworden und führt ihn unmerklich auf die Sonnenseite des Daseins und zu immer lebendigerer Harmonie mit den Kräften des Ewigen, die ihm aus der Tiefe seiner Seele und aus allen Dingen und Wesen der Umwelt zuströmen und ihm helfen, sein Leben seinem innersten Wesensgesetz gemäß zu gestalten.

PRAXIS DER MEDITATION

Ich sagte schon, daß die Praxis der Meditation überaus *einfach* ist. Der Beginn der Meditation, die Entspannung des Körpers, ist eigentlich etwas, was wir allabendlich beim Einschlafen unbewußt tun – nur daß wir bei der Meditation eben nicht einschlafen, sondern durch das offene Tor nach innen hindurch- und weiterschreiten bis zum Einssein mit dem Inneren Helfer, um ihm unsere Sorgen zu unterbreiten und seinen Beistand zu erbitten.

Betrachte die folgenden Anleitungen als allgemeine Richtlinien, bei denen nicht die buchstäbliche Befolgung, sondern das Bewußtsein wesentlich und erfolgentscheidend ist, daß alles kinderleicht ist und keiner Anpassung und Willensanstrengung bedarf. Wo immer sich Spannung, das Gefühl des Sich-anstrengen-müssens einschleicht, kannst Du gewiß sein, daß Du es falsch machtest.

Zuvor noch ein paar Vorbemerkungen:

Die Meditation, deren Technik nun vermittelt wird, wird immer dann angewandt, wenn man das Gefühl hat, daß sie einem helfen kann, außerdem *morgens* beim Aufwachen und *abends* vor dem Einschlafen.

Während der *Morgen-Meditation* richtet man seine Gedanken mehr auf Dinge und Fragen des vor einem liegenden Tages, also auf äußere Sorgen, materielle Hindernisse, geschäftliche Fragen, Familienangelegenheiten und ähnliche Dinge, während der *Abend-Meditation* hingegen auf Fragen, die der geistigen Seite des Lebens zugehören, also auf seelischen Kummer, innere Hemmungen, Fragen des inneren Fortschrittes und auf die großen Zielsetzungen des Lebens. Abends geht die Meditation am besten unmittelbar in den Schlaf über, wobei man mit dem beruhigenden Bewußtsein einschläft, daß der Innere Helfer über Nacht unsere Probleme löst und unser Wohl wirkt – im Sinne des buchstäblich wahren Bibelwortes: »Den Seinen gibt's der Herr im Schlafe.« –

Wenn Du nach den ersten Meditationsübungen nicht gleich Erfolge verspürst, weil Du ja zuerst durch eine ziemlich dicke Isolierschicht von oft lebenslänglich gehegten negativen Vorstellungen, die sich wie eine harte Kruste um Dein Seeleninnerstes gelegt hat, hindurchstoßen mußt, laß Dich nicht entmutigen. Wende die Meditationen solange an, bis Du Dein Ziel erreicht hast. Je nach der Zielklarheit, der Gefühlsbetontheit Deiner Wunschgedanken und der Intensität Deines Vertrauens tritt die Verwirklichung früher oder später ein. Sobald Du den ersten Erfolg davongetragen hast, ist die Bahn frei für alle künftigen Erfolge, die nun immer leichter eintreten.

Die *Dauer* der einzelnen Meditation hängt von der seelischen Reife und Wachheit ab, nimmt also im Laufe der Zeit zu. Die ersten Meditationen dauern fünf bis zehn Minuten, wobei die Aufmerksamkeit des Übenden naturgemäß hauptsächlich auf die technischen Einzelheiten gerichtet ist. Im Laufe der Zeit wird die Technik der Selbstruhigstellung, der Entspannung, der Stille, des Schweigens und der eigentlichen Meditation zur Gewohnheit, wird also unbewußt vollzogen, so daß die Aufmerksamkeit sich zunehmend dem Wesentlichen zuwendet: dem Einssein mit dem Inneren Helfer und der Bejahung dessen, was verwirklicht werden soll.

Im Folgenden werden nun zum besseren Verständnis der Technik der geistigen Selbsthilfe die einzelnen Phasen oder *Stufen der Meditation* gesondert behandelt und ausführlich geschildert, damit Du weißt, worauf es ankommt. Lies zunächst die Gesamtanweisung und gehe dann daran, sie etappenweise zu üben. Du wirst dann bald merken, daß die Praxis der Meditation weit einfacher ist, als sie sich hier, wegen der relativen Neuheit dieser Technik für die meisten Menschen, beschreiben läßt. Wer mit der Praxis ernst macht und unermüdlich übend den einmal eingeschlagenen Weg weitergeht, der findet bald selbst das gerade für ihn geeignetste Verfahren heraus.

TECHNIK DER ENTSPANNUNG

Jede Meditation beginnt mit der Entspannung. Ihr Erfolg hängt wesentlich davon ab, daß die Entspannung zu einer restlosen Ruhigstellung des Körpers und der Seele führt. Denn fast jeder Mensch steckt voll unbewußter Spannungen, die seinen Körper nicht zu wirklichem Gesundsein und seinen Geist nicht zur Ruhe, zum Frieden, zur Gelassenheit finden lassen und vor allem nicht zu jener Höchstleistung, die er ständig erstrebt und so selten erreicht. Denn nur wer sich ent-spannen kann, ist zur Hochspannung seiner Kräfte und damit zu überragenden Leistungen fähig.

Jede ungelöste Spannung bedeutet eine Anstrengung ohne Ergebnis – einen inneren Kräfteleerlauf, der vorzeitig unfrisch, müde und alt im Fühlen und im Aussehen macht. Demgegenüber bedeutet *Entspannung* innere Lockerung, Stillstand des Leerlaufs, innere Neuerkraftung und Verjüngung. (Entspannungsübungen sind darum auch die natürlichste Schönheitspflege.) Nur der Entspannte ist positiv magnetisch und zieht das an, was er bejaht, während der Gespannte, wenn ihn die Angst verkrampft, negativ magnetisch wird und das abstößt, was er ersehnt, dagegen das anzieht, was er fürchtet.

Entspannung läßt sich nun auf keine Weise erzwingen, da jede Anstrengung ja erneute Spannung bedeutet und die Entspannung unmöglich macht. Genau das Gegenteil müssen wir tun: *Nichts tun, lassen,* den Inneren Helfer schalten lassen, uns selbst aber abgeschaltet halten. Das meint *Laotses* weises Wort: »Beim Nicht-Tun bleibt nichts ungetan.« Das klingt genau so paradox und ist genau so wahr und weise wie das Wort, daß man sich gänzlich *fallen* lassen muß, wenn man *aufsteigen* will.

Und nun zur einfachen Technik rechter Entspannung:

1. STUFE: ABBLENDUNG

Sorge – wenigstens in der ersten Zeit der Übung – für eine ruhige Umgebung und für die Fernhaltung aller äußeren Störungen.

Lege beengende Kleidungsstücke, unbequeme Schuhe ab, damit nichts Deine Aufmerksamkeit ablenken kann.

Der Raum, in dem Du Dich entspannen willst, sei leicht abgedunkelt, damit möglichst wenig Außenweltreize das Bewußtsein erneut in Spannung versetzen. Vor allem sorge für *Ruhe* um Dich herum; denn Lärm jeder Art erzeugt seelische und körperliche Spannungen. Wir werden viel mehr von Gehörreizen beeinflußt, als die meisten ahnen:

Tür- und Telefonklingeln, Radio und andere Lärmmaschinen, Autohupen, Motorradgeknatter und Lastwagengepolter halten nicht nur das Gehör, sondern den ganzen Organismus in unaufhörlicher Spannung, die sich mit der Zeit fixiert und zu Verkrampfungen aller Art führt: zu Steifheit der Muskeln in Hals und Nacken, zu erhöhtem Blutdruck, Herz- und Kreislaufstörungen und anderen Zivilisationskrankheiten. Darum ist Ruhe im Sinne von Lärmfreiheit die erste Voraussetzung für eine vollkommene Entspannung. Im Anfang verwende notfalls Antiphone oder verstopfe die Ohren mit Watte; wird die Entspannung ständig geübt, nimmt die Lärmempfindlichkeit schrittweise ab, bis die Entspannung schließlich auch in einer lauten Umgebung gelingt.

2. STUFE: ENTSPANNUNG DES KÖRPERS

Als nächstes gilt es, zu einer entspannten Körperhaltung zu gelangen – entweder im Sitzen oder besser im Liegen.

Willst Du sitzen, so nimm einen bequemen Lehnsessel, stelle die Füße gut auf, damit die Beinmuskeln sich entspannen können; lehne den Rücken an und lege die Hände auf die Knie.

Willst Du liegen, wähle ein Ruhebett, auf dem der Kopf nur leicht erhöht liegt. Fehlt eine bequeme Liegemöglichkeit, so genügt es, wenn Du Dich ausgestreckt auf den Fußboden legst mit einem Sitzkissen oder einer zusammengerollten Decke unter Hals und Kopf. Liege mit gestreckten Gliedern auf dem Rücken, die Arme neben dem Körper.

Sitzest oder liegst Du bequem, dann *schließe die Augen,* um die optischen Reize auszuschalten, unter innerer Einstellung auf den Gedanken: »Ich bin ruhig, ruhig, ruhig!« Das Wort »ruhig« wird bei jedem *Ausatmen* gedacht und gefühlt.

Du spürst, wie die Entspannung mit jedem Atemzug tiefer wird. Keinerlei Anstrengung ist erforderlich, um Dich diesem Gefühl der Ruhe hinzugeben; es überschwemmt Dich sozusagen, sowie Du Deinen Körper sich selbst überläßt.

Und nun beginne, das *Wohlgefühl des Entspanntseins schrittweise zu erleben* – angefangen bei dem am stärksten beanspruchten und angespannten Körperteil: dem *rechten Arm.* Denke und fühle, ohne Deine bequeme Lage zu ändern: »Der Arm ist schwer.« Je williger Du Dich diesem Gefühl des Schwerwerdens hingibst, desto spannungsloser wird die Muskulatur des Armes.

Atme den Gedanken »Der Arm ist schwer« ein paar Atemzüge hindurch beim Ausatmen sozusagen in den Arm hinein. Überlasse Dich der Schwerewelle, die den Arm nach unten drückt.

Wohin Du Deine Gedanken richtest, dorthin strömt das Blut stärker, so daß der Arm tatsächlich schwerer wird. – Wenn Du einmal ein Kneippsches Armbad zur Ablenkung des Blutes vom Kopf oder Herz genommen hast, weißt Du, wie anschließend an das dreißig Sekunden lange Eintauchen der Arme in kaltes Wasser das Blut prickelnd in die Arme strömt. Dieses Prickeln oder Kribbeln kannst Du auch beim gedanklichen Hinlenken des Blutstroms in den rechten Arm durch die Bejahung des Schwerwerdens spüren.

So entspannt wird Dein Arm durch die Schwere-Bejahung, daß Du ihn nicht hochheben kannst und daß er, wenn er von einem anderen hochgehoben würde, sofort schwer herabfallen würde.

Diese Schwerebejahung sollte, damit sie gut gelingt, eine Weile für sich geübt werden. Mit jeder Übung verstärkt sich das Schwere-Erlebnis und dehnt sich bald von selbst auch auf den anderen Arm aus und schließlich auf den ganzen Körper.

Gelingt es Dir, das Schweregefühl im rechten Arm lebendig zu erleben, dann bejahe in gleicher Weise das Schwerwerden des linken Arms und übe auch diese Phase eine Weile. Wenn

Du in beiden Armen die Schwere angenehm lastend fühlst, sammle Deine Gedanken auf die weitergehende Vorstellung: »Auch die *Beine* sind schwer« und, wenn dies erreicht ist, schließlich auf die Bejahung: »Der ganze Körper ist schwer.«

Die Schwerebejahung ist dann richtig gemacht, wenn Du fühlst, wie Dein ganzer Körper zusammensinkt wie ein Ballon, aus dem die Luft entweicht, oder wie eine Katze, die sich müde zusammensinken läßt und wie tot daliegt.

Unmittelbar anschließend an die der Muskelentspannung dienende Schwere-Bejahung oder Hand in Hand mit ihr erfolgt die *Wärme-Bejahung*, die zur Gefäßentspannung führt.

Wieder beginnst Du – im gleichen Turnus wie vorher – beim rechten Arm mit der Bejahung: »Der rechte Arm ist ganz *warm.*« Atme wiederum die Wärme förmlich in den Arm hinein wie folgt: tief einatmen – beim Ausatmen denke und fühle: »Der rechte Arm« – wieder einatmen – beim Ausatmen fühlen: »ist ganz warm« – so mehrmals wiederholen, bis das Gefühl des Warmseins sich über den ganzen Arm ausgebreitet hat.

Ist das der Fall, wird die Wärme-Bejahung auf den linken Arm ausgedehnt, dann auf die Beine und schließlich auf den ganzen Körper – jeweils mit den entsprechenden Bejahungen bis zu: »Der ganze Körper ist warm.«

Du hast es richtig gemacht, wenn Du zum Schluß das gleiche Gefühl hast wie in einem warmen Bade. Manchmal löst die allgemeine, wenn auch geringe Temperatursteigerung ein angenehmes Prickeln aus, das anzeigt, daß die Vorstellung des Warmseins sich verwirklicht hat.

Wenn es Dir anfangs schwer fällt, mache die erste Wärmebejahung hilfsweise während eines warmen Vollbades. Später genügt dann die bloße Vorstellung des heißen Bades, um das Wärme-Erlebnis auszulösen.

Der Kopf wird bei der Wärmebejahung nicht einbezogen. Er bleibt in Deiner Vorstellung kühl, wie ja auch beim warmen Vollbad der ganze Körper wohlig durchwärmt wird, während der Kopf außerhalb des Wassers und kühl bleibt. –

Diese erste Etappe der Entspannung sollte eine Weile für sich *geübt* werden, bis es Dir gelingt, durch die bloße gefühlsstarke Bejahung des Schwer- und Warmseins augenblicklich die entsprechende Entspannung des Körpers zu bewirken.

Überlaß Dich einen Augenblick dem Wohlgefühl völligen Gelöstseins, ohne jedoch in den Schlaf hinüberzugleiten. Abends im Bett vorgenommen, würde diese Entspannung hinreichen, um mühelos einzuschlafen und bis zur vorgenommenen Stunde am Morgen tief und ruhig zu schlafen. Aber als Teil der *Meditation* ist die Entspannung nur die Vorbereitung der nächsten Etappe, nur der erste Schritt auf dem Wege nach innen. –

(Aber bevor Du den nächsten Schritt tust, prüfe Dich einmal daraufhin, welche bisher unbeachteten Spannungen und Verkrampfungen diese Entspannungsübungen in Dir bewußt machen und lösen und wo noch Widerstände auf ungelöste Verkrampfungen hinweisen:

Hier einige Winke aus der Praxis:

Ist beispielsweise Dein Mund entspannt oder neigst Du dazu, bei der Arbeit die Zähne zusammenzubeißen? Wenn ja, dann wird Dir das *Gähnen* zur Entspannung der Kiefermuskeln verhelfen, das notfalls ein paarmal wiederholt wird. – Und wie steht es mit der Zunge? Sie ist entspannt, wenn sie im Ruhestand nicht gegen die Zähne oder den Gaumen gedrückt wird, sondern leicht an den unteren Schneidezähnen anliegt. – Und die Augen? Zucken die Augenlider noch, wenn Du die Augen geschlossen hast? Dann geschah es zu krampfhaft. Probiere es noch einmal: Laß die Augenlider wie beim Einschlafen ganz von selbst heruntersinken, weil das Licht gelöscht und nichts mehr zu sehen ist. Stelle Dir dieses Dunkel vor, indem Du in Gedanken auf eine schwarze Samtdecke in einem dunklen Raume blickst: dieses Schwarz-Sehen wird Deine Augen wohltuend entspannen.

In dieser Weise kannst Du Deinen ganzen Körper kontrollierend durchgehen, um kleine Einzelspannungen zu lösen. Das ist aber nur im Anfang wichtig, denn wenn Du die Entspannungsübung beharrlich fortsetzt, lösen sich diese Einzelspannungen, ob sie Dir bewußt werden oder nicht, ganz von selbst!)

Für das Gelingen der ganzen Entspannungsübung wichtig ist, daß Du Dich während derselben in keiner Weise belauerst, ob Du es auch richtig machst und wann und wie der Erfolg eintritt. Denn jedes Sich-Belauern bedeutet ja erneute Spannung und bringt die Entspannung zum Stocken.

Du sollst, wie *Laotse* sagt, nicht *tun*, sondern *lassen:* Dich fallen lassen, Dich der Entspannung überlassen, Dich völlig dem Gefühl des Müde- und Gelöstseins hingeben. Du kannst das Erleben des Schwer- und Warmseins, des Gelockert- und Entspanntseins gefühlsmäßig sozusagen vorwegnehmen, es so stark empfinden, daß die die Vorstellung begleitenden Gefühlskräfte Dein ganzes Bewußtsein erfüllen und etwaige Gegenvorstellungen unwirksam machen.

Du kannst die Entspannung weiter vertiefen durch die zwanglose Hinwendung Deines Bewußtseins auf folgende Bejahung:

»Ich bin jetzt völlig entspannt. Alles in mir ist still, völlig still. Alle Muskeln, alle Gefäße, alle Organe meines Körpers sind entspannt. Mein Herz schlägt ruhig, ganz ruhig. Ich bin Ruhe, Harmonie, Friede. Der Friede der Ewigkeit erfüllt mich völlig.«

NUTZEN DER ENTSPANNUNG

Bevor wir die Zone der Körperentspannung verlassen und in die der Atem- und Gedanken-Entspannung vordringen, eine kurze Besinnung auf den Nutzen der Entspannung, soweit Du sie bis jetzt kennen lerntest:

Durch beständiges Üben gelangst Du dahin, daß Dir die Entspannung und Neuspannung schließlich zu einer selbstverständlichen Gewohnheit wird wie das Essen oder Schlafen. Du kannst es so weit bringen, daß Du Dich zur Herbeiführung der Entspannung schließlich nicht mehr in einen ruhigen Raum zurückzuziehen brauchst, sondern jederzeit und überall den Zustand der Abschaltung und Spannungslosigkeit herbeizuführen vermagst, so daß Du, wenn ein Ärger, ein gehässiges Wort, eine Verstimmung, Aufregung oder sonst ein Anlaß Dich spannen und erregen und Dir den Blick trüben will, unwillkürlich sogleich mit einer Entspannung reagierst und infolgedessen nichts tust, was nicht wohlüberlegt ist.

Du bist weiter in der Lage, vor einer entscheidenden Aussprache auf Seelenruhe, Gelassenheit und Überlegenheit umzuschalten – mit dem Ergebnis, daß Du jeder Situation gewachsen bleibst. Die Entspannung kann Dir ferner – als »schöpferische Pause« – dazu dienen, Müdigkeitserscheinungen bei der Arbeit in wenigen Minuten zum Verschwinden zu bringen, so daß Du stundenlang weiter leistungsfähig bleibst und eine dringende Aufgabe erfolgreich in einem Zug zu Ende führen kannst.

Auch Unaufmerksamkeit und Gedächtnistrübungen können durch eine Entspannungsübung wirksam behoben werden. Du bist nachher nicht nur konzentrierter und aufnahmefähiger, sondern auch leichter imstande, einmal Gelerntes ohne Hemmungen zu reproduzieren, was bei Prüfungen entscheidend ist. In der Entspannung entdeckst Du, daß Dein Gedächtnis gar nicht *schwach*, sondern nur durch Angstgefühle, also Spannungen, *blockiert* war. Die Entspannung beseitigt die Blockierung und Dein Gedächtnis offenbart sein ursprüngliches Leistungsvermögen. Dazu kommt, daß Dir nach der Entspannung leichter etwas »einfällt«, weil nun der Kontakt zwischen Bewußtsein und Unbewußtem besser ist, so daß Du Dich produktiver, für Inspirationen und neue Lösungen und Leistungen aufgeschlossener fühlst.

Auch Angstgefühle jeder Art kommen durch die Entspannung zum Abklingen. Angst ist eine seelische Selbst-Einengung, die körperlich gefäßverengend und muskelspannend wirkt und das Verhalten unfrei macht. Da die körperliche Entspannung auch auf die Seele zurückwirkt, wird der Angst der Boden entzogen. Darüber wird noch zu reden sein.

Was von der Angst gesagt ist, gilt auch von Schmerzempfindungen, die oft im Zusammenklang mit der Gefäß- und Muskelentspannung abklingen. Die Entspannung spült den Schmerz sozusagen hinweg.

Doch das ist nur ein kleiner Teil des Nutzens, den die Entspannung mit sich bringt. Du wirst im weiteren lernen, sie bei der Meisterung von Schwierigkeiten aller Art erfolgreich mit einzusetzen.

3. STUFE: ENTSPANNUNG DES ATEMS

Während der Entspannung des Körpers setzt bereits eine spürbare Vertiefung des Atems ein:

Der Atem wird ruhiger, gleichmäßiger und voller. Praktisch brauchst Du Dir diese natürliche Vertiefung des Atems während der Entspannung nur gewissermaßen nebenher bewußt zu machen und zu fühlen, wie der ganze Körper gelassen in diesem Atem schwingt, wie alles Verspannte und Verkrampfte, Negative und Ungesunde sozusagen hinaus-geatmet und dafür Friede und Harmonie, Kraft und Liebe eingeatmet werden.

Mit Recht sagt *Buddha:* »Der Atem ist das erste, das zu lehren ist.« Der Atemstrom soll jedoch in keiner Weise gewaltsam von außen her geändert werden; er soll nur seinen körpergerechten, dem Zustand der Spannungslosigkeit entsprechenden natürlichen Rhythmus gewinnen.

Eben das erreichst Du durch willige Hingabe an das gleichmäßige Auf und Ab Deines Atems. Auf diese Weise wird die Entspannung des Körpers weiter vertieft und vollendet. Mit

Hilfe des Atems werden etwa noch vorhandene Spannungen in der Brust-, Hals- und Rumpf-Muskulatur gelockert und weggeatmet.

Du siehst, daß es gar nicht anstrengend ist. Jede Anstrengung und Entspannung soll ja gerade zur Lösung, zum Verschwinden gebracht werden. Je bewußter, gleichmäßiger, gelassener, langsamer und tiefer der Atem sozusagen von selbst wird, desto sicherer löst sich jede noch vorhandene Verkrampfung – bis hinein in den Bereich des Seelischen.

Der ruhige Rhythmus des Atems gleicht schließlich dem gleichmäßigen Rauschen der Wellen am Meeresstrand. Du läßt Dich von seinem Auf und Ab tragen, wie das Schiff von den Wogen des Meeres getragen wird ... Du wirst ganz Atem. Du fühlst, daß Atem und Leben eins sind ...

Du kannst den Atem auch durch *Bejahung* vertiefen: *»Mein Atem ist ruhig und tief«* – und zwar wiederum im Atem-Rhythmus: einatmen – ausatmen mit dem Gedanken: *»Mein Atem«* – einatmen – ausatmen mit *»ist ruhig«* – einatmen – ausatmen mit *»und tief«* – und wieder von vorn – ein paarmal wiederholend, bis Atemrhythmus und Atemgefühl eins sind. In der Regel ist die Zuhilfenahme der Bejahung hier kaum erforderlich.

(Es gibt auch eine besondere *Entspannungs-Atemübung*, die hier für den Fall angegeben sei, daß sich beim Atmen noch Spannungen und Beklemmungen zeigen, die sich durch unwillkürliches Atemanhalten oder unregelmäßigen Atemgang äußern. In diesem Falle tue folgendes:

Zähle beim Ausatmen murmelnd oder nur in Gedanken »eins« und warte dann ruhig einen Augenblick, bis die Welle des Einatmens kommt. Beim nächsten Ausatmen zähle in gleicher Weise »zwei« – und so weiter bis »fünf«. Wichtig ist, daß Du nach jeder Zahl gelassen auf das Kommen der neuen Einatmungswelle wartest. Wenn Du bei »fünf« angelangt bist, lasse drei Atemzüge verstreichen und fange dann noch einmal von vorne an und notfalls noch ein drittes Mal. Wenn Du zwischendurch gähnen mußt, tue es mit Inbrunst. Bei der zweiten, spätestens der dritten Runde wirst Du in der gleichen ruhigen, tiefen und entspannten Weise atmen wie während des Schlafes. Das ist der entspannte Atem, der etwaige Beklemmungen löst und wegspült und auch die Ruhigstellung der Gedanken leicht macht.)

4. STUFE: SCHWEIGEN DER GEDANKEN

Um auf dem Wege nach innen in lebendige Verbindung mit dem Inneren Helfer und dem Reich der Kraft und des Friedens zu gelangen, mußt Du Dich nicht nur der Außenwelt gegenüber abschalten, sondern auch gegenüber dem uferlosen Bildermeer der Gedanken. Denn auch diese gehören noch dem Reich der Erscheinungen an, während Dein Ziel das formlose Reich des Schweigens ist.

Die Ruhigstellung der Gedanken ist so wichtig wie die des Körpers. Beim Anfänger ist es oft so, daß seine Gedanken, sowie der Körper entspannt ist, wie eine freigelassene Affenherde im Bewußtsein herumturnen, so daß er dieser Gedankenjagd fassungslos gegenübersteht.

Dieser Gedankentrubel rührt daher, daß infolge der leibseelischen Entspannung bisher unterdrückte oder eingeklemmte Affekte frei werden und nun mit allen damit verbundenen Gedanken aus dem Unbewußten ins Bewußtsein empordrängen.

Sich dagegen zu wehren, nützt nichts; es bedeutet nur erneute Spannung und Verschlimmerung des Übels. Das einzige Mittel ist die gelassene *Vertiefung der Entspannung,* die bewirkt, daß die in den Affekten nach Betätigung drängenden Spannungen mit gelöst werden, und vor allem die willige *Einsenkung in jenes tiefere Schweigen,* das von den turbulenten Gedanken nicht mehr erreicht werden kann.

Schon hier kannst Du den ersten Versuch machen, die Gedanken, die Dich bedrängen, gelassen Deinem Inneren Helfer zu überlassen, der für ihre Lösung und Ruhigstellung sorgt, so daß Du für Deinen Teil unbesorgt den Film des Denkens und Wollens abstellen und das Blickfeld des Bewußtseins abdunkeln kannst.

Der andere Weg ist der der Hinwendung auf Bilder des Entspanntseins: auf den Abendfrieden nach mühevollem Tagewerk, auf den Sternenhimmel als Sinnbild der Harmonie der Welten, von der Deine Seele ein Teil ist.

Laß Dich ganz von dem tiefen Frieden des inneren Kosmos erfüllen, in dem die Heimat deines Inneren Helfers ist. Fühle ihn lebendig in Dir aufströmen: den Frieden der Seele – die Ruhe des Innen-Alls – die schweigende Harmonie des Ewigen ... Und fühle, wie Deine Gedanken abklingen, wie die Wogen der Gefühle sich glätten, wie die große Stille des Ewigen sich in Dir ausbreitet ...

Fühle, wie Deine in tausend Gedanken und Gefühlen zerstreute seelische Energie sich sammelt, wie sie aus allen Bereichen des Unbewußten herausquillt und zu einem schweigenden See wird, der Dein ganzes Bewußtsein erfüllt ... Gib Dich ganz diesem Schweigen hin – bis Du fühlst, daß Du gänzlich mit ihm eins, *daß Du selbst zum Schweigen geworden bist.*

Ein dritter Weg ist dieser:

Sieh Dich in Gedanken in einer harmonischen Landschaft – allein auf einer Waldlichtung, in deren dämmrigen Hintergrund eine Kapelle steht ... Sieh Dich zu dieser Kapelle gehen und in sie eintreten ... Du stehst jetzt im Innern der kleinen Kapelle. Nimm am Altar Platz und laß Dich ganz von der sonntäglichen Stille dieses einsamen Raumes erfüllen ... Die Stille wird Dich allmählich so stark durchdringen, daß Du ihren erlösenden Einfluß immer mächtiger spürst und schließlich mit dem Schweigen, das hier – im Tempel Deiner Seele – herrscht, völlig *eins* bist.

Wenn es Dir auf diese Weise gelungen ist, auch die Gedanken zum Schweigen zu bringen, tauchst Du in jene letzten Tiefen Deines Inneren hinab, in denen Dein Innerer Helfer seine Heimstatt hat. Es ist das Reich des Schweigens und der Kraft, die noch nicht zur Form erstarrt ist. Sie beginnt, sich Dir mitzuteilen, sowie Du Dich ihr schweigend öffnest.

Schon jetzt spürst Du, daß das Reich des Inneren Helfers tiefer ist, als das Denkblei Deiner Gedanken reicht – daß er Dein innerstes Selbst ist, reiner Geist – eins mit dem All-Selbst, dem Geist des Lebens. Ein erstes Vorgefühl seligen Geborgenseins rührt Dich an und erschüttert Dich, das sich mit Worten nicht beschreiben läßt.

In dieser Stille öffnet sich Dein Herz dem Einwirken der inneren Welt. Sie dient der Innenschau, der schweigenden Einsenkung des niederen Selbstes in das höhere Selbst des Inneren Helfers.

Von dieser Stille spricht *Mulford* als von der »Kirche des schweigenden Verlangens«, in der alle Gebete und Wünsche unseres Herzens erhört werden nach der Stärke unseres Glaubens.

Diese form- und lautlose *Stille* ist es, aus der alle großen Gedanken, alle höherweisenden Erkenntnisse der Menschheit geboren wurden. Hier – in der Stille – gewinnst Du zu allen Fragen und Nöten des Daseins die rechte Einstellung, aus der die rechte Tat entspringt.

Du bist in dieser Stille, wenn Du sie als reine Kraft empfindest, wenn Du in ihr den Atem des Ewigen spürst, der Dir helfen will. Wenn Du in dieser Stille bist und mit ihr eins bist, *ist der Innere Helfer Dir nahe.*

Je öfter Du in diese Stille einkehrst, desto gerüsteter bist Du gegen alle Schwächungen, Versuchungen und Enttäuschungen des Alltags. Langsam entzündet sich in Deinem Innern ein Licht, das immer sichtbarer Deinen oft dunklen und unsicheren Erdenweg von innen her erleuchtet und Deinen Schritt sicher macht . . .

. . . Und wie Dein inneres Auge sich öffnet, so Dein inneres

Ohr – bis es die Stimme der Stille, das Wort des Inneren Helfers vernimmt. Das meinte *Emerson:* »Laßt uns schweigen und stille sein, damit wir das Flüstern der Götter hören können«, damit wir den Rat des Inneren Helfers erlauschen und uns von ihm lichtwärts leiten lassen können.

Deine einzige Bejahung in dieser Stille sei ein Gedanke des *Dankes:*

»Der Friede des Ewigen, der höher ist als alle menschliche Vernunft, ist in mir und erfüllt mich mit Vertrauen, Liebe und Dankbarkeit gegenüber dem Inneren Helfer!«

Halte dieses Gefühl nicht fest, sondern laß Dich von ihm halten und erfüllen ... Spüre, wie der innere Überdruck, der Dich bisher ruhelos durch das Leben jagte, sich in der Gegenwart des Inneren Helfers löst und dem beglückenden Gefühl des *Erlöstseins* Platz macht ... Fühle, wie die Stille Dein ganzes Sein und Wesen durchströmt, entgiftet, reinigt, befreit und durchlichtet.

5. STUFE: BEJAHUNG DES EINSSEINS

Und nun gehe einen Schritt weiter und richte Dein ganzes Fühlen auf den warmen Strom des *Geborgenseins im Inneren Helfer,* der Dir nun näher ist als Dein Körper.

Fühle lebendig das warme Leben, das Dein ganzes Wesen durchpulst und es in einem neuen Bewußtsein schwingen läßt. *Fühle die Liebe des Inneren Helfers,* fühle Dich selbst als leuchtende Flamme der Liebe.

Bejahe mit ganzer Seele Dein *Einssein* mit dem Inneren *Helfer* ... Fühle und spüre, wie das, was Dein Herz in diesem Gewißsein des Einsseins bejaht, zu Wirklichkeit wird:

»Ich bin eins mit Dir, Du mein Innerer Helfer. Ich bin eins mit dem Geist des Lebens. Du bist mein Helfer und mein Heil. Dir gebe ich mich hin mit meinem ganzen Sein. Dir vertraue

ich ganz. Du stehst mir bei. Ich danke Dir, Du mein Innerer Helfer und Heiler! Ich bin Du und Du bist ich!« –

Du kannst diese *Bejahung des Einsseins* – je nach Deiner geistigen oder religiösen Einstellung – auch in einer ständig wiederholten Meditationsformel zusammenfassen, für die ich hier einige Beispiele gebe, aus denen Du das Deiner Seelenstimmung gemäßeste auswählen mögest:

»Ich und der Vater sind eins!«

»Gott in mir ist mein Helfer und mein Heil!«

»Die Allkraft erfüllt mich! Das innere Licht erleuchtet mich! Der Geist des Lebens leitet mich!«

»Mein Innerer Helfer, der Du alle meine Nöte kennst und die Wege zu ihrer Überwindung, leihe mir Deine Hilfe! Wirke in mir, daß alle Hemmnisse schwinden, alle Sorgen sich lösen! Erfülle mich mit Deiner Kraft, Deiner Weisheit und Deiner Liebe! Laß Deine Stimme in mir ertönen, daß ich den rechten Weg erkenne und ihn siegreich gehe!«

»Gott in mir – Dank sei Dir – für Deine Kraft – die in mir – die Wandlung schafft!«

Gib Dich bei der Bejahung des Einsseins ganz dem Rhythmus der Gedanken hin: »Ich – bin Du – und Du – bist ich« – bis Du spürst, daß Dein Wort Wahrheit und Wirklichkeit ward.

6. STUFE: MEDITATION

Damit hast Du das Deine getan, um Dich dem Inneren Helfer zu nähern. Du kannst gewiß sein, daß er nun – nach dem Maße Deines Vertrauens – das Seine tun wird.

In dem nun folgenden Schweigen der Meditation beginnt der Prozeß der Verschmelzung Deines Ich mit den Kräften des Inneren Helfers. Dieses Erleben der Verbindung und Verbündung mit dem Inneren Helfer ist je nach der seelischen Reife der Meditierenden verschieden.

Das Mindeste ist das Gefühl des Erfülltwerdens von einer höheren Kraft. Es ist, als würden die im Auf und Ab des Alltags leer gewordenen Nervenbatterien aufgeladen, so daß uns im neuerwachten Vollgefühl unserer Kraft das Leben licht und leicht erscheint.

Das Nächste ist das Bewußtsein, daß das Schweigen, das unser ganzes Wesen erfüllt und beseligt, Folge unseres Einsseins mit dem Inneren Helfer ist: wir wissen uns im Reich des Friedens und der Kraft, in dem der Innere Helfer über uns wacht. – Wir fühlen uns mit ihm eins und spüren, wie uns alles Gute zuströmt, wie alles Ungeklärte sich klärt, alles Negative sich löst, alles Widrige wirkungslos wird. Wehes weicht, Dunkles wird licht und alles wird leicht, nun der Innere Helfer mit uns ist. Es ist der Zustand, in dem aus Bejahung *Leben* wird, in dem das »Wort« zu »Fleisch« wird, zu lebendiger Wirklichkeit.

Jetzt ist der Augenblick gekommen, Deinen *Wunsch,* das, was Du verwirklicht sehen möchtest, dem Inneren Helfer gegenüber *auszusprechen,* und zwar in absolut positiver, kurzer, eindeutiger, gefühlsbetonter und zielklarer Gegenwartsform – als *Bejahung* dessen, was werden, was *sein* soll. Diese Bejahung, die jetzt in den Mittelpunkt der Meditation gestellt wird, wird im Anfang halblaut gesprochen, weil die Bejahung in der Meditation durch das Aussprechen eine geradezu magische Tiefenwirkung erlangt. Später genügt das leise Murmeln der Bejahung und bei weiterem Fortschreiten das innere Bilddenken.

Die Bejahung selbst sei positiv und lebendiger Ausdruck Deines Vertrauens zum Inneren Helfer. Sie sei möglichst auf das Jetzt und Hier abgestimmt. Verneinungen wie »Ich bin nicht . . .« sind zu vermeiden. Da im Augenblick der Bejahung bereits die Verwirklichung beginnt, wähle stets die Gegenwartsform – also nicht: »Ich *werde* gesund«, sondern: »Ich *bin* gesund!« *Fühle dabei, daß Dein Wille mit dem des Inneren Helfers gleichgerichtet und eins ist.* Je lebendiger dieses

Gefühl des Einsseins, desto stärker ist die Dynamik des Gedanken-Kristallisations- und -Verwirklichungs-Vorganges. Je plastischer Du das Ersehnte als innere Wirklichkeit, als Gabe und Werk des Inneren Helfers bejahst, desto rascher und vollkommener wird es auch äußere Wirklichkeit.

In dem tiefen Schweigen, das Dich *nach* der Bejahung umfängt, darf kein Gedanke Dich mehr erfüllen außer dem einen des *absoluten Vertrauens auf die Hilfe von innen.*

Gedenke des Wortes des Markus-Evangeliums, das tausendfacher Erfahrung Ausdruck gibt: »Alles, was ihr bittet, *glaubet* nur, daß ihr's empfangen werdet, so wird's euch werden!« Dem Maße des Vertrauens entspricht der Umfang der Verwirklichung, die Klarheit der erlösenden Einsicht oder Erkenntnis, die als Antwort des Inneren Helfers in der Meditation wie ein sprudelnder Quell in Dir aufbricht.

Ob Dir in dem schweigenden Lauschen der Seele die *Stimme* des Inneren Helfers vernehmbar wird, hängt von Deiner inneren Aufgeschlossenheit und Hörbereitschaft ab. Es ist, wie alles im Leben, eine Frage der Übung: bei beharrlicher Übung werden die Eingebungen und Kraftentfaltungen des Inneren Helfers immer deutlicher und unmittelbarer spürbar.

Hat die von Dir in der Meditation gestellte Frage ihre Beantwortung gefunden, ist die Eingebung aus dem Innern erflossen, dann folgt der gewonnenen Einsicht der feste *Entschluß*, dem inneren Rat zu gehorchen. Die unmittelbar in der Stille gefaßten Entschlüsse sind erfahrungsgemäß von weit größerer Erfolgssicherheit als die später im Trubel des Alltags gefaßten.

War Dein Ziel hingegen die Überwindung einer Schwierigkeit, dann erfolgt nur eine nochmalige Bejahung der erwachten Kräfte, der *Dank an den Inneren Helfer* für seinen Beistand, und der Entschluß, dem Inneren Helfer die Führung zu überlassen – was zur Folge hat, daß die Schwierigkeit sich von innen her löst und verschwindet.

7. STUFE: RÜCKKEHR

So beglückend und körperlich wie seelisch entlastend die Meditation wirkt, so soll sie trotzdem nicht dazu führen, daß Du Dich nun allmählich in ein allen Spannungen enthobenes Dasein hineingleiten läßt – in eine Gleichgültigkeit, die mit Gelassenheit nichts mehr zu tun hat.

Die Meditation sei für Dich, der Du mitten im Lebenskampf stehst und ihn zu gewinnen bestimmt bist, ein Mittel zur inneren Neuerkraftung – zur immer erneuten Bewußtmachung Deines Verbündetseins mit dem Inneren Helfer, der es Dir möglich macht, mitten im Alltag Schritt um Schritt erfolgreich zu den Höhen des Lebens aufzusteigen.

Aus diesem Grunde wird die Meditationsübung bewußt *abgeschlossen*, indem Du Dein Bewußtsein wieder in Deinen Körper hineinträgst, alle Schwere aus dem Körper hinausatmest, vollbewußt die Augen öffnest, Dich aufrichtest, den ganzen Körper dehnst und streckst, tief atmest oder gähnst und dann im Sinne des in der Stille gefaßten Entschlusses mit neuer Frische und Freude an die *Arbeit* gehst – in der Gewißheit, daß Dir nun alles leichter fallen und besser gelingen wird.

Wirke von diesem Augenblick an bewußt in der während der Meditation bejahten Richtung und laß Dein Denken und Tun von nun an durchdrungen und getragen sein von dem beruhigenden Bewußtsein des unermüdlichen Mit-Wirkens und Beistandes Deines Inneren Helfers!

NUTZEN DER MEDITATION

Was ich Dir soeben im Zeitdehner als die sieben Stufen oder Glieder der Meditation etappenweise aufgezeichnet habe, geht in der Praxis naturgemäß ineinander über – und zwar um so unmerklicher, je mehr Dir die Meditation zur *Gewohnheit* wird. Damit sie das werden und ihren vollen Segen entfalten kann, ist es nötig, daß Du ihre einzelnen Glieder immer wieder *übst,* bis sie sich sozusagen von selbst aneinanderreihen und ineinanderfügen.

Je mehr Du in der Meditation in lebendigen Kontakt mit den Tiefenschichten Deines Wesens und schließlich mit der zentralen Macht, dem Inneren Helfer, gelangst, desto leichter fällt Dir die Arbeit, weil ein immer größerer Teil davon sozusagen von innen her geleistet oder vorbereitet wird.

Die Übung der Meditation hat tiefgreifende leibseelische Wirkungen, wie Du an den im Hauptteil zu besprechenden Beispielen aus dem täglichen Leben erkennen wirst. Der unmittelbare Gewinn der Meditation ist die oftmals augenblickliche und nachhaltige Befreiung von leibseelischen Spannungen und Verkrampfungen, Zwangsgedanken und Selbstquälereien.

Du spürst mehr oder minder deutlich, wie das, was Dich vorher bedrückte, während der Meditation von innen her gelöst, entwirrt, behoben, beseitigt wurde und daß Dir nichts mehr geschehen kann. Du spürst weiter, daß Deine Arbeitskraft und Schaffensfreude zugenommen haben und daß Du nun hochgestimmt, zu besonderen Leistungen aufgelegt bist.

All das sind Zeichen für das bereits erfolgte Eingreifen des Inneren Helfers, der ja schon angesprochen wird, wenn Du in Entspannung und Stille den Weg nach innen beschreitest, und der Dir sein hilfreiches Wirken in wachsendem Maße zum Bewußtsein bringt, wenn Du ihn in der Meditation um Hilfe bittest und ihm Dein Vertrauen und Deinen Dank für seinen Beistand aussprichst.

Sorgen und Ängste, die Dich vorher quälten, sind verklungen, weshalb es sich empfiehlt, wichtigen Entscheidungen im Leben stets eine Meditation vorausgehen zu lassen: sie macht Dich unmittelbar ruhiger und freier, stärker und überlegener, so daß Du anschließend mit neuem Mut an die Meisterung einer Aufgabe herangehst.

Darüber hinaus wird die Meditation heute in wachsendem Maße als *Mittel seelischer Hygiene* und *geistiger Selbstheilung* angewandt:

Als Folge rechter Meditation verschwinden nämlich neurotische Belastungen, Hemmungen und seelisch bedingte organische Störungen ohne weiteres Zutun von selbst – insbesondere, wenn die Meditation bewußt in den Dienst der inneren Entgiftung und leibseelischen Umstimmung, Harmonisierung, Erneuerung und Einung gestellt wird.

Wenn man sich während der Meditation willig dem Inneren Helfer überläßt und ihn ungestört wirken läßt, kann man wahre Wunder der Wandlung erleben. Eigentlich sind es keine Wunder, denn gerade im Zustand meditativer Spannungslosigkeit und Hingabewilligkeit sind wir offen für den Einstrom heilender und helfender Kräfte von oben, auf deren Wirken die ›Wunderheilungen‹ ebenso zurückzuführen sind wie die einmaligen Leistungen großer Menschen, die im göttlichen Schaffensrausch zur ichlosen und spannungsfreien Werkhingabe gelangten und dadurch zum Werkzeug der Schöpferkraft ihres inneren Genius wurden.

Wir stehen hier zweifellos erst am Anfang, und ich bin gewiß, daß es in künftigen Zeiten als psychologische Selbstverständlichkeit gelten wird, daß sich der schaffende Mensch vor jedem Werk in der Meditation der Mitwirkung seines unsichtbaren Partners, des Inneren Helfers, versichert. –

NOTWENDIGKEIT DER ÜBUNG

Sei lieb zu Dir und habe Geduld mit Dir, wenn nicht gleich die erste Meditationsübung zum Erfolg führt! Es liegt ja nicht am Inneren Helfer, sondern an Dir, wenn die Verwirklichung des von Dir Bejahten vielleicht auf sich warten läßt.

Vielleicht bist Du noch zu ich-verkrampft, zu sehr mit Vorbehalten erfüllt, zu dicht von den Wolken negativen Denkens umhüllt, als daß der belebende Sonnenstrahl der Hilfe von innen bis in Dein ängstlich nach außen starrendes Bewußtsein zu dringen vermochte . . .

Vielleicht ist die Hilfe schon da – aber Du siehst sie nicht, wie Du bisher schon manches Gute auf Deinem Lebenswege übersehen hast, weil Du nach außen blicktest, statt nach *innen*.

Wenn Du den Weg nach innen, den Weg des Vertrauens auf den inneren Beistand einmal beschritten hast, wirst Du – auch wenn Du anfangs nichts spürst – mit mathematischer Sicherheit früher oder später auf diesem Wege zum Erleben Deines Beschützt- und Geführtseins von innen gelangen.

Das ist das eine, dessen Du gewiß sein darfst.

Das andere ist, daß Du der Tatsache eingedenk bleibst, daß Deine Augen nur das Äußere sehen, die Welt der *Erscheinungen*, nicht aber, was im Innern, in der Welt der *Ursachen*, bereits als Keim dessen, was Du ersehntest und bejahtest, heranwächst. Damit es weiter wachse – bis hinaus in die Sichtbarkeit der Erscheinungswelt –, ist nichts erforderlich als Dein unbeirrbares *Vertrauen* zum Inneren Helfer und das zuversichtliche Gewißsein Deines Erfolges . . .

Gerade wenn sich in Dir der Zweifel regt und der Gedanke, daß es keinen Zweck habe, gerade wenn Du alles aufgeben möchtest, gilt es, Deinem Inneren Helfer Dein *Vertrauen* zu bekunden und zu *bejahen, daß Dir trotz allem geholfen wird.* Hinterher erweist sich dann, daß vielleicht eben in diesem Augenblick die Entscheidung zu Deinen Gunsten fiel und die Wendung zum Besseren einsetzte. –

Wenn ich die Notwendigkeit der *Übung* der Meditation betone, so deshalb, weil der zumeist überwiegend nach außen gerichtete und ich-verkrampfte Mensch in zäher Kleinarbeit und unermüdlicher Bejahung Gedanke um Gedanke das für ihn neue Bewußtsein der Gegenwart des Inneren Helfers aufbauen und sich immer wieder vertrauend nach innen wenden muß, bevor das erste Zeichen des längst begonnenen Wirkens des Inneren Helfers seinen Sinnen erkennbar wird.

Die Ausdauer lohnt sich, denn der erzielte Gewinn ist unschätzbar. Das ganze Leben wandelt sich, wenn das Bündnis mit dem Inneren Helfer einmal geschlossen ist, und früher oder später wird dem unermüdlich Übenden bewußt, daß er nicht allein steht, sondern daß die stärkste Macht der Welt in ihm und mit ihm ist und ihm jederzeit und überall hilft und sein Wohl wirkt.

WIRKUNGSWEISE DES INNEREN HELFERS

Bevor wir darangehen, aus der erlernten Technik der geistigen Selbsthilfe die praktische Nutzanwendung zu ziehen, wollen wir uns noch bewußt machen, daß der Innere Helfer auch wesenseins ist mit dem, was man gemeinhin als »Schicksal« bezeichnet, weshalb jene, die den Menschen zur *Schicksals-Bejahung* auffordern, in einem tieferen Sinne Recht haben, als sie vielleicht ahnen. Der innere Helfer ist *mehr* als nur der Schicksalssinn der Seele – dem Tieferblickenden erweist er sich als eigentlichen Schicksalslenker und das Schicksal als »Schickung der Seele«, als das Werk des Inneren Helfers.

Ich erwähnte bereits, daß der große griechische Philosoph und Lehrer Platos, *Sokrates,* den Inneren Helfer sein *»Daimonion«* nannte und sich restlos auf die innere Führung verließ. Sein Beispiel kann deutlich machen, was ich meine, so daß sich die Anführung ähnlicher Beispiele aus der Geschichte erübrigt:

Sokrates, der sich vor allem als Sittenlehrer und Lebensweiser unvergänglichen Ruhm erwarb, vielleicht der Größte der Griechen, dessen Leitwort die Wahrheit und dessen Uneigennützigkeit sprichwörtlich war, wurde bekanntlich als Siebzigjähriger von wahrheitsblinden Fanatikern angeklagt, andere Götter als die vom Staate anerkannten verkündet zu haben – vor allem das Dasein eines *»Daimonion«,* dessen Stimme er unter allen Umständen folge. Gegen diesen Angriff verteidigte sich der Weise männlich und unerschrocken, ohne auf die Gefühle seiner Richter allzu große Rücksicht zu nehmen, weshalb diese ihn, durch seine Ruhe und seinen Stolz gereizt, zum Tode verurteilten.

Gerade am Beispiel des Sokrates läßt sich das Wesen und die Wirkungsweise des Inneren Helfers in besonderem Maße verständlich machen. Denn wie wohl selten ein Mensch war Sokrates sich der inneren Stimme seines »Daimonion« von Kindheit an bis an sein Lebensende bewußt, und es soll kein Tag in seinem Dasein verstrichen sein, ohne daß er die Stimme des Schicksals vernahm.

Dabei trieb ihn die innere Stimme selten zu bestimmten Handlungen an, sie ließ ihm vielmehr stets die freie Wahl des Handelns; nur wenn er im Begriff war, etwas Falsches, ihm oder anderen Nachteiliges zu tun, hielt sie ihn warnend ab.

Wie äußerte sie sich?

Sokrates selbst sprach von einer »Stimme», von einem »göttlichen Zeichen«, von seinem »Daimon« im ursprünglichen guten Sinne dieses Wortes, von der »prophetischen Stimme der Gottheit«, von der »durch Gottes Fügung ihm zugeteilten Stimme«.

Er wußte aus reicher Erfahrung, daß er sich auf diese innere Stimme unbedingt verlassen konnte, daß sie nur sein Bestes wollte, und er gehorchte ihr darum auch unbedingt. Er machte auch kein Geheimnis daraus, sondern sprach davon, daß

> »Ihr mich oft und bei manchen Gelegenheiten sagen hörtet, etwas Göttliches lasse sich in mir vernehmen. Das begann bei mir schon in meinen Knabenjahren; und wenn diese Stimme sich vernehmen läßt, dann warnt sie mich stets vor dem, was ich zu tun im Begriff bin.«

Seinen Freunden war seine Gewohnheit, plötzlich in Schweigen zu versinken und dem inneren Wort zu lauschen, nichts Neues. »Das ist so seine Art; bisweilen tritt er, wo er eben ist, beiseite und bleibt stehen. Stört ihn dann nicht, sondern laßt ihn«, hieß es, wenn der Philosoph sich bei einem Fest verspätete oder zurückzog. Bekannt ist, daß er einmal in diesem Stillesein und Schweigen einen ganzen Tag bis zum Abend und die Nacht hindurch bis zum anderen Morgen im Freien stehend verharrte. »Dann, nachdem er den Sonnengott betend begrüßte, entfernte er sich eilig.«

Sokrates erlebte dieses Daimonion als einen inneren Sinn der Seele, als den Schicksalssinn des Ewigen in ihm, der die Seele oft nicht nur für das eigene Schicksal hellsichtig macht, sondern auch für die Schicksalswege anderer. Es ist bekannt, daß der Innere Helfer Sokrates instandsetzte, auch seinen Freunden rechten Rat zu erteilen:

»Vielen seiner Freunde«, berichtet *Xenophon,* »riet Sokrates an, dieses zu tun, jenes zu unterlassen, weil die Gottheit ihm ein Zeichen gegeben habe. Und denen, die ihm folgten, gereichte es zum Vorteil; die anderen, die ihm nicht folgten, hatten es zu bereuen.«

Sokrates selbst sagt hierüber: »Auch wenn einer meiner Freunde sich über etwas mit mir bespricht und meine innere Stimme sich vernehmen läßt, hält sie ihn davon ab und warnt ihn, es zu unternehmen.«

Eines der vielen Beispiele hierfür finden wir bei *Cicero:* »Als Sokrates nach der unglücklichen Schlacht bei Delium mit dem Heerführer Laches und anderen floh und man an einem Scheideweg ankam, riet ihm plötzlich die innere Stimme ab, dem Weg zu folgen, den die anderen einschlagen wollten. Die meisten schlossen sich ihm an, weil sie wußten, wie zuverlässig sein Innerer Helfer ihn beriet; die aber, die ihm nicht folgten, fielen feindlichen Reitern in die Hände und wurden gefangengenommen.«

In ähnlicher Weise sagte Sokrates, einem Bericht *Plutarchs* zufolge, auf Grund seines inneren Vorgefühls den Untergang des athenischen Heeres in Sizilien voraus. Die Zahl der geschichtlich belegten Beweise für die Fähigkeit seines Inneren Helfers, die Zukunft vorauszuschauen, ist beträchtlich; sie zeigen, daß es sich hier um ein überbewußtes Schauen des in

Entfaltung begriffenen Schicksals handelt, dessen Auslösung und Auswirkung im Augenblick der inneren Schau noch vermieden, gemildert oder umgangen werden kann.

Nun vermag unser Wachbewußtsein in keiner Weise vorauszusagen, daß sich in der Zukunft dies oder jenes ereignen wird, wenn wir diesen oder jenen Weg einschlagen – namentlich nicht Dinge und Ereignisse, die mit der Wahl des betreffenden Weges in keiner Weise ursächlich verknüpft scheinen. *Dagegen besitzt der Innere Helfer offenbar die Fähigkeit der Schicksalsschau und der Schicksalslenkung.*

Folgen wir seinen Weisungen oder Warnungen nicht, dann ist es, als ob er zu uns spräche: »Ich wil Dir nichts in den Weg legen, wenn du, in die Irre gehend, die damit verbundenen bitteren Erfahrungen durchschreiten willst. Ich werde dir aber jederzeit gern helfen, aus der selbstgeschaffenen Not wieder herauszufinden, sowie du mich rufst. Schließlich hilft dir ja auch die Not, zu größerer Weisheit zu gelangen, dient also auch deinem Besten.«

Hören wir hingegen auf die innere Stimme und folgen wir ihrem Rat, dann erkennen wir bald, daß wir wohl daran taten, ihr zu gehorchen, da wir dadurch Gefahren, denen wir sonst zum Opfer gefallen wären, umgingen oder vermieden.

Aber die *Hörwilligkeit* allein genügt nicht. Ebenso wichtig ist die *Hörbereitschaft:* um die innere Stimme zu vernehmen, ist es nötig, auf die gezeigte Weise in die Stille zu gehen. Erst hier, wo der Körper zur Ruhe und die Gedanken zum Abklingen gebracht sind, wo die Seele nach innen geöffnet ist, wird das innere Ohr empfänglich für die »Stimme der Genien«, wie *Plutarch* sie nennt. Diese Stimme der Genien, sagt er, »wird nur solchen Menschen vernehmbar, deren Seele von keinen Leidenschaften beunruhigt wird. Gewöhnlich gibt der Genius nur im Schlafe göttliche Dinge ein, dem Sokrates dagegen auch im Wachsein, weil dieser von der die meisten Menschen beherrschenden Unruhe und inneren Disharmonie frei war.«

Allen Berichten nach war Sokrates ein Freund der Stille und ein Meister der Technik der Entspannung und Meditation, wie sie hier gelehrt wird. Er war, als Folge beständiger Übung, fähig, jederzeit so still zu werden, daß die innere Stimme ihm vernehmbar ward.

Damit stimmt unsere Erfahrung überein, daß die Schicksalsichtigkeit der Seele zunimmt, je häufiger wir in die Stille gehen. Allerdings ist es mit der inneren Stimme ähnlich wie mit der Wünschelrute:

Sie regt sich nur in entscheidenden, schicksalträchtigen Augenblicken. Diese Augenblicke der Entscheidung können beim einen täglich, beim anderen in Abständen von Jahren eintreten. In jedem Fall aber weist uns der Seelenkompaß immer den rechten Weg und auf die Dinge hin, die unserer Selbstverwirklichung und Vollendung dienen.

Vernehmen wir keinen Rat von innen, dann gilt es, gelassen Schritt vor Schritt zu setzen und in Ruhe abzuwarten, ob die Entscheidung, die wir trafen, keinen Widerspruch in unserem Innern findet. Diese Aufgeschlossenheit gegenüber dem inneren Rat soll uns jedoch in keinem Falle abhalten, mutig unseren Weg zu gehen und die Verwirklichung unserer Ideale mit aller Energie anzustreben.

Wer die innere Stimme noch nie hörte, der hat in der Regel noch nicht gelernt, im Zustand völligen leibseelischen Gelockert- und Entspanntseins auf die innere Stimme zu lauschen. Solange er gespannt ist, von bestimmten Gedanken oder Befürchtungen beherrscht, seelisch unaufgeschlossen und aufnahmeunfähig ist wie ein gefrorener Boden, solange er gewissermaßen von der Überwachungszentrale seines Ichbewußtseins her sich selbst belauert, vernimmt er in der Stille höchstens das verstärkte Echo seiner Alltagsgedanken und -sorgen.

Solange es an der erforderlichen Hingabe fehlt, bleibt die innere Leitung notwendig stromlos, so daß die Membran unseres Schicksalssinns unerschüttert bleibt. Soweit wir uns aber durch völliges Gelassenwerden und spannungslos-vertrauensvolle Hingabe an die innere Führung sozusagen resonanzfähig machen, wird der Allnerv der Seele tätig und die Stimme der Stille für uns vernehmbar. –

Wie Sokrates durch die Gewöhnung an Entspannung und Meditation in besonderem Maße befähigt wurde, Art und Wesen der Dinge und Geschehnisse, die sich ihm nahten, zu erfühlen, so vermagst auch Du auf dem Wege nach innen der inneren Führung bewußt zu werden.

Denn das, was Sokrates sein »Daimonion« nannte, ist, wie ich gezeigt habe, etwas allen Gemeinsames, wenn sich auch die meisten ihres »Inneren Helfers« kaum bewußt sind.

Wir können den Menschen mit *du Prel* einer Doppelsonne vergleichen, deren leuchtender Stern – das oberbewußte Ich – seinen unsichtbaren, weil dunklen, Begleiter nicht kennt. Er fühlt dessen Dasein zwar an den eigenen Bewegungen, zu denen er, ob er will oder nicht, durch die Gravitationswirkung seiner dunklen Nebensonne gezwungen wird; aber da diese dunkle Sonne ihm unerkennbar ist, weiß er von ihr nur auf Grund ihrer Einwirkungen auf seine Schicksalsbahn.

Gleichermaßen fühlt sich der äußere Mensch an einen unsichtbaren inneren Geistmenschen gebunden. Mangelnde Selbsterkenntnis läßt ihn heute zumeist noch an dieser sphinxhaften Doppelnatur seines Wesens leiden, statt daß sie ihn beglückt und antreibt, die Zwei-Einheit in eine lebendige Einheit zu verwandeln.

Du Prel nannte den geistigen Wesensteil des Menschen das »transzendentale Subjekt«. Wir nennen ihn schlicht und seinem Wesen gemäß den *»Inneren Helfer«*, dessen Stimme erst vernehmbar wird, wenn alles andere in uns schweigt – die Stimmen unserer Gedanken und Leidenschaften ebenso wie die des Oberflächenbewußtseins und der Außenwelt.

Das Wachwerden für das Wirken des Inneren Helfers hat nichts mit jener tiefenpsychologischen Selbstbeobachtung zu tun, die sich an der Grenze des Unbewußten mühsam mit den

Krücken des Seelenblinden vorwärtstastet. Es ist vielmehr ein Innewerden des Ursachengeflechts des Schicksals, dessen Fäden in einem bestimmten Ereignis zusammenlaufen.

Diese zwei Erkenntnisweisen sind einander diametral entgegengesetzt. Die eine ist rational, die andere irrational:

Die eine ist ein immer neues Gegenüberstellen, Objektivieren innerer Zustände, psychologisches Zergliedern; die andere ist ein inneres Hingeben, Sich-Öffnen, Innewerden und *Gewißsein* aus unmittelbarem *Einssein.*

Die eine ertastet logisch-psychologisch das Zeit- und Raumgebundene bis in dessen letzte Abgründe; die andere umfaßt intuitiv das Wesenhafte, Ewige und Allschicksalhafte.

Die eine sieht infolgedessen überall losgelöste Zufälle, deren Herkunft und Sinn ihr fremd bleibt; die andere erkennt auch im Unscheinbarsten ein notwendiges und beziehungsreiches Einzelteil eines Gesamtgeschehens.

Die eine findet das Leben letztlich voller Widersinnigkeiten – »Wozu das alles« »Was ist Wahrheit?« –; die andere erkennt alles als folgerichtig und notwendend – »Es hat so kommen müssen!« »Alles ist gut!« – Und das deshalb, weil die eine nur auf die dahinrinnenden einzelnen Tropfen achtet und ihnen ihr Geheimnis abzuringen sucht, während die andere den Strom des Schicksals aus der Ewigkeit herbeieilen und in die Ewigkeit hinausfließen sieht . . .

Der mit seinem Inneren Helfer Geeinte und Schicksalsichtige sieht bei den »Vorkommnissen« nicht nur das, was *nach vorn kommt,* um gesehen zu werden, sondern auch die Kräfte im Hintergrund, die ursachenden Schicksalsmächte. Er umfaßt jenseits des »Umhalts« der Dinge, die ihm begegnen, ihren »Inhalt«, ihren Schicksalswert, und vernimmt ihre lautlose Botschaft in seiner Seele. –

Verkümmerte Äußerungen dieses Vermögens sind das »zweite Gesicht« und die prophetische Hellschau. Beide sind jähe Erleuchtungen durch unerwartete Berührung der Schicksalssphäre, in die die Seele hineinragt.

Das Vermögen vorausschauenden Innewerdens reifenden Schicksals kann jeder entwickeln, der mit seinem Inneren Helfer *eins* ist. Sein Innerer Helfer befähigt ihn, das, was sich aus einem Geschehnis ent-wickeln, herauswickeln will, was sich er-eignen und sein Eigen werden will, zu erkennen. Er erfährt zugleich, daß, was zu ihm kommt, ihm zu-kommt und wesentlich auf ihn Bezug hat. Und im Letzten bedeutet das Innewerden des ihm schicksalhaft Zukommenden die Erkenntnis, daß das innere Werden, das dem äußeren Geschehnis vorausging, von ihm selbst ausgelöst ward.

Wir erkennen mit anderen Worten, daß einerseits unser »anderes Ich« – der Innere Helfer – uns aus unserem Schicksal anblickt, daß seine Fühlfäden die Dinge, die uns begegnen, herangezogen haben, andererseits erkennen wir, daß das Heer unserer einstigen Gedanken und Taten, die sich von uns gelöst und selbständig gemacht haben, zu uns heimkehrt, uns »heimsucht«, daß also unser Schicksal im Letzten selbstgewirkt ist – im Guten wie im Bösen.

Was immer wir innerlich als Wirklichkeit sahen, bejahten oder fürchteten, das riefen wir auch äußerlich in die Sichtbarkeit. Und gleichermaßen in der Zukunft: was wir heute bejahen, das reift uns zu. Eben unser Innerer Helfer, der nicht nur das Werdende voraussieht, sondern zugleich die kausalen Auswirkungen unseres Denkens und Tuns reguliert, ruft die Keim- und Wirkstätten des Schicksals an – und nach der Stärke seines Rufs, der wieder von der Stromstärke unseres Schicksalsvertrauens abhängt, wird uns Antwort aus dem Unsichtbaren und unseren Wünschen Erfüllung im Sichtbaren.

Je größer darum unser Vertrauen zum Inneren Helfer und damit unser Schicksalsvertrauen, desto vollkommener vermögen wir unsere Zukunft zu bestimmen.

KOMPASS DER INTUITION

Wir erkennen jetzt – auf unserem Wege von Sokrates bis zur modernen Schicksalsphilosophie –, wie recht wir handeln, wenn wir der inneren Stimme folgen, die uns aus umfassendem Vorwissen heraus zu unserem Besten berät und leitet.

Wer sich auf den *Kompaß der Intuition* verläßt, der kann nicht fehl gehen: jede Entscheidung, die er, dem Inneren Helfer folgend, trifft, wird sich – auch wenn die Schwierigkeiten im Anfang größer erscheinen als auf anderen Wegen – am Ende als die einzig notwendende erweisen.

Die innere Stimme ist der einzige Ratgeber, auf den wir uns jederzeit verlassen können. Sie sagt uns, was uns schadet und was uns dient, und ermutigt uns, zu unserem Schicksal *Ja* zu sagen.

Der Innere Helfer ist es, der, über die Fähigkeit der Schicksalsschau hinaus, zugleich in unser Schicksal ausgleichend eingreift und, zu unserem Besten, das bewirkt, was *Schopenhauer* die »anscheinende Absichtlichkeit im Schicksal des Einzelnen« nennt. Mit Recht folgert er in seiner gleichnamigen Abhandlung, daß die geheime Macht, die die uns berührenden äußeren Vorgänge lenkt, ihre Wurzel in der Tiefe unseres eigenen Wesens haben muß:

Wie im Traumerlebnis letztlich unser eigener Wille es ist, der oft die Erfüllung unserer Wünsche vereitelt, wie hier »unser Wille von einer Region aus wirkt, die weit über das vorstellende Bewußtsein im Traum hinausliegt und daher im Traum als unerbittliches Schicksal auftritt«, so ist es auch mit dem Schicksal in der Wirklichkeit und »mit der Planmäßigkeit, die vielleicht jeder schon in seinem eigenen Lebenslauf bemerkt hat«.

In Wirklichkeit laufen, mit einem Wort *du Prel's*, »die Fäden, an denen das Schicksal uns durchs Leben führt, in unserem transzendentalen Subjekt zusammen, wenn sich auch unserem sinnlichen Bewußtsein nichts davon verrät. So führt uns also unser transzendentales Subjekt nicht nur ins Leben und bestimmt unsere Individualität, sondern es leitet uns auch durch das Leben; aber nur unser transzendentales Wohl liegt ihm am Herzen.«

Am Beispiel des *Sokrates* wird deutlich erkennbar, daß dem Inneren Helfer, wie wir das »transzendentale Subjekt« nennen, selbst das, was den Ichmenschen so sehr schreckt, der *Tod*, nichts Wesentliches ist: auch den Tod betrachtet er offensichtlich als eine Erfahrung, die die Seele reifer und weiser macht.

Das gilt es zu bedenken, wenn wir sehen, wie das unbedingte Vertrauen zum Inneren Helfer, das Sokrates besaß, ihn davon abhielt, sich gegen die wider ihn erhobene Anklage des Unglaubens mit schwerem Geschütz zu verteidigen. Er hätte diese von der Mißgunst erhobenen Vorwürfe ohne Mühe mit Hilfe seiner glänzenden Rednergabe widerlegen und zerstreuen können. Aber er verließ sich so ausschließlich auf seinen Inneren Helfer, daß er seinen Richtern erklärte, er würde nicht einmal dann, wenn sie ihn unter dieser Bedingung freisprächen, davon ablassen, der Inneren Stimme die Treue zu bewahren:

»Ich werde dem Gott in mir mehr gehorchen als Euch; denn das gebeut mir mein Gott!«

Nachdem er zum Tode verurteilt war, gab er seinem absoluten Vertrauen zum Inneren Helfer noch einmal lebendig Ausdruck:

»Die weissagende Stimme des Daimonions, die ich sonst immer, wenn ich etwas Verkehrtes zu tun im Begriffe war, zu vernehmen pflegte, mahnte mich weder, als ich am heutigen Morgen vom Hause wegging, noch als ich hier zum Gerichtshof heraufstieg, noch bei meiner Rede, wenn ich irgendetwas zu sagen im Begriff war, obwohl sie mich sonst doch häufig mitten im Satz zurückhielt. Bei der ganzen Verhandlung hat sie mich von nichts zurückgehalten. Darum erblicke ich in dem, was mir durch Euch widerfährt, etwas, was mir zum

Heile dient, so daß also die Unrecht haben, die lehren, das Sterben sei ein Übel. Denn meine innere Stimme hätte mich mit Sicherheit gewarnt, wenn ich im Begriff gewesen wäre, etwas Unheilbringendes zu tun.«

Das Schicksal hat keine Schrecken mehr für den, der mit seinem Inneren Helfer eins ist. Er erkennt, daß er die Zukunft in seiner Hand hält, daß sein Los von ihm abhängt und von dem Wege, den er, der inneren Führung folgend, einschlägt. Er weiß seinen Weg und folgt seinem Schicksal.

MAGIE DER BEJAHUNG

Und nun wollen wir uns noch zwei wichtige Tatsachen bewußt machen, bevor wir die vielfältigen praktischen Anwendungsmöglichkeiten der dynamischen Psychologie im Alltag an Hand von Einzelbeispielen demonstrieren, nämlich

1. die Tatsache, daß unsere Gedanken immer das ihnen Gemäße anziehen, und
2. die Tatsache, daß unser Innerer Helfer uns bei der Anziehung des Guten aktiv zur Seite steht.

Am Anfang jeder Wirklichkeit stand ein *Gedanke.* Und aus jedem Gedanken wächst die ihm entsprechende Wirklichkeit hervor – und zwar so weit, als der Gedanke in einem oder mehreren Menschen zur beherrschenden Vorstellung und Strebung wird. Wo keine Ideale sind, keine Zielgedanken uns treiben, da ist Stillstand und Erfolglosigkeit.

Für den, der nicht blind durchs Leben stolpert, ist diese anziehende Kraft der Gedanken eine Selbstverständlichkeit. Er weiß: jeder Mensch ist der Baumeister seines Lebens, und die Bausteine sind seine Gedanken. Ob das Gebäude seines Lebens ein Palast wird oder eine windschiefe Hütte, hängt davon ab, welche Gedanken er vorwiegend hegt. Die Gedanken, die er in den Äther hinausschickt, kehren früher oder später materialisiert, verwirklicht, zu ihm zurück.

Alle Zukunft ist Zurückkunft unserer ausgereiften Gedanken.

Jeder unserer Gedanken umkleidet sich mit einer Ätherhülle und strebt danach, sich darüber hinaus auch mit einer materiellen Hülle zu umkleiden, sich auch sichtbar zu verwirklichen. Er kann das um so eher, je häufiger wir ihn denken und durch beharrliche Wiederholung seine Strahl- und Lebenskraft steigern.

Wir leben in einer Gedankenwelt, sind von unsichtbaren und sichtbaren Gedanken umgeben: die unsichtbaren sind die Ursacher unseres Schicksals, die sichtbaren sind die verkörperten Dinge und Wesen um uns. Alle unsichtbaren Gedanken streben nach sichtbarer Verkörperung; wie wichtig darum, daß wir uns vor negativen Gedanken hüten, die meist rascher zur Wirklichkeit werden, weil sie oft furchtgeladen, also *gefühlsbetonter* sind als die meisten positiven Gedanken – von jenen abgesehen, die mit der unbesiegbaren Kraft des Vertrauens zum Inneren Helfer geladen sind.

Diese letzteren strahlen weit hinaus und ziehen von überall ihresgleichen als Verwirklichungshelfer herbei, während die Gedanken eines innerlich zerrissenen, mit sich und seinem Schicksal unzufriedenen Menschen in seiner Nähe bleiben und sich zu grauen Wolken zusammenballen, die seinem inneren Auge die Sicht auf das besonnte Land der Zukunft und die so nahen Glücksmöglichkeiten versperren . . .

Durch jeden vertrauenden Gedanken gelangen wir aufs neue in lebendige Verbindung mit dem inneren Helfer und seinen Kräften. Es hängt also nur von uns ab, wieviele schöpferische Kräfte wir zu unserem Wohl mobilisieren. Wir haben die Möglichkeit, durch rechte Anwendung dieser Kräfte die Macht des Geistes in einem Umfang zu erweisen, den kein Materialist für möglich hält. Es kommt nur darauf an, daß wir unsere positiven Gedanken auf ein einziges Ziel konzentrieren, rückhaltlos auf die Hilfe von innen vertrauen und nicht locker lassen, bis das Bejahte Wirklichkeit ward.

Daß die Zaghaften hier scheitern, liegt daran, daß sie sich nicht fähig fühlen, die Brücke des Vertrauens über den trüben Strom ihrer Ängste und Befürchtungen zu schlagen und über sie zur Sonnenseite des Lebens hinüberzuschreiten.

Es gibt genug tüchtige Ingenieure in der Welt; aber es gibt nur eine kleine Zahl jener *Ingenieure des Geistes*, die die geistigen Kräfte und Schicksalsbaustoffe mit Überlegenheit meistern.

Unser ganzes Leben ist eine immer neue Demonstration der Tatsache, daß wir das ernten, was wir säten. Kein Mensch zweifelt an dieser Wahrheit. Viele aber zweifeln noch, daß dieses Gesetz von Ursache und Wirkung auch im Reich der Gedanken gilt. Sie sehen nicht, daß *sie selbst* der Ausgangspunkt ihrer Geschicke sind und daß darum jede Wandlung ihres Lebens bei ihnen selbst beginnen muß. Und doch ist es so: alles ist schon da, was wir ersehnen, aber es bildet nur dann unsere Zukunft, kann nur dann sichtbar auf uns zukommen, wenn wir es *bejahen*.

Gedanken und Ideale sind keine vagen Dinge, sondern der lebenspendende Mutterboden und der Baugrund für alle Dinge, Erfolge und Werke, die aus der Zukunft heraufwachsen.

Gleichwie ein Architekt zuerst ein Idealbild des Hauses in sich schafft, das er plant und errichten will, so müssen wir das Idealbild dessen, das um uns werden soll, zuvor in uns tragen und austragen, bis es lebendig zu strahlen und die zu seiner Verwirklichung erforderlichen Baustoffe anzuziehen beginnt.

Hier machen nun manche den Fehler, daß sie zwischen sich und ihrem Ideal einen zu großen Abstand halten. Sie sagen beispielsweise: »Ich wünsche ein hübsches Haus und werde es erlangen!« Dieser Wunsch ist viel zu allgemein, die Bejahung ist viel zu schwach, der Erfolgsgedanke viel zu unbestimmt, das Idealbild viel zu unlebendig und unplastisch, als daß es sich rasch verwirklichen könnte.

Durch solch *allgemein* gehaltene Bejahung wird zwar der Grund gelegt für die spätere Wirklichkeit, aber noch nicht die Verwirklichung selbst eingeleitet. Dazu bedarf es einer viel lebendigeren und präziseren Bejahung.

Wenn wir untersuchen, wie sich die erfolgreichen Bejaher eingestellt haben, dann sehen wir, daß sie nicht allgemein »ein Haus« bejahten, sondern »ihr Haus«, ein *ganz bestimmtes* Haus, daß das Bild des von ihnen ersehnten Hauses so lebendig-gegenständlich in allen seinen Teilen vor ihrem Geiste stand, daß sie imstande waren, es zu zeichnen. Sie machten sich ein genaues Bild der Bauart ihres Hauses, seiner Lage, der Zahl, Größe und Lage der Räume in ihm, der Einrichtung und der näheren Umgebung, bis ihr Haus in allen Einzelheiten plastisch vor ihren Augen stand.

Und dann geschah das Wunder, daß sie auf mehr oder minder außergewöhnliche Art in den Besitz eben dieses so greifbar erträumten Hauses gelangten, das genau so war, wie sie es sich vorgestellt hatten.

Dieses »Wunder« tritt immer erst dann ein, wenn wir von der allgemeinen Bejahung zur *besonderen* übergehen, ein ganz bestimmtes, genau umrissenes Ziel oder Ideal ins Auge fassen, die Verwirklichung dieses Ideals gläubig bejahen, zugleich so handeln, als ob das Bejahte bereits unser wäre, und im übrigen *auf die Hilfe von innen vertrauen.* –

Dieses Vertrauen auf den Inneren Helfer ist das Zweite, das nötig ist, damit die Realisierung unserer Ideale störungsfrei vor sich gehen kann.

Es wäre unweise, die Macht der Gedanken einseitig zu benutzen, um bestimmte Dinge und Erfolge anzuziehen, ohne sich der Zustimmung und Hilfe von innen zu vergewissern. Das ist der Sinn des alten Wahrwortes: »Versichert euch *zuerst* der Hilfe von innen, dann werdet ihr alles erlangen, was ihr ersehnt!« – ein Wort, das ein Mystiker, ein Schüler Meister Eckeharts, Heinrich *Suso,* wie folgt erläutert:

»Richte Dich stets nach Deinem Inneren. Halte Dich nicht an

das, was andere sagen, sondern allein an das, was Dir innerlich offenbart wird. Sei der Hilfe von innen gewiß und bleibe gelassen in Freud und Leid; denn ein gelassener Mensch bringt es in einem Jahre weiter als ein stürmischer in dreien. Achte darauf, daß keine stürmischen Gemütswallungen entstehen, die Dein Denken vom Ideal abziehen. Es gibt viele Menschen, die den inneren Trieb verspürten, ihm aber nicht folgten. Ihr Inneres und Äußeres sind fern voneinander – darin liegt ihres Leides Wurzel. Wer wider sein Inneres handelt, schadet sich selbst.«

Der Hilfe von innen so gewiß sein wie der Tatsache, daß immer genug Luft zum Atmen da ist, heißt die Fülle in unser Leben rufen. Wir brauchen nicht nach dem Guten, dem Reichtum des Lebens zu suchen: *sie suchen unaufhörlich nach uns* – und finden uns in dem Augenblick, da wir dem Inneren Helfer vertrauen. Von diesem Augenblick an fühlt sich alles Gute zu uns hingezogen und offenbart sich in unserem Leben. –

Solange unsere Gedanken noch *unverkörpert* sind, sind sie weder räumlich noch zeitlich gebunden. Infolgedessen können unverkörperte Gedanken überall und jederzeit von aufnahmewilligen Seelen aufgefangen werden – ähnlich wie ein Radioapparat Ätherwellen auffängt und in Worte und Töne verwandelt.

Es gibt Menschen, die infolge ihrer Sensibilität fremde Gedanken aus jeder Entfernung mit bemerkenswerter Exaktheit aufzunehmen imstande sind, wie die diesbezüglichen Versuche von Prof. J. B. *Rhine* bewiesen haben. Nun besitzt in Wirklichkeit *jeder* diese Fähigkeit. Oft bedarf es nur einer winzigen Drehung am Schalter unserer Empfangswilligkeit, und wir nehmen mit wunderbarer Klarheit die Gedanken auf, auf deren Wellenlänge wir eingestellt sind. Wir erkennen dann, daß die Gedanken »in der Luft liegen« ähnlich den überall gegenwärtigen Radiowellen.

Unser Innerer Helfer nun nimmt unsere und fremde unverkörperte Gedanken mit der gleichen Klarheit wahr, wie wir die verkörperten Gedanken sehen: die Dinge und Wesen um uns herum. Er erfaßt mit einem Blick die Größe und Reichweite der Verwirklichungskraft der auf uns zuschwingenden Gedanken. Er kann bei jedem Gedanken sagen, wann er sich in unserem Leibe oder Leben materialisieren, wann er als Schicksal vor uns stehen wird. Und wir können an diesem seinem Vorauswissen teilhaben dadurch, daß wir ihm restlos vertrauen und uns von ihm führen lassen. Wir werden dann so geleitet, daß nur das Gute auf uns zukommen kann, während das Ungute wirkungslos an uns vorüberzieht.

Auf dieser Tatsache beruht der Erfolg derer, die dem Inneren Helfer vertrauen und in diesem Vertrauen wagemutig vorwärtsschreiten: daß sie spüren, wie alle Dinge zusammenwirken, um sie zu beglücken, und daß sie gläubig *bejahen,* was sie ersehnen!

Damit wird, glaube ich, verständlich, was ich die *»Magie der Bejahung«* nenne.

Eine beharrlich festgehaltene Bejahung, hinter der das Vertrauen zur Hilfe von innen steht, wirkt in der Welt der Ursachen wie ein Maelstrom, der immer größere Kreise zieht und alles in sein Zentrum hineinsaugt.

Bejahen heißt in diesem Sinne: in der Stille der Meditation ein lebendiges Idealbild dessen, was wir ersehnen, in uns schaffen, es mit allen Kräften des Herzens hegen und nähren und dem Inneren Helfer gegenüber die Bitte, das Vertrauen und den Dank dafür aussprechen, daß er dieses Ideal seiner Verwirklichung zuführt. Und es heißt, daß wir uns von da an nach außen hin so verhalten, als ob das Bejahte bereits Wirklichkeit sei, und daß wir all unser Tun auf diese Wirklichkeit ausrichten!

Im Mittelalter bezeichnete man diese Praxis aus Unkenntnis der ihr zugrundeliegenden psychologischen Gesetzmäßigkeiten als »Magie«. Magie heißt wörtlich »Macht« und hat zwei Aspekte: einen negativen, bösen, und einen positiven, guten. *Wir* verstehen hier unter Magie die bewußte Entfaltung der positivsten Macht, die es gibt: *der schöpferischen Kräfte des Inneren Helfers* im Dienste der Überwindung aller Dunkelheiten oder Mißhelligkeiten des Alltags und der erfolgreichen Meisterung des Lebens. Die Macht, die wir nach den Regeln der dynamischen Psychologie entfalten und betätigen, ist die Macht des Guten, die uns, unsere Lieben und unser Leben zauberhaft verwandelt und alles zum Besten wendet.

Bejahung als praktische Magie ist ein *geistiges Bauen:* wir bauen das von uns Bejahte vom Geistigen her in unser Leben hinein.

Wie es Minderwertigkeitskomplexe gibt, die aus falscher Erziehung und falscher Einstellung zum Dasein erwachsen und das Leben in eine Kette von Fehlhandlungen und Fehlschlägen verwandeln, so gibt es *Erfolgs-Komplexe,* die wir durch rechte Bejahung in uns hineinbauen mit der Folge, daß unser Leben sich als eine Kette von Glücksfällen und Erfolgsgelegenheiten erweist.

Die im folgenden gegebenen Rezepte werden Dir helfen, Dich in diesem Sinne mit so viel Erfolgskomplexen auszustatten, daß Du unter allen Umständen und in jeder Situation für das siegreiche Bestehen des Lebenskampfes gerüstet bist und bleibst.

Es ist nicht wenig, was ich Dir damit verspreche. Aber Du wirst bald selbst sehen, daß es nur die Wahrheit ist. Mögen die folgenden Anleitungen Dir helfen, Dir selbst zu helfen, richtiger: Dir den Beistand Deines Inneren Helfers zu sichern, der Dir die Kraft gibt, heute und in alle Zukunft ein Leben wachsenden Wohlergehens und Wohlstandes zu führen!

III. Teil

Dynamische Psychologie im Alltag

»Gott ist ganz nah' bei Dir mit seiner Hilf' und Güte;
Er schwebt Dir wesentlich im Herzen und Gemüte.«

Angelus Silesius

An einigen aus dem täglichen Leben herausgegriffenen Beispielen sei nun gezeigt, wie Du die Methoden der dynamischen Psychologie zur Überwindung von Hemmungen und Schwierigkeiten verschiedenster Art anwendest und wie Du Dich im Einzelfalle des Beistandes des Inneren Helfers bedienst.

Die hier behandelten Fälle aus der Praxis können naturgemäß nicht alle Möglichkeiten umspannen; es werden aber zu jedem Problem Lösungen verschiedenen Grades aufgezeigt. Die Beispiele sind zudem so gehalten, daß jedes für mancherlei ähnliche Fälle als Richtschnur dienen kann, so daß damit genügend Anleitungen zu wirksamer geistiger Selbsthilfe gegeben sind.

Lies die einzelnen Anweisungen, die der leichteren Orientierung wegen in alphabetischer Reihenfolge gegeben werden, soweit sie Deinen Fall betreffen, nicht nur einmal durch, sondern mehrmals am Tage – vor allem als erstes am Morgen und als letztes vor dem Einschlafen – und sammle Dich beim Lesen auf die angegebenen *Bejahungen*, die Dir helfen werden, Dir in der Meditation den Beistand des Inneren Helfers in der bejahten Richtung zu sichern.

Bei sinngemäßer Anwendung der Ratschläge und Rezepte kannst Du damit rechnen, daß der ersehnte Erfolg sich bald einstellt, daß die Schwierigkeit beseitigt, das Problem seiner Lösung zugeführt, die Hemmung überwunden, das Bejahte verwirklicht wird.

WIE MAN ABGESPANNTHEIT BESEITIGT

1. Abgespanntheit jeden Grades ist vor allem Auswirkung negativer Gedanken wie Unlust, Langeweile, Unzufriedenheit, Enttäuschung, Angst, Groll, Unruhe und Hast, die sämtlich *Spannungen* auslösen – also Arbeitsleistungen des leibseelischen Organismus, bei denen nichts herauskommt.

Mit dieser Feststellung ist das erste und wichtigste Mittel wirklicher Selbsthilfe gegeben: die *Entspannungsübung,* wie sie im technischen Teil gezeigt ist. Ihre Wirkung kommt, obwohl sie kaum zehn Minuten dauert, der eines erfrischenden Schlafes von 1–2 Stunden gleich.

2. Im Charkower Physiologischen Institut haben Versuche ergeben, daß von ihrer Tagesarbeit völlig erschöpfte Arbeiter, denen in der Hypnose suggeriert wurde, daß sie sich in angenehmen Situationen der Entspannung und Erholung befänden, nach der Hypnose von jeder Abgespanntheit frei waren, was auch in der veränderten Atmung und Herztätigkeit, im Blutdruck und in erhöhter Leistungsfähigkeit zum Ausdruck kam.

Die Versuche zeigen, daß eine positive Stimmung Abgespanntheit abklingen läßt und die Leistung hebt. Das ist selbstverständlich auch *ohne Hypnose,* durch positive Selbsthilfe oder Bejahungen, erreichbar. Es ist aber natürlich nicht angängig, körperliche Erschöpfung nur mit psychologischen Mitteln zu beseitigen und dem Organismus die notwendige längere Ruhe nach anstrengender Arbeit vorzuenthalten; da aber Abgespanntheit überwiegend seelisch bedingt ist, bringt die Beseitigung der seelischen Komponente mittels positiver Umstimmung durch Entspannung, Bejahungen, auch Musik usw. auch die körperliche Betätigungsunlust zum Verschwinden und läßt die Leistungskurve ansteigen. Hinzu kommt, daß eine in froher Stimmung erledigte Arbeit weniger Kraft verbraucht, zielgerichteter und erfolgreicher ist, und daß jeder Leistungserfolg zu noch höheren Leistungen anspornt.

In der Praxis genügt eine kurze Entspannung mit anschließender Bejahung der körperlichen und geistigen Frische, Schaffensfreudigkeit und Erfolgszuversicht. Dadurch werden die verbrauchten Energien ersetzt und ein neuer Start ermöglicht.

3. Hilfreich ist auch die Gepflogenheit, eine längere Arbeitszeit während jeder Stunde durch eine *Fünfminutenpause* zu unterbrechen, die nur der Entspannung dient und, wenn regelmäßig geübt, eine Regeneration der Schaffenskraft mit sich bringt, die einem Zeitgewinn von jeweils 10–15 Arbeitsminuten entspricht.

4. Bei den meisten Menschen kommt die Abgespanntheit nicht von *zu viel* Arbeit, sondern von ihrer *falschen Art zu* arbeiten, vom Mangel an Planung, Zielsetzung und Organisation. Was ihnen hilft, ist einmal die bessere Ordnung der Arbeit, zum anderen die *Meditation*, in der sie aus der Atemlosigkeit heraus und zum bewußten Atmen kommen und *sich selbst finden*. In der Hetzjagd des Lebens sind sie selten bei sich, sondern zumeist außer sich. Die Meditation hilft ihnen, mit sich selber und der inneren Kraft, mit dem Inneren Helfer *eins* und ruhig und gelassen zu werden und ihrer Arbeit bewußt eine neue Reihenfolge und einen neuen Rhythmus zu geben. (Darüber weiteres im nächsten Abschnitt über die Arbeit.)

Hört die Hetze auf, dann klingen die Spannungen ab und zunehmende Frische und Schaffensfreude stellen sich ein. Man entdeckt, daß man Zeit hat, weil man sich Zeit läßt; und man läßt sich Zeit, weil man, zur Entspannung und Besinnung gelangt, von der treibenden Angst frei geworden ist, daß die Arbeitskraft nachlassen, daß man zu spät ans Ziel kommen, daß man etwas versäumen könnte. Man bejaht jetzt vielmehr, daß man von Tag zu Tag frischer und jünger wird, spannkräftiger und leistungsfähiger, daß sich täglich neue Erfolgsmöglichkeiten bieten und daß der Innere Helfer einem über alle Schwierigkeiten hinweghilft. Und die praktische Erfahrung bestätigt die Richtigkeit der Bejahung.

5. Ist die Abgespanntheit Ausdruck nervöser Erschöpfung, empfiehlt sich die *Ein-Tages-Entspannungskur*, deren Wirkung ein bis zwei Wochen anhält.

Hier die Anweisung: Bereite Dich am Vorabend beim Zubettgehen auf den kommenden Ruhetag (am besten einen Sonntag) durch eine Entspannungsübung vor, die Du in den Schlaf übergehen läßt mit der Bejahung:

»Ich werde heute Nacht besonders gut schlafen, morgen gründlich ausspannen und übermorgen völlig erholt wieder aufstehen!«

Bleibe am Ruhetag möglichst liegen, laß die Vorhänge geschlossen, Telefon und Radio abgestellt. Nimm bei Langeweile ein heiteres Buch zur Hand. Mache mehrmals am Tage die Entspannungsübung, atme immer wieder bewußt Sorgen und sonstige negative Gedanken weg. Genieße in jeder Weise diese Ferien vom Alltag. Iß wenig (Fruchtsaft, Milch, Obst), damit der Körper Ruhe hat und sich entgiften kann. Fühle dich allem enthoben – wie auf einer Insel des Friedens, wo Dich nichts stören kann. Und gib Dich am Abend, nach einer erneuten Entspannungsübung, dem Schlafe hin, um am folgenden Morgen wie neugeboren aufzuwachen.

Du fühlst Dich danach, als hättest Du ein paar Ferientage hinter Dir, und wirst es nach 8–10 Tagen sicherlich wieder so machen.

WAS BEI ARBEITSÜBERLASTUNG ZU TUN IST

1. Jedes Brüten über die Vielzahl und Schwere der zu bewältigenden Arbeiten erschwert ihre Meisterung. Es bedeutet Einsatz der Kräfte an der falschen Stelle, einen Fehler in der inneren Organisation. Tue folgendes:

Blicke zuerst einmal auf Deinen Schreibtisch, Deinen Arbeitsplatz: liegen dort nicht Dutzende von Dingen herum, die erledigt sein wollen und Dich schon durch ihr Dasein beständig in Spannung halten? Ihr täglicher Anblick wirkt nicht nur arbeitskraftlähmend, sondern blutdruckerhöhend und krankmachend. Schon das Gefühl, alle diese Dinge erledigen zu müssen, mindert Deine Leistungsfreudigkeit und -fähigkeit um 30 Prozent.

Als erstes wirst Du folglich Deinen Schreibtisch, Deinen Arbeitsplatz *aufräumen*. Und Du wirst spüren, daß Du dadurch auch *innerlich aufgeräumt* und frei wirst. Nur das bleibt liegen, was zu Deiner augenblicklichen Arbeit gehört; alles übrige kommt in Fächer, Schubladen, Terminmappen oder Regale nach der Reihenfolge Deines Tagesplans.

Sowie Du nur noch *eine* Arbeit auf dem Tisch und in Deinem Kopf hast, ist der Druck weg, der Deine Leistungskraft blockierte. Was vorher schwer schien, ist leicht geworden. Und wenn diese Arbeit bewältigt ist, kommt die nächste – und *nur diese* – dran. Die Gefahr eines Nervenzusammenbruches ist beseitigt.

Du kannst sogar einen *Sport* aus diesem Aufräumen machen und mit jedem überflüssigen Notizblatt, jedem alten Brief, jeder störenden Drucksache, jedem unnötigen Gegenstand, den Du wegräumst, bewußt eine Last von Deiner Seele wälzen, Dich sozusagen bewußt entlasten. Mit jedem dieser äußeren Quälgeister, der in den Papierkorb fliegt, ist auch ein innerer Quälgeist, ein Gedanke des »Das-muß-ich-noch-tun«

und »Jenes-darf-ich-nicht-vergessen« beseitigt, so daß Dein Bewußtsein frei wird für das, was gerade zu tun ist.

2. Diesem ersten Aufgeräumt-haben und -werden folgt die Gewöhnung an die *abendliche Zielsetzung:*

Abends vor dem Einschlafen wirst Du alle Pflichten des nächsten Tages – und was Dir sonst noch an zu Erledigendem einfällt – auf einen Zettel schreiben, sie alsdann nach dem Grundsatz »Das wichtigste zuerst!« einer *Muß-* und einer *Kann-*Gruppe zuteilen und hierauf zuerst den Muß- und dann den Kann-Arbeiten die *Reihenfolge* geben, in der sie am nächsten Tage zu erledigen sind.

In der Meditation vor dem Einschlafen bejahst Du, daß Du dieses Tagesprogramm mit dem Beistand des Inneren Helfers Schritt für Schritt meistern wirst. Am nächsten Tage machst Du es Dir zum Sport, in aller Ruhe so viel wie möglich von Deinem Tagesprogramm zu erledigen. Was nicht erledigt wurde, wird auf das nächste Tagesprogramm übernommen.

Schon nach einer Woche wirst Du feststellen, 1. daß Arbeitsordnung Arbeitsüberlastung unmöglich macht, 2. daß Du jetzt viel mehr Arbeiten bewältigst, als Du vorher für möglich hieltest, 3. daß die Überreizung, Unruhe und Aufregung abklingt, 4. daß Du weniger müde und unzufrieden bist, 5. daß die Freude an der wachsenden Leistungsfähigkeit beglückt und anspornt, 6. daß Du bei alledem Zeit findest, Dich zu entspannen und außer an die Arbeit auch an Dein Glück und das anderer Menschen zu denken, 7. daß es insgesamt fühlbar aufwärts geht.

3. Einer meiner Freunde, ein erfolgreicher Geschäftsmann, läßt bei zunehmender Arbeitsüberlastung den inneren Überdruck wie folgt ab:

Wenn sich die Pflichten so häufen, daß er nicht mehr weiß, wie er fertig werden soll, setzt er seinen Hut auf und geht eine halbe Stunde spazieren, wobei er seine Gedanken völlig auf die Schönheiten am Wege konzentriert – im Vertrauen darauf, daß sein Innerer Helfer während dieser Entspannung eine innere Sichtung und Ordnung des Arbeitshaufens vornimmt, so daß er, zurückgekehrt, instinktiv weiß, was zuerst zu tun ist und was dann.

Oder es geht eine Stunde früher ins Bett, entspannt sich und bejaht beim Einschlafen: *»Bis morgen früh wird sich alles klären, und eines nach dem anderen wird erfolgreich erledigt!«* Dieses Verfahren bewahrt ihn davon, ein Sklave der Dinge zu werden und das Leben von unten statt von oben anzusehen.

Gleich ihm im Innehalten den inneren Halt wiederzufinden, ist nicht schwer, wenn Du einmal gelernt hast, Dich zu entspannen. Der Entspannte steht über den Dingen, kann nicht in der Arbeit untergehen – und wird doch mehr und besseres leisten als der in der Arbeit Verkrampfte und von ihr Besessene.

WIE WIRD ARBEITSUNLUST ÜBERWUNDEN?

1. Wenn Du bei einer »langweiligen Arbeit« in Küche und Heim, im Büro oder in der Fabrik denkst und stöhnst: »Ach, wenn das nur erst vorbei wäre! Daß das gerade jetzt kommen muß, wo ich etwas anderes vorhatte!! Jetzt geht die Tretmühle wieder los!« dann hast Du damit gerade die Kraft hinausgestöhnt, die Dir dazu dienen konnte, die ungeliebte Arbeit spielend zu erledigen.

Denn nicht die Arbeit ist lästig und schwer, nicht die Arbeit bringt Dich um, sondern Deine *Gedanken,* die Du als Zentnergewichte daran hängst! Du bist schon *vor* der Arbeit, durch das bloße »Darandenkenmüssen«, erschöpft und erledigt.

Wenn Du mit der Vorstellung ihrer Langweiligkeit oder Schwierigkeit an eine Arbeit gehst, hast Du Dich im Voraus zum Mißerfolg verurteilt. Versuche einmal das *Gegenteil:*

Gehe mit dem Gedanken an die Arbeit, daß sie wenig Mühe

kostet, rasch bewältigt ist und besonders gut gelingt – und Du wirst die erfreuliche Erfahrung machen: Wer *denkt*, er kann, der *kann!* Denn aus der *Vorstellung,* etwas gut und leicht zu können, erwächst die *Fähigkeit* dazu. Hier eine *Bejahung,* die Dir die neue Einstellung erleichtern wird:

»Diese Arbeit ist leicht und macht mir Freude. Sie ist kurz und gelingt mir. Sie macht mir Spaß. Ich werde es schaffen. Ich erledige sie im Bewußtsein meiner Kraft und meines Erfolges. Sie gelingt mir und wird zu einem Baustein künftigen Glückes!«

2. Bedenke, daß die Arbeit, die Dir lästig erscheint, vielleicht für andere ein Vergnügen ist. Wenn andere sie interessant, reizvoll, begehrenswert finden, warum nicht auch Du? Alles ist Einstellung:

Gewinne Deiner Arbeit neue Seiten ab – überlege, wie Du sie zu einer Quelle neuer Einsichten oder höheren Einkommens machen könntest – bringe ihr guten Willen, Interesse, sportliche Begeisterung entgegen – dann wird aus der Langeweile das prickelnde Gefühl eines Abenteuers, und was Dich quälte, verwandelt sich in eine Erfolgsgelegenheit. Du wirst staunen, welche Kraftquellen selbst im alltäglichen Tun stekken, wenn Du es gern und *bewußt* tust.

Diese Umstellung hat eine weitere Wirkung: wenn Du das, was Du bisher ungern tatest, gern tust, dann kommt das, was Du gern tätest, als Gelegenheit zu Dir. Das ist die Antwort des Inneren Helfers auf den Beweis Deines guten Willens, den er stets mit der Herbeiführung neuer Erfolgsgelegenheiten beantwortet.

3. Ein erprobtes Mittel gegen Arbeitsunlust ist im übrigen die Entspannungs- und *Meditationsübung.* Sie gibt Deinem Geist neue Arbeit und Deiner Arbeit einen neuen Geist. Die Bejahungen, die Du in der Meditation anwendest, helfen Dir, eine die Leistungsfreudigkeit belebende positive Arbeitsatmosphäre zu schaffen, deren Wirkung den ganzen Tag hindurch anhält.

4. Wenn die Arbeitsunlust mit *Grübelsucht* verbunden ist, stelle in den Mittelpunkt Deiner Besinnung in der Meditation das Wort *Carlyle's:* »Meine Aufgabe ist es nicht, darüber nachzugrübeln, was unklar in der Ferne liegt, sondern *das zu tun,* was klar vor mir liegt.«

Je lebendiger diese Erkenntnis Dir in der Meditation aufgeht, desto mehr verblassen Unlust, Bedenken und Sorgen und desto fühlbarer regt sich Dein Wille zum *Handeln.* Ist es so weit, dann stehe auf, nimm die lästige Arbeit in Angriff – und Du wirst sehen, wie leicht sie Dir von der Hand geht.

Du bist über den toten Punkt hinweg und entdeckst, daß das Gesicht der Zukunft davon abhängt, daß Du den bestmöglichen Gebrauch von der Gegenwart machst und bei der augenblicklichen Arbeit Dein Bestes gibst. Indem Du so handelst, wandelst Du das Gesicht der Dinge.

5. Auch das *Tun als ob* kann hier helfen: Versuche einmal der unbequemen Arbeit gegenüber so zu *tun, als ob* sie Dir Spaß macht. Mache einen Sport aus dem, was Dir lästig fällt – und Du wirst erleben, wie das schwer Scheinende sein Gewicht verliert und Dich nicht mehr belastet und belästigt.

Das ist psychologisch verständlich: Die Unlust ist es, die Dich an die ungeliebte Arbeit kettet wie den Stier an den Pflug. Wenn Du etwas schon tun *mußt,* kannst Du es ebenso gut *gern* tun: es geht dann rascher und läßt Dich freier und vergnügter zurück. Wovon Du durch die Unlust nicht loskommst, das wirst Du durch Gerntun überraschend schnell los. Also Mundwinkel hoch und ans Werk! Es ist gleich vorbei. Mach', was zu tun ist, lustbetont, indem Du es mit Humor nimmst – und Deine Lust und der Arbeit Last werden sich gegenseitig aufheben, so daß das Werk Dir leicht von der Hand geht.

6. Ein weiterer Wink: Manche Arbeitsunlust hat ihre Ursache in der Neigung, morgens beim Aufwachen nicht sogleich aufzustehen, sondern noch eine Weile im Bett zu bleiben, um darüber nachzudenken, was alles getan werden muß. Die Vor-

stellung der vielen Arbeiten macht so müde, daß man am liebsten liegen bleiben würde. Und diese Stimmung des Nichtmögens geht durch den ganzen Tag.

Das *Gegenmittel:* a) abendliche Zielsetzung, also Festlegung des Arbeitsprogramms für den nächsten Tag, b) einschlafen mit der Bejahung, daß am kommenden Tage jede Arbeit leicht fällt und gelingt, c) beim Aufwachen am Morgen den neuen Tag froh als einen besonderen Erfolgstag begrüßen und *sofort aufstehen* mit der Bejahung:

»Ich bin frisch und froh und freue mich auf die Arbeiten, die heute zu tun sind. Heute ist mein Erfolgstag, an dem ich jede Arbeit mit Genuß vollbringe. Heute bin ich ruhig und gelassen und allem überlegen!«

Nach einer Woche ist die Wandlung bereits bemerkbar, bei hartnäckigen Sündern nach vierzehn Tagen.

7. Eine Arbeit erscheint dann lang und langweilig, wenn die Gedanken woanders sind. Sie wird kürzer und kurzweilig, wenn man seine Gedanken auf sie konzentriert und sie *bewußt* tut. Hieraus ergibt sich ein weiteres Rezept:

Mache Deine Arbeit zu einer Konzentrationsübung: Tue alles ganz, bewußt, mit Interesse, mit Leib und Seele, mit aller Hingabe, deren Du fähig bist. Auf diese Weise verwandelst Du Last in Lust: Wo vorher Langeweile herrschte, stellt sich eine neue Art Aufmerksamkeit ein, das Wachwerden für Erfolgsgelegenheiten, die vorher übersehen wurden. Die Gedanken sind nicht mehr während der Arbeit im Niemandsland auf Grillenjagd, sondern stecken jetzt in der Arbeit drin. Und wenn die Gedanken bei der Arbeit sind, sind es auch die Hände, der Kopf, das Herz und der Innere Helfer – und was dann herauskommt, ist immer ein Gewinn.

Die Arbeit zur Konzentrationsübung zu machen bedeutet eine Dynamisierung unseres Wesens und Tuns, die alles, was wir anpacken, mit dem Fluidum der Hochspannung und des Gelingens erfüllt.

Glaube nicht, daß das von der Umwelt nicht bemerkt wird:

Eine lästige Arbeit gern und konzentriert tun, ist der beste Weg, sie los zu werden. Es macht Dich reif für andere, bessere Arbeiten, die Dir nun angetragen werden. Die bessere Arbeit kommt von selbst zu dem, der bei jeder Arbeit sein Bestes gibt!

WIE MAN ÄRGER UND ERREGUNGEN MEISTERT

1. Schon die Tatsache, daß beständiger Ärger auf die Verdauungsorgane funktionsstörend, schädigend wirkt, zu Entzündungen, ja Geschwüren führen kann, daß er Herzleiden, Gallenstörungen, Nierenleiden und mannigfache nervöse Beschwerden auszulösen vermag, vom Energieverlust ganz abgesehen, sollte Dich veranlassen, die Erregbarkeit und Ägerbereitschaft mit den Mitteln der Psychodynamik zu meistern.

Das ist gar nicht schwer, da ja bekanntlich selbst der erregteste Mensch sich, wenn er *muß* – zum Beispiel in Gegenwart eines Vorgesetzten – augenblicklich zu beherrschen und umzustimmen vermag. Nur wollen wir nicht die Furcht vor dem Stärkeren als Regulator benutzen, sondern eine weit stärkere Kraft: die Macht der *Liebe*.

Wenn Du Dich im Augenblick einer Erregung mit aller Inbrunst auf den Dir liebsten Menschen einstellst, ihn leibhaftig vor Dir siehst, wie er Dich freundlich anlächelt, spürst Du, wie Dein Ärger abklingt und verschwindet. Was vernünftiges Zureden nicht bewirkt, weil es nicht jene Schichten des Unbewußten anspricht, aus denen die Erregung emporquoll, das erreicht die *Liebe*, die noch tiefer dringt und das, was Dich eben noch zutiefst erregte und verstimmte, wesenlos und machtlos macht.

2. Die Befreiung von Ärger, Gereiztheit und Aufregung beginnt in dem Augenblick, wo Du erkennst, daß das, was Dich erregt, vor allem in Deinen *Gedanken* steckt und weit-

gehend aus Deinem Gesichtskreis verschwindet, sowie Du Deine gedankliche Haltung änderst.

Und wie das? Wenn ein Ärger Dich überkommt, setze oder lege Dich hin, schließe die Augen, entspanne den Körper, atme mehrere Male tief aus und ein und bejahe:

»Friede, Friede! Ich bin Ruhe! Ich bin Kraft!«

Wenn Du fühlst, wie der Friede sich in Dir ausbreitet, nimm den Gegenstand Deiner Erregung und übergib ihn Deinem Inneren Helfer mit der Bitte um Klärung und Lösung. Du selbst brauchst dann *nichts* mehr zu tun, sondern kannst Dich, aus der Stille zurückkehrend, sogleich einer positiven Aufgabe widmen.

3. Die auf diese Weise erreichte Muskel- und Gefäß-Entspannung bewirkt bereits das Abklingen der Erregung, der der Boden weiterhin entzogen wird, wenn Du bejahst:

»Mein Atem geht ruhig. Mein Herz schlägt ruhig. Ich bin ruhig wie die Tiefe des Meeres!"

Das wird zweckmäßig satzteilweise beim *Aus*atmen gesprochen, also: einatmen – dann ausatmen auf: *»Mein Atem«* – wieder einatmen – ausatmen auf: *»geht ruhig«* – und so fort, wobei die rechte Hand zur Förderung der Herzberuhigung auf die Herzgegend gelegt wird.

Diese Umschaltung gelingt kaum gleich beim ersten Male, weshalb sie geübt, also bei jeder Verstimmung wiederholt werden muß, bis sie, wie alles im Leben, zur Gewohnheit geworden ist. Damit ist gewonnen – nämlich die Immunität gegen Ärgerbazillen, die uns dann vergeblich umschwärmen und an unserer inneren Ruhe und Heiterkeit zugrundegehen.

Wenn Du die Selbstruhigstellung übst, ist es gut, die Bejahung schrittweise zu steigern, also als nächstes:

»Ich bin Friede – ich bin Stille – ich bin gelassen – ich fühle, daß alles gut ist, was kommt – ich liebe alles, was kommt«,

und schließlich:

»Ich bin eins mit dem Inneren Helfer – ich bin Friede – Ruhe – Liebe – Kraft!«

4. Noch ein kleines Hilfsmittel:

Wenn etwas auf Dich hereinstürzt, mach's wie *Julius Cäsar:* Wenn er eine Erregung in sich aufsteigen fühlte, schloß er die Augen und zählte unter Besinnung auf den Rhythmus des Atems bis 20, bevor er antwortete. Versuche es einmal, Dich auf diese einfache Weise zur Ruhe und Besonnenheit zu zwingen – und mach' beim Zählen bitte ein recht freundliches Gesicht! Ziehe die Mundwinkel nach oben, dann wird Dein Lächeln längst, bevor Du bei 20 bist, auf Dein Inneres übergegriffen und Dich ruhig gestimmt haben.

Denn wo Sonne ist, kann nicht zugleich Schatten sein; wer lächelt, kann nicht zugleich erregt bleiben. Bei 20 bist Du bereits in der Lage, der Situation durch ein humorvolles Wort einen anderen Stimmungsgehalt zu geben, die Lage zu entgiften, die gestauten Gefühlskräfte in positive Kanäle zu lenken und sie durch die Konzentration auf die nächstliegende Arbeit nutzbringend einzusetzen.

5. Im übrigen bleibt die *Entspannungsübung* bei jeder Erregung das gegebene Hilfsmittel.

Sowie Du Dich entspannst, lockern sich die Spannungen und Verkrampfungen nicht nur in den Muskeln und Gefäßen, sondern auch in der Seele. Die Ärgerspannung, die den Blick trübt, Dich ungerecht und heftig macht, die Dinge verzerrt, falsch, schwarz sehen läßt und Deine Empfindsamkeit krankhaft steigert, wird durch die Entspannung gelöst, behoben. Das starke Gefühlsmoment wird dem Gegenstand des Ärgers entzogen, so daß er Dich nicht mehr erregt, sondern sachlich gewertet werden kann.

Durch die Entspannung wird auch die *Verdrängung* des Ärgers und sein Abreagieren an unschuldigen Dritten (den sog. »Sündenböcken«) verhindert.

Im Geschäft hast Du vielleicht eine Erregung oder Verstimmung beherrschen und unterdrücken müssen; aber daheim genügt dann eine Nichtigkeit, um der Ärger-Blähung Luft zu machen, womit dann der häusliche Friede gestört ist. Noch schlimmer ist es, wenn ständig verdrängter Ärger eines Tages als organisches Leiden wieder hervorbricht. *Beides* wird durch die Entspannung verhütet.

6. Noch nachhaltiger als die Entspannung hilft die *Meditation* und die Hinwendung zum Inneren Helfer. Die erste Bejahung wird hier etwa lauten:

»Ich bin eins mit den Kräften des Inneren Helfers. Sein Friede erfüllt mich, sein Schweigen beruhigt mich. Ich bin ruhig und gelassen durch die Kraft meines Inneren Helfers. Ich bin stark!«

Hieran schließt sich die auf den besonderen Fall zugeschnittene Bejahung, etwa:

»Was andere von mir denken oder über mich reden, berührt mich nicht. Wenn mein Innerer Helfer mit mir einig und zufrieden ist und mein Wollen und Tun billigt, ist alles in Ordnung. Ich bleibe gelassen und stark!«

Die hieraus resultierende Spannungsfreiheit und Hochstimmung, die Dich einen Angriff mit gleichbleibender Gelassenheit beantworten läßt, wirkt auch auf den Gegner und nimmt ihm die Lust, seine Kräfte weiterhin vergeblich am untauglichen Objekt zu vergeuden. Was Dich stark und überlegen macht, ist das Bewußtsein, daß Dein Innerer Helfer Dir beisteht und zustimmt.

Der Sieg über uns selbst ist immer auch ein Sieg über den, der uns herabziehen wollte. Dank Deinem Inneren Helfer bist Du der Stärkere, und von Mal zu Mal wird Dir Deine wachsende Kraft beglückender bewußt.

WIE MAN AUS ARMUT UND NOT HERAUSKOMMT

1. Alles, was ist, war zuerst in Gedanken: jedes Haus, jede Erfindung, jeder Gegenstand, jedes Ding in der ganzen Natur. Und da wähnst Du, Fülle und Reichtum kämen zu Dir, ohne daß Du sie vorher in Gedanken verwirklicht hättest!?

Du bleibst arm, solange die Vorstellung, arm, unglücklich und von Mißgeschick verfolgt zu sein, in Deinem Bewußtsein vorherrscht. Betrachte dagegen die Geisteshaltung derer, die sich aus ärmlichen Verhältnissen heraus zu innerem Glück oder Millionenreichtum emporarbeiteten:

Sie hielten ihr Denken nicht auf ihre Armut gerichtet, sondern auf Fortschritt, Fülle und Erfolg! Was an sie herantrat, was sie auch taten, diente infolgedessen dazu, das innere Bild ihres *Reichseins* immer lebendiger auch nach außen hin zu verwirklichen.

Jeder von ihnen hat gewissermaßen schon vorher in Gedanken in seinem kommenden Reichtum geschwelgt. Verstehe mich recht: er hat ihn *vorgedacht* – während Du durch Dein stets Darandenken Deine Armut verewigst und immer mehr in Dein »Pechvogeldasein« hineinwächst.

Nur wer innerlich die Fülle bejaht, kann sie auch äußerlich verwirklichen.

Erkenne, daß Mangel vor allem eine Folge falschen Denkens ist und daß es zuerst darauf ankommt, in Dir das Bewußtsein Deines inneren Reichtums zu erwecken. Erkenne, *daß Du zum Glücklich- und Reichsein bestimmt bist!* Du hast vielerlei Fähigkeiten, die darauf warten, aus ihrem Dornröschenschlaf gerissen und betätigt zu werden, um Dich höher zu tragen . . .

. . . Eben zu diesem Zweck führte Dein Schicksal Dich ja in die gegenwärtige Lage, die nichts sein will als ein Startpunkt zu einem neuen Leben der Kraft und der Fülle. Wenn Du diesen Startpunkt nicht siehst, dann bitte Deinen Inneren Helfer um Einsicht und Führung. Von dem Augenblick an, wo Du Dein Reichsein und Deinen Erfolg als etwas bejahst, zu dem Dein Innerer Helfer Dich mit mathematischer Sicherheit hinführt, geht es aufwärts.

2. Wenn es eine besondere Not ist, ein bestimmter Mangel, dessen Überwindung Du wünschest, dann bitte in der Meditation den Inneren Helfer um Beistand. Vertraue auf ihn; er kennt alle Wege, die Dich zum Wohlstand führen können.

Fühle täglich lebendiger in Deinen Meditationen Dein Verbundensein mit den Kraftströmen der Fülle. Fühle, daß Du alles verlangen darfst, was Du ersehnst.

Was dafür von *Dir* gefordert wird, ist nichts als Dein *Dank* und Dein *Vertrauen.* Bediene Dich in der Meditation einer der folgenden *Bejahungen,* die Deiner Lage am besten entspricht – oder bilde Dir selbst die Deiner Situation und Deinen Wünschen angepaßte Bejahung:

a) »Zu Dir, Du mein innerer Helfer, wende ich mich mit meiner Bitte. Ich vertraue Dir, daß Du mir zu dem verhilfst, dessen ich bedarf zu meinem inneren und äußeren Fortschritt und Aufstieg – heute und alle Tage, die da kommen! Du wirst mir helfen, den ersehnten Erfolg zu erlangen. Ich danke Dir für Deine Hilfe. Du gibst meinen Wünschen die Kraft, sich zu verwirklichen. Ich bin eins mit allem, was ich ersehne. Ich habe immer Erfolg! Ich habe Erfolg!« –

b) »Der Innere Helfer ist der Geist der Fülle – er wird mich vor aller Not schützen. Mir wird nichts mangeln. Ich bin eins mit dem Inneren Helfer. Ich öffne mich seinem Liebeswirken, damit sein Wille in mir Tat werde. Ich bin eins mit den Allkräften der Fülle; sie strömen in mich ein und bringen mir Erfolg!« –

c) »Ich vertraue Dir, meinem Inneren Helfer, daß es von nun an beständig aufwärts geht. Ich fühle, daß die inneren Nöte und Hemmungen schwinden, die mich bisher vom Reichsein fernhielten. Ich fühle, daß ich in den Strom des Reichtums des Lebens hineingleite und mit ihm vorankomme. Ich weiß, daß meine Wünsche sich dank Deiner Hilfe verwirklichen. Ich fühle, daß das Leben mein Freund ist, weil Du, der Geist des Lebens, in mir bist. Ich werde von heute an zu allem Ja sagen, und alles wird sich zu meinem Besten entwickeln. Ich danke Dir für Deinen immerwährenden Beistand und Deine Führung!«

3. Als letztes gilt es, Dein Vorwärtskommen nicht nur innerlich mit aller Inbrunst zu bejahen, sondern auch Dein

Verhalten und Tun darauf abzustimmen: zu schaffen, als ob die Fülle schon Dein sei, immer bewußter Dein Bestes zu geben und Dich beständig für alles Gute aufgeschlossen zu halten.

Werte von heute an jeden Menschen, der zu Dir kommt, dankbar als einen Bringer des Glücks, als einen Vermittler neuer Gelegenheiten zu Aufstieg und Erfolg. Und bejahe in gleicher Weise die Umstände und Ereignisse des Lebens: sieh in allen das Gute und trachte, aus allem das Beste zu machen.

Verhalte Dich wie eine Sonne, deren Kraftfeld alles anzieht und festhält, was sie mit den Strahlen der Liebe erreicht und berührt. Spüre, daß Du jetzt mitten im Strom des Lebens und der Fülle lebst und von ihm zu immer neuen Beglückungen und Erfolgen getragen wirst. Verbreite Freude, wo Du kannst; *gib,* als ob die Fülle schon Dein sei; und Du wirst bald erfahren, daß Dein Innerer Helfer dafür sorgt, daß Du vom Strom der Fülle immer weiter getragen wirst – soweit Deine Erwartungen, Hoffnungen und Wünsche nur immer reichen!

WIE MAN VON EIFERSUCHT FREI WIRD

1. Eifersucht ist nicht nur eine Leidenschaft, die mit Eifer sucht, was Leiden schafft; sie ist auch das geeignetste Mittel, den Menschen, den man liebt, mit Sicherheit zu verlieren.

Bevor Deine Ehe durch Eifersucht zerrüttet und zerstört wird, nimm Deine Zuflucht zum Inneren Helfer.

Das erste, was Du zur Überwindung Deiner Eifersucht zu tun hast, ist die Entgiftung der Situation dadurch, daß Du Deinen Ehepartner nicht mehr als ein Dir gehörendes »Besitztum« wertest, sondern als ein selbständiges und freies Wesen, das seinen eigenen Weg gehen muß und das am sichersten *Dein* bleibt, wenn Du ihm nicht mehr täglich durch Deine Eifersucht das Gefühl lästigen Gebundenseins einimpfst.

Habe das Vertrauen zu *seinem* Inneren Helfer, daß er das Gleiche will wie der Deine – nämlich das gemeinsame Wohl.

Stelle Dich nicht durch Deine Eifersucht gegen Deinen Inneren Helfer.

2. Das zweite ist, daß Du Deinen Ehepartner wirklich liebst – in der Gewißheit, daß ihr beide *eins* seid. Ihn lieben heißt nicht, ihn beherrschen, sondern sein Glück wollen. Laß Deinen Partner fühlen, daß Du nichts von ihm verlangst, sondern ihm einfach *vertraust*. Vertrauen wird immer – früher oder später – mit Vertrauen beantwortet.

3. Das dritte ist, daß Du einsiehst, daß gerade Deine Eifersucht es war und ist, die Deinen Ehepartner sich innerlich und äußerlich von Dir abwenden ließ. Eifersucht bindet nicht, sondern stößt ab und treibt den von ihr Umlauerten schließlich in das hinein, was der Eifersüchtige mit Gewalt verhindern möchte. Hier wirkt sich das psychologische Gesetz der das Gegenteil bewirkenden Anstrengung aus.

Sowie Du Deinen Ehepartner einfach nur *liebst* und ihm vertraust, ziehst Du ihn an und bewirkst, daß er sich Dir schrittweise mit gleicher Liebe zuwendet, daß es ihm gar nicht in den Sinn kommt, andere liebenswerter zu finden als Dich.

Solange Du eifersüchtig bist, erfüllst Du Deinen Partner, auch wenn Du kein Wort sprichst, mit dem Gefühl des Unfreiseins und Unzufriedenseins. Dein stiller Widerstand erstickt alle guten Impulse in seiner Seele. Deine Eifersucht treibt ihn aus dem Hause – weil er, ihm völlig unbewußt, auf der Suche nach dem verloren gegangenen Gefühl des Frei- und Zufriedenseins ist. Diese Suche endet, sowie er nur noch Deine *Liebe* fühlt, die ihn nicht binden und versklaven, sondern nur sein Glück will.

4. Das vierte ist, daß Du Dein liebendes Einssein mit Deinem Partner in der Stille und Meditation *bejahst*, immer stärker fühlst und unentwegt in diesem Bewußtsein verharrst.

Jedesmal, wenn Du Dich in der Meditation auf dieses Einssein besinnst, verstärkst Du das einende Band um ein weniges, ohne dabei in Deinem Partner das Gefühl des Unfreiseins zu erwecken oder zu verstärken.

Sprich Deinem Inneren Helfer Dein Vertrauen aus, daß er Dir beisteht, und überlaß Deinen Partner *seinem* Inneren Helfer. Bejahe euer Einssein: diese Bejahung wird bewirken, daß sein und Dein Innerer Helfer dieses Einssein aufs neue in lebendige Wirklichkeit verwandeln und alles aus dem Wege räumen, was es stören und gefährden könnte.

Wo *Du* Gefahren siehst, sind keine; und wo wirklich welche sind, wird Dein Innerer Helfer sie sicherer beseitigen, als Du es vermagst. Grüble nicht mehr, laß kein Gefühl des Mißtrauens, des Einsamseins, des Verlassenseins, der Eifersucht mehr in Dir aufkommen und Deine Stimmung und die Deines Partners verderben, sondern schenke Dein ganzes Vertrauen Deinem Inneren Helfer und dem Deines Ehepartners.

5. Und fünftens zeige Deinem Ehepartner durch Dein ganzes Verhalten und Tun, daß Du auch ihm restlos vertraust und ihn von Herzen gern hast. Zeige ihm durch kleine Gefälligkeiten, durch liebevolles Eingehen auf seine Wünsche und Sorgen, wie lieb Du ihn hast. Verlange nichts von ihm, was er Dir nicht freiwillig gibt; glaube unbeirrbar an seine Liebe – und Du wirst erleben, wie sich durch die magische Kraft der Liebe und des Vertrauens alles zum Besten wendet!

WIE MAN ERFOLGREICH ENTSCHEIDUNGEN TRIFFT

1. Entscheidungsscheu und Unentschlossenheit sind Reste kindlichen Verhaltens – Folgen falscher Erziehung durch Eltern und Lehrer, die dem Kinde Minderwertigkeitsgefühle und Verantwortungsfurcht einimpften, die es dann im späteren Leben nicht mehr los wurde.

Jede Entscheidung, vor die sich solch ein Gehemmter gestellt sieht, wirkt auf ihn spannend, verkrampfend und lähmt sein Vermögen, entschlossen den nächsten Schritt zu tun. Jede Willensanstrengung macht das Übel naturgemäß nur schlimmer, da es die Spannung und den inneren Widerstand verstärkt.

Wirkliche Hilfe bringt hier hingegen die Besinnung auf das Einssein mit dem Inneren Helfer. Diese Besinnung erschließt zwei Wege, die beide zum Erfolg führen:

Der erste Weg ist der, daß Du, statt lange zu überlegen, Dein Herz mit Vertrauen und Mut erfüllst und einfach das tust, was der Augenblick von Dir fordert. Damit hast Du die Dinge in Fluß gebracht – und wenn Du nun die Augen offen hältst, wirst Du den Weg erkennen, der Dich schließlich zum Erfolg führt.

Der zweite Weg ist der, daß Du gleichfalls das Grübeln einstellst, Dich entspannst, in der Meditation Deinen Inneren Helfer um Erleuchtung und Rat bittest und dann das *tust*, wozu Du Dich innerlich gedrängt fühlst – im unerschütterlichen Vertrauen darauf, daß Dein Innerer Helfer Dir beisteht und Deine Schritte lenkt. Auch auf diesem Wege wirst Du, wenn Du nicht stehen bleibst, sondern mit offenen Augen voranschreitest und Dich durch nichts beirren läßt, zum Erfolg gelangen.

2. Die Entscheidungsscheu löst sich und weicht dem Tatwillen, wenn Du der Situation, der Du gegenüberstehst, dadurch alles Ungewisse nimmst, daß Du Dich sachlich mit ihr befaßt, Dir Klarheit über das Für und Wider und die besten Wege zu ihrer Meisterung verschaffst.

Unterrichte Dich, wie andere in der gleichen Lage handelten – oder tue so, *als ob* Du jemand wärest, der solche Situationen spielend meistert. So handelnd, setzt Du Dich in Bewegung und tust unmerklich den ersten Schritt, aus dem sich die weiteren Schritte von selbst ergeben.

Wenn Du einmal unterwegs bist, kann die Unentschlossenheit Dich nicht mehr übermannen; denn sie gedeiht nur, wenn Du stille stehst! Mehre Dein Wissen – um so leichter kannst Du klären, was Du willst und *wie* Du es tun wirst.

Gewöhne Dich weiter an abendliche Zielsetzungen, in denen Du den Arbeiten des kommenden Tages eine bestimmte Reihenfolge gibst; zerlege größere Arbeiten in kleinere Teilabschnitte, die leicht zu bewältigen sind und das Gefühl des Überlegenseins steigern, das Zweifel und Unentschlossenheit schließlich nicht mehr aufkommen läßt.

3. Laß Dich nie durch den Rat anderer zu Entscheidungen treiben, sondern einzig und allein durch Deinen Inneren Helfer. Wer sich auf *ihn* verläßt, ist gut beraten und mit starken geistigen Kräften verbunden, die ihn auch in den schwersten Stunden nicht im Stich lassen. Weißt Du in irgendeiner Situation keinen Ausweg, dann wende Dich, wie schon gesagt, mit Deiner Frage nach *innen*, unterbreite dem Inneren Helfer Deine Not, lausche auf seinen Rat und handle danach.

Im einzelnen tue folgendes:

Abends vor dem Schlafengehen überdenkst Du noch einmal die Lage und bittest in der Meditation den Inneren Helfer, Dir bis zum anderen Morgen die ersehnte Klarheit zu geben, Dir den Ausweg oder den rechten Entschluß zum Bewußtsein zu bringen. Vertraue auf ihn, er wird während der Nacht an der Lösung Deiner Sorge arbeiten.

Damit die Meditation in jeder Hinsicht zum Erfolg führe, schaffe in der Stille vor der eigentlichen Meditation innerlich ein lebendig-plastisches Bild der Umstände oder Bedingungen, unter denen Du Dich zu entscheiden hast. Und dann stelle Dir vor, wie Du sicher und siegesgewiß an die Angelegenheit herangehen, anderen Menschen gegenübertreten, das nötige Wissen, Gewandtheit und Entschlußkraft zeigen und alle Hindernisse leicht überwinden wirst.

Fühle, wie der Innere Helfer Dich angesichts von Schwierigkeiten mit mächtigen Strömen der Ruhe und Kraft durchpulst, so daß nichts Deine Sicherheit und Zielstrebigkeit zu erschüttern vermag. Bejahe Dein Einssein mit den Kräften des Inneren Helfers in der Meditation anschließend etwa in folgender Form:

»Ich bin eins mit dem Inneren Helfer. Er wird mich beraten.

Er erfüllt meine Seele mit Entschiedenheit und Entschlossenheit. Er weiß, was für mich gut ist. Er hilft mir und erfüllt mich mit Ruhe und den Kräften des Erfolges. Er kennt alle Wege, die ich zu gehen habe; er führt mich sicher an mein Ziel. – Ich werde stets das Richtige wählen und tun; denn mein Innerer Helfer lenkt meine Gedanken, Worte, Blicke und Schritte. Mit seinem Beistand überwinde ich alle Hindernisse und treffe alle Entscheidungen richtig. Ich weiß, was ich will. Ich werde Erfolg haben. Ich habe Erfolg!«

Wenn Du dies einige Tage vor der Entscheidung allabendlich bejaht hast, wirst Du Dich am Entscheidungstage von einer Ruhe und Sicherheit erfüllt fühlen, die Du früher nie für möglich gehalten hättest.

4. Handelt es sich lediglich um *Entschlüsse*, so werden sich diese morgens als Einfälle oder Zielerkenntnisse einstellen. Hast Du dann aber einmal auf Grund der Dir von innen her gewordenen Einsichten einen Entschluß gefaßt, dann halte zu ihm! Weiche keinen Schritt davon ab, sondern beharre auf der Durchführung, bis Dein Ziel erreicht ist. Hat Dein Innerer Helfer Dir zu etwas geraten, dann gibt er Dir auch die Kraft, es durchzuführen. Erkenne dies, fühle Dich stark, sei Sieger!

Die Spannung der Angst, die die Entschlußunsicherheit auslöst, fällt von Dir ab, wenn Du Deinen Inneren Helfer entscheiden läßt, so daß Du jetzt Deine ganze Kraft darauf konzentrieren kannst, der inneren Weisung gemäß *das Rechte zu tun*. Du brauchst nicht mehr zögernd stillezustehn, sondern kannst Deinen Weg fortsetzen – im Gewißsein, daß der Geist des Lebens Dich leitet. Du weißt, daß Du auf dem rechten Wege bist, der Dich beständig aufwärts führt.

5. Was Du im Kleinen zu tun lerntest, wirst Du zweckmäßig auch im Großen tun: Gewöhne Dich – in Zusammenarbeit mit dem Inneren Helfer – nicht nur an die *abendlichen* Zielsetzungen hinsichtlich des Arbeitsprogramms für den nächsten Tag, sondern genau so an *Monats-*, Jahres- und *Lebenszielsetzungen*, die Du mit der gleichen Konsequenz und in der

Gewißheit Deiner Partnerschaft mit dem Inneren Helfer durchführst.

Du erreichst dadurch, daß Du immer seltener vor schwere Entscheidungen gestellt wirst, da sich immer sichtbarer alles in Deinem Leben von innen her ordnet und zu Deinem Besten entwickelt. Die bewußte Partnerschaft mit dem Inneren Helfer gibt Deinem Leben und Tun eine Richtung, die schließlich durch nichts Äußeres mehr beeinflußt werden kann, weil sie genau dem entspricht, was Deinem Wesen und Schicksal gemäß ist. Und was Du, so handelnd, beginnst und vollbringst, das hat Bestand, wird als Frucht rechten Wollens und Tuns auch von der Umwelt anerkannt und liegt immer auf der Linie Deiner fortschreitenden Vollendung.

WIE MAN ERRÖTEN UNMÖGLICH MACHT

1. Das zuverlässigste Hilfsmittel ist die Entspannungsübung, die in Überempfindlichkeit, nervösem Erröten, Handschweiß usw. sich äußernde innere Spannung und Verkrampfung zum Abklingen bringt.

Sie sollte einige Zeit hindurch zwei bis dreimal täglich geübt werden, bis sie zu einem auf die entsprechende Bejahung hin sofort einsetzenden Automatismus geworden ist.

Sowie alsdann beim Zusammensein mit anderen Unsicherheit in Dir aufquillt und Du fühlst, daß Du erröten könntest oder zu erröten beginnst, schalte sofort auf die Bejahung um:

»Das Blut strömt zu den Füßen. Meine Füße werden ganz warm. Meine Füße sind heiß!«

Wenn Du auch dies ein paarmal geübt hast, gelingt es Dir, jeden Anfall von Erröten dadurch sofort zum Abklingen zu bringen, daß Du das Blut statt in den Kopf in die Füße schickst. *Plastisch denken heißt den Blutstrom lenken:* das Blut strömt immer williger dorthin, wohin Du es in Gedanken lenkst oder hinatmest, was das Schwererwerden und die Temperatursteigerung in den Beinen und Füßen beweisen.

2. Wenn Du Dir aus irgendeinem Grunde diese Umschaltung nicht aus eigener Kraft zutraust, dann wende Dich an Deinen Inneren Helfer und bitte ihn in der Meditation, dafür zu sorgen, daß Dein Sicherheitsgefühl und Dein Gelassensein anderen Menschen gegenüber ständig zunehmen, so daß Erröten, Handschweiß und andere Äußerungen innerer Spannungen ein für allemal unmöglich werden. Beachte hierzu auch das zum Thema »Schüchternheit« Gesagte.

AB HEUTE KEINEN FAMILIENSTREIT MEHR

1. Warum benörgeln und kritisieren die Mitglieder einer Familie einander mit besonderer Gefühlsbetontheit? Du – als Mann – denkst vielleicht: »Wenn meine Frau weniger kleinlich wäre, ein bißchen mehr auf meine Sorgen einginge, würde ich bestimmt netter zu ihr sein.« Und *sie* denkt: »Wenn mein Mann nur ein wenig freundlicher, aufmerksamer und zärtlicher wäre, ein bißchen weniger nur an sich denken würde, wie lieb würde ich dann zu ihm sein, und wieviel glücklicher wären wir dann zusammen!«

Beide denken falsch. Beide merken nicht, daß der andere nur der Spiegel ihrer eigenen kleinen Fehler ist. Jeder trägt in sich das Bild des anderen mit *negativen* Zügen. Auf *diese* ist er eingestellt und auf *sie* reagiert er wiederum negativ. Leider gibt minus mal minus in der Ehe-Mathematik kein Plus, sondern ein noch größeres Minus:

Jetzt meint jeder, daß der *andere* seinem Glücklichsein im Wege stehe. In Wirklichkeit steht jeder nur sich selber im Wege: er muß nur *umdenken*, um Mißstimmung, Unfrieden und Streit in gegenseitiges Verstehen, Harmonie und Kameradschaft zu verwandeln. Das innere Bild, das er vom anderen in sich trägt, braucht nur mit positiven Zügen ausgestattet zu werden – dann kommen die Übereinstimmungen und erfreulichen Erfahrungen von selbst. Sowie das Gute im andern beharrlich bejaht wird, entfaltet es sich.

2. Wir bedenken alle zu wenig: Ich bin ein Mensch – nichts Menschliches ist mir fremd! Wir sehen Fehler in den andern und übersehen dabei, daß wir gleichermaßen Fehler und Schwächen haben. Wir vergessen, uns so zu sehen, wie wir sind, und vergessen, im andern hinter dem Trug der Erscheinung den inneren Menschen zu sehen mit all seinen guten und liebenswerten Zügen.

Mann und Frau sind körperlich und seelisch verschieden. Das ändern zu wollen, ist ein vergebliches Unterfangen. Nur soweit wir uns selbst ändern, ändert sich auch der andere. Und mit einem Mal freut uns an ihm das Besondere seines Wesens und wir wünschen ihn nur noch so, wie er ist.

3. Und nun ein Wort zur *Frau* als dem guten Geist des Hauses:

Wer streitet, ist immer im Unrecht und zudem der Schwächere. Der Verträglichere ist der Klügere *und* der Stärkere. Auf den andern eingehen heißt ihn einnehmen; und bald wird es nur noch *eine* Meinung im Hause geben, von der der Streitsüchtige meint, daß es die seine ist, während der andere weiß, daß sie den goldenen Mittelweg darstellt.

Die Führung, die niemand spürt, ist immer die beste.

Im einzelnen tue, um dies zu erreichen, folgendes:

Sprich von heute ab nicht mehr mit Deinem Ehepartner über strittige Punkte, weil alles Wirken und Beeinflussen von außen nach innen vergeblich ist und bleibt. Wirke von innen nach außen, dann wird Deine Meinung, vorausgesetzt, daß sie die vollkommenere ist, bald die einzige sein.

Zu diesem Zwecke sende Deinem Ehepartner – (wenn ich hier und im Folgenden, um Wiederholungen zu vermeiden, zur *Frau* spreche, so gilt das natürlich sinngemäß auch für den *Mann*, der den Wunsch hat, den häuslichen Frieden wiederherzustellen und ihn zu einer Dauereinrichtung zu machen) – Gedankenströme der Harmonie, Liebe und Freundschaft zu; sieh ihn im Geiste lebendig vor Dir, wie er Dir freundlich lächelnd zustimmt und Du ihm, und wie ihr in allen Dingen einer Meinung seid.

Ströme auf ihn die ganze Liebe, deren Du fähig bist, aus; bald wir seine Seele Deine gedankliche Haltung spüren, sich ihr langsam anpassen und sie nach und nach unbewußt zur eigenen machen.

Sowie auf diese Weise der Friede, die Harmonie wiederhergestellt ist, gehe zur eigentlichen *Umwandlung seines Denkens* über:

Sieh ihn einige Zeit hindurch in Deinen Meditationen wiederum im Geiste plastisch vor Dir und bejahe nun, wie er langsam Interesse an Deiner Überzeugung gewinnt ... Fühle lebendig, wie er sich nach und nach umstellt und sich Deinem Standpunkt nähert ... Fühle lebendig, wie Deine Meinung ihm immer mehr zur Selbstverständlichkeit, zur eigenen Überzeugung wird.

Wo es möglich ist, kannst Du diese inneren Bejahungen auch durch abendliche Einflüsterungen während des Schlafes verstärken: Bestrahle ihn, während er schläft, mit Gedanken und leise gesprochenen Worten der Liebe und Einheit, stelle Dich bewußt auf seinen Inneren Helfer ein, verbinde Dich mit diesem durch Gedanken der Liebe und Kraft und vertraue darauf, daß sein Innerer Helfer Deine Beweggründe, die der Liebe entspringen und dem Helfenwollen, erkennt und sie immer lebendiger verwirklicht! Diese kleine *Magie der Liebe* hat schon oft Wunder gewirkt.

4. Du bist *»von Deinem Manne enttäuscht«*: seine Untüchtigkeit, seine Lebensunsicherheit, seine Mißerfolge sind eine Quelle steter Disharmonie?

Es hängt ganz von *Dir* ab, wie groß die Disharmonie wird und wann sie sich in Harmonie verwandelt. Wer sich auf Disharmonie einstellt, der sorgt, daß der Stoff nie ausgeht. Wer

Ärger und Enttäuschung hingegen mit *Liebe* erwidert, schafft die Disharmonien aus der Welt.

Hast Du einen leicht entmutigten und verzagten Mann, so stimme nie in seine Klagen ein, denn dadurch schwächst Du ihn und ziehst ihn noch mehr hinab. Bedenke, daß jeder Gedanke sich verwirklicht, und bemühe Dich darum, ihn nur noch mit *positiven* Gedanken zu erfüllen, ihm ständig Mut zuzusprechen und ihn dazu zu führen, sich auf die Gegenwart des Inneren Helfers zu besinnen.

Dadurch förderst Du ihn und Dich. Sage ihm, daß er *stark* ist, sage es immer und immer wieder, dann wird er es schließlich glauben und – sein! Jeder wird am leichtesten das, wofür er sich von Menschen, die ihm lieb sind, gehalten fühlt! Zeige ihm also, daß Du ihn für stark und tüchtig hältst, so wird er es werden. Immer rufst Du in ihm die Einstellung, die geistige Haltung hervor, die Du bei ihm bejahst.

5. Vielleicht gehörst Du auch zu denen, die meinen, daß *»ihr Mann sie nicht mehr so liebe wie früher«*.

Hüte Deine Gedanken! Wenn Du ihn Dir entfremden willst, brauchst Du nichts zu tun, als diesen negativen Gedanken weiter in Dir zu nähren! Willst Du Dir dagegen seine Liebe erhalten, so sende ihm immerfort bewußt Gedanken der Liebe und des *Vertrauens* zu. Konzentriere Deine Gedanken auf die Tatsache, daß er Dich liebt. Durch Deine Gedanken bejahenden Vertrauens weckst Du gleiche Gedanken und Kräfte in ihm.

Sieh ihn innerlich vor Dir in seiner Idealgestalt, wie er zu Beginn eurer Ehe vor Dir stand. Je lebendiger dieses innere Bild in Dir wird, desto rascher verwirklicht es sich nach außen hin.

Wer denkt, daß er weniger geliebt werde, liebt in den meisten Fällen *selbst zu wenig!* Das zeigt die Art seines Denkens; denn wer wahrhaft liebt, kommt nicht auf solche Gedanken; dazu gibt ihm schon das lebendige Echo seiner eigenen Einstellung keinen Anlaß.

6. »Schon recht; *wenn nur die Schwiegermutter nicht wäre!*« sagst Du.

Nun, auch mit ihr kannst Du einig werden, wenn Du nur willst und wenn Du alles unterläßt, was Streitigkeiten heraufbeschwören könnte. Du kannst Dich auch mit Deiner Schwiegermutter in Harmonie bringen – einzig durch Gedanken der Liebe, die Du eine Zeitlang Abend für Abend und auch sonst, wenn Du an sie denkst oder mit ihr zusammen bist, ihr zusendest.

Je mehr Du den Gottfunken in ihr anerkennst und erkennst und sie als Freundin und Mutter bejahst und liebst, desto eher wirst Du innerlich und schließlich auch äußerlich mit ihr harmonieren. Vertraue auf den Inneren Helfer in Dir; sein Blick reicht weiter als der Deine. Und gib Deiner bejahenden Haltung auch durch Dein Verhalten und Tun Ausdruck – durch kleine Aufmerksamkeiten und Freundlichkeiten, von denen man fühlt, daß sie von Herzen kommen und dem Willen zum Gutsein entspringen. Auch hier ist rechtes Denken und Verhalten alles. Durch sie kannst Du restlos alles verwirklichen, was Du ersehnst: Ruhe, Frieden, häusliches Glück, Harmonie, Liebe und Fülle.

7. Sehr wichtig ist, daß Du lernst, *verborgene Widerstände* auszuräumen, ohne den andern gewaltsam zu ändern.

Wenn zum Beispiel ein Ehepartner meint, daß der andere ihm gehöre, und sein *»Besitzrecht«* an ihm betont, entsteht auf der anderen Seite ein zunächst unbewußter und schließlich bewußter Widerstand, weil der natürliche Wille zum Freisein verletzt ist und sich wehrt. Das Ergebnis sind Reibereien und Streitigkeiten und das Ende ist, daß die Liebe sich in Haß verwandelt und das Leben zur Hölle wird.

Das ändert sich von Grund auf, wenn Du

a) die ersehnte Wandlung ausschließlich von Dir selber erwartest und mit der Änderung bei Dir selbst beginnst, indem Du *Dich* mit den guten Eigenschaften erfüllst, die Du beim anderen erwartest. Was Du in Dir weckst und zur Betätigung bringst, das rufst Du nach der »Goldenen Regel« auch im andern in Erscheinung. Um geliebt zu werden, mußt Du zuerst *selbst lieben,* Liebe erweisen, gütig sein, Verständnis zeigen, Geduld üben, tolerant sein, nichts erzwingen wollen, immer Vertrauen haben;

b) Deinen Ehepartner in Gedanken so siehst, wie Du ihn wünschest, und ihn so behandelst, *als ob* er bereits so wäre, wie Du ihn wünschest. Es gibt keine bessere Methode, ihn dem Idealbild anzugleichen, das Du von ihm in Dir trägst;

c) in jeder Situation positiv denkst und *positiv reagierst* – einerlei, wie Dein Partner sich verhält. Indem Du so aus allem das Beste machst, bewirkst Du, daß alles zum Besten führt.

8. Es sollte so sein, daß die Ehe im Himmel geschlossen ist. Meistens aber scheint es, daß der Himmel in der Ehe geschlossen wird. Und das oft nur, weil einer meint, *daß nur er recht habe,* und weil er will, daß *der andere sich nach ihm richtet.*

Ohne Freiheit gibt es keinen Himmel auf Erden – am wenigsten in der Ehe. Ohne Freiheit gibt es auch keine Freundschaft, keine Harmonie, keine Liebe. Aber überall da ist der Himmel, wo einer das Glück des andern wie sein eigenes will, wo Menschen sich aneinander und miteinander freuen. Tue darum alles, was diese Freude weckt und mehrt. Gib Dein Bestes, ohne bei allem gleich nach dem Lohn zu schielen. Liebe den andern so, wie er ist – im Vertrauen darauf, daß die Magie der Liebe sich auswirken und euch *beide* segnen wird.

Glaube nie, daß Du allein im Recht bist. Suche Dich immer auch in den andern hineinzuversetzen und seinen Standpunkt zu verstehen. Im übrigen gilt auch hier die »Goldene Regel« Christi, die einen eminent lebenspraktischen Wert hat: »Was Du willst, daß die andern Dir tun, tue Du ihnen zuvor!« Das heißt: Denke Frieden – und Du hast Frieden! Besser als durch Worte wirst Du Dein Ziel durch Gedanken der Eintracht, Harmonie und Liebe erreichen.

9. *Wenn Deine Kinder Dich stören,* Dein Mann Dich ärgert, entspanne Dich, geh' in die Stille und gib in der Meditation der folgenden *Bejahung* lebendigen Ausdruck:

»Meine Kinder machen mir Freude. Ihr lebhaftes Spiel ist ein Zeichen ihres regen Geistes und ihrer starken Aktivität. Mein Mann bringt Sonne und Leben ins Heim. Ich sende ihm Gedanken der Liebe und Freundschaft zu. Wir werden uns anlächeln, uns immer gern haben und uns täglich besser verstehen. – Alles, was an mich herantritt, wird mir zu einer Quelle neuer Kraft. Ich erstarke an allem. Dank meinem Inneren Helfer glückt mir alles, was ich beginne!«

Ist es trotz allem zu einem *Streit* gekommen, dann bitte in der abendlichen Meditation den Inneren Helfer um die Herbeiführung der Versöhnung:

Nachdem Du in der Stille in Dir ein lebendiges Gedankenbild Deines Gefährten geschaffen hast und es plastisch vor Dir siehst, beginne, auf dieses Bild Deine ganze Liebe auszuströmen. Erfülle es mit Gedanken der Kraft, Harmonie und Einheit, der Liebe, Hingabe und Hilfe . . . Fühle, wie das Gedankenbild durch Dein bejahendes Denken mehr und mehr *Leben* gewinnt und wie nach und nach unsichtbare Ströme der Liebe von ihm aus zu seinem Urbild, Deinem Ehegefährten, hinfluten und Dich immer inniger mit ihm verbinden. Bitte den Inneren Helfer, er möge während der Nacht weiter an dieser Vereinigung wirken, eure Seelen zusammenschwingen lassen und sie einem neuen und schöneren Verstehen und Lieben entgegenführen.

Sowie in Deiner Meditation – als Zustimmung Deines Inneren Helfers – das Gefühl des *Einsseins* aufquillt, erfülle Dich mit der folgenden Bejahung, Dich nunmehr ganz auf Deinen Gefährten einstellend:

»Ich bin mit Dir in Harmonie. Ich liebe Dich, und Du liebst mich. Wir werden uns immer besser verstehen und miteinander harmonisieren. Wir werden immer mit- und füreinander sein. Jeder von uns wird immer williger das tun, was

den andern erfreut; er wird ihn lieben und sein Bestes wollen.

Der Innere Helfer in Dir verbindet sich mit dem meinem. Friede, Harmonie, Liebe und Glück ziehen aufs neue in unser Heim ein. Ich verstehe Dich und Du mich. Der Innere Helfer in uns wird unser einziger Berater.

Ich bin Du, und Du bist ich. Wir sind eins – nichts kann uns trennen!«

Schließlich kannst Du diese Bejahung auch in der Form der abendlichen Einflüsterung verwenden. Du wirst staunen über die Schnelligkeit, mit der solche positiven Bejahungen sich verwirklichen.

Wer einmal erfahren hat, wie ungeheuer weit die Macht der Gedanken reicht, der wird immer den richtigen Weg finden, seinen Lebensgefährten zum Guten zu beeinflussen.

10. Und noch einen letzten kleinen, aber wichtigen Rat:

Sage zu Deinen Lieben, wann immer dazu Gelegenheit ist: »Ich *danke* Dir!« »*Dank*, mein Lieber!« Nichts weckt die positiven Kräfte und Strebungen, den Willen zum Guten im andern rascher, als ein frohes Wort herzlichen Dankes. Je öfter Du es sprichst, desto mehr Grund und Gelegenheit zum Danken wird Dir vom Schicksal gegeben.

Im übrigen und insgesamt gilt, daß Du für Harmonie, Frieden und Freude im Heim am besten sorgst, indem Du den Inneren Helfer dafür sorgen läßt und ihm vertraust. Folge jedem leisen Wink, den er Dir gibt. Das ist der Sinn der Lehre, die ein Weiser des Westens gab: »Let go and let God!« wörtlich: Laß gehen und laß Gott machen! Bleibe gelassen und laß Gott raten und handeln! Vertraue Deinem Inneren Helfer, folge ihm – und alles wird gut!

WIE MAN SICH FEHLER ABGEWÖHNT

1. Fehler, die wir haben oder machen, besitzen den Vorteil, daß sie uns zeigen, wo wir wachsen und noch etwas zu lernen haben. Wir müssen sie nur richtig werten und auswerten.

Jeder hat das Recht, so viele Fehler zu machen, wie er will – wenn er nur aus jedem lernt, es das nächste Mal besser zu machen. Fehler können genau so anspornen wie Erfolge und Fortschritte.

Also keine Angst vor Fehlern! Nur Gott irrt nie. Wir Menschen aber haben die Möglichkeit, aus jedem Fehler etwas zu gewinnen – insbesondere, wenn wir uns mit dem Inneren Helfer verbünden und uns von seiner Instinktsicherheit und Zielstrebigkeit leiten lassen. Also nach *innen* hören statt nach außen – wie es *Grillparzer* riet:

»Suche Deine Fehler selbst zu erkennen und sie abzustellen; denn die Wohlmeinenden machen Dich nicht darauf aufmerksam, um Dir nicht weh zu tun, und die Feindseligen nicht, weil sie sich über Deine Fehler freuen.«

Das erste Mittel ist die *abendliche Selbstprüfung* (die der Zielsetzung für den kommenden Tag vorausgeht), in der Du Dein Denken und Verhalten während des abgelaufenen Tages im Geiste Revue passieren läßt und prüfst, was Du falsch und was Du richtig gemacht hast, wo also die Ursachen von Fehlschlägen und von Erfolgen stecken . . .

Und dann nimm Dein *Erfolgs*-Tagebuch zur Hand (das Du Dir als Rechenschaftsbericht über Deinen ständigen Fortschritt angelegt hast) und vermerke darin kurz, welche *positiven Eigenschaften* an Stelle noch vorhandener Fehler und Schwächen planmäßig zu bejahen und zu züchten sind, damit Dein Erfolgsvermögen immer größer wird.

Wer solchermaßen aus seinen Fehlern lernt, indem er sie bewußt in zäher Selbsterziehungsarbeit durch die entgegengesetzten positiven Fähigkeiten und Strebungen ersetzt, der vermeidet nicht nur die künftige Wiederholung seiner Fehler, sondern kommt als Folge planmäßiger Züchtung neuer positiver Gewohnheiten immer rascher voran.

2. Ein zweiter Gewinn solchen unentwegt positiven Reagierens ist, daß Du Dich über weiterhin gemachte Fehler – und Du wirst sie machen, solange Du Mensch bist! – nicht

mehr ärgerst, aufregst oder Dich davon entmutigen läßt, sonder sie zum Anlaß nimmst, sie künftig zu vermeiden und immer bewußter und positiver zu denken, zu handeln und zu leben. Auf diese Weise wirst Du künftigen Fehlern vorbeugen. Was das für den Lebenserfolg bedeutet, wissen alle Erfolgreichen. Und Du wirst es auch bald merken!

Einer meiner Freunde sagte einmal treffend: »Es ist eigentlich nett, daß man sich seine Fehler selbst abgewöhnen kann; denn *Fehler kosten Geld.*« In der Tat bindet jeder Fehler, jedes Laster, jede schlechte Angewohnheit schöpferische Kräfte und leitet sie in negative Kanäle, wo sie für konstruktives Wirken im Dienste des Lebenserfolges verloren sind. Mein Freund hat im übrigen ganz richtig beobachtet:

»In dem Maße, wie mein Fehler-Konto abnimmt, nimmt mein Bankkonto zu.«

Denn jede Ausmerzung einer schlechten Gewohnheit macht schöpferische Energien für produktive Zwecke frei, steigert die Leistungsfähigkeit, das Erfolgsvermögen, erleichtert das Auskommen mit der Umwelt und erhöht das Einkommen.

3. Die dynamische Psychologie lehrt, daß Fehler durch Unterdrückung und Bekämpfung nicht beseitigt, sondern verschlimmert werden.

Wirklich überwunden werden sie nur durch beharrliche Bejahung und Angewöhnung gegenteiliger positiver Eigenschaften und Neigungen und durch entsprechendes *Tun, als ob* die entgegengesetzte gute Eigenschaft oder Gewohnheit schon da sei. Dadurch wird die Willens- und Gefühlskraft, die in oder hinter dem Fehler steckt, in positive Bahnen geleitet und nutzbar gemacht.

Diese Wandlung wird leicht, wenn Du Dich dabei des Beistands des Inneren Helfers bedienst und die *Bejahungen* – in Einzelfällen auch die vorausgehenden *Verneinungen* – in der Meditation mit dem Bewußtsein in Dich hineinsprichst, daß Dir von innen her geholfen wird.

Die Technik der *Verneinung* – die nur ausnahmsweise angewandt wird – besteht darin, daß Du Dir einen Fehler, ein Laster, sozusagen vergällst, verekelst, indem Du Dir die mit ihm verbundenen Nachteile bewußt machst. Die Verneinung nützt aber nur, wenn ihr anschließend die entsprechenden *Bejahungen* folgen.

4. Nehmen wir als Beispiel die *Raucherleidenschaft* oder die *Trunksucht:*

Sowie Du einen Fehler oder ein Laster als solche erkennst und den ernsthaften Wunsch hast, sie Dir abzugewöhnen, wächst in Dir die Kraft, es zu können. Es gibt nichts, was der Innere Helfer in Dir nicht beseitigen oder ins Gegenteil zu verkehren vermöchte. In dem Augenblick, in dem Du Dich bewußt mit dem Gedanken erfüllst, wie lächerlich oder häßlich, schädlich oder kostspielig Dein Fehler ist, und Dich darauf besinnst, wie schön Dein Leben ohne ihn sein wird, beginnt der Innere Helfer bereits langsam mit der Verwirklichung Deines Wunsches.

Das, was Dich manchmal hindert, von einem Fehler sofort frei zu sein, ist der kleine, in Dir aber noch mächtige Gedanke: »Ich kann nicht.« Dieses »Ich-kann-nicht« ist die Kette, die Dich am Boden hält, die Dich fesselt, die Mauer, die Dich von der Freiheit trennt. Alle Anstrengungen, alle Willensauflehnungen dagegen nützen nichts, solange dieses »Ich-kann-nicht« wie ein Cerberus den Zugang zu den Tiefen der Seele bewacht; im Gegenteil: jeder gewaltsame Kampf gegen diese Kette zieht ihre Knoten noch fester und läßt sie noch tiefer in Dein Fleisch einschneiden . . .

»Widerstehe dem Übel nicht.« Du beseitigst es kampflos dadurch, daß Du Dein Denken völlig davon abwendest und Dich bewußt auf entgegengesetzte Eigenschaften und Gewohnheiten einstellst und diese planmäßig züchtest.

Bei tiefer sitzenden Fehlern geht es natürlich nicht plötzlich, sondern nur stufenweise, da die positiven Gedanken erst in Dir Raum gewinnen, Wurzel fassen und sich ausbreiten müssen und die weit verzweigten Wurzeln des Lasters in Deinem Unbewußten nicht sofort überwuchern und ersticken können.

Diese langsame Umwandlung geschieht durch tägliche Ekel-Suggestionen, also durch *Verneinungen*. Die dabei gewählten Bilder können gar nicht kraß genug sein. Der Zweck heiligt in diesem Falle die Mittel. Beginne langsam, Dir die Abneigung durch allabendliche Selbsteinflüsterungen zur zweiten Natur zu machen. Beginne bei Trunksucht mit Deinem Lieblingsgetränk und werde Dir bewußt:

»Das Bier schmeckt mir nicht; ich mag es nicht mehr. Der Widerwille davor wird mit jedem Tage stärker. Es schmeckt mir nicht; ich habe keine Freude mehr daran; ich trinke immer weniger – und bald werde ich gar nichts mehr trinken!"

Diese Formel kann man entsprechend auf andere Alkoholika anwenden, ferner auf Nikotin, Kokain und dergleichen.

Ist auf diese Weise das Laster untergraben und geschwächt, gehst Du zur eigentlichen positiven Beseitigungsarbeit über, deren wesentliches Hilfsmittel die *Bejahung* darstellt.

Zunächst versuche einmal, in Dir die Vorstellung immer lebendiger werden zu lassen, als ob Du bereits von dem Laster frei seiest. Fühle und verhalte Dich immer mehr so, als ob Du den Fehler nie gehabt hättest . . . Auf diese Weise wird der »Ich-kann«-Gedanke immer stärker und nach und nach zur beherrschenden Vorstellung. Jetzt erst setze mit dem schweren Geschütz der *Meditation* ein, damit das Übel endgültig durch positive Gedankenwellen überspült und weggeschwemmt wird – und zwar wende Dich in der Meditation zunächst den folgenden, mehr rückwärtschauenden Gedanken zu:

»Ich bin frei von allem, was schwach macht. Nichts Niederes kann mich bewegen, meine Freiheit aufzugeben. Es gleitet an mir ab. Ich sehe mein Ziel klar vor mir und lasse mich durch nichts abhalten, ihm zuzustreben!«

Hierauf stelle Dich, nunmehr absolut *bejahend*, auf Dein Ziel oder Ideal ein:

»Die . . . Eigenschaft entwickelt sich von Tag zu Tag stär-

ker in mir. Ich werde täglich . . . Der Innere Helfer steht mir dabei treu zur Seite und hilft, alle Hindernisse auf meinem Wege zum Erfolg siegreich zu überwinden. Ich werde mein Ziel erreichen. Ich bin stark, ich bin froh, ich bin frei! Ich bin stark, froh und frei!«

Diese Umstellung läßt einen Fehler oder ein Laster in erstaunlich kurzer Zeit verschwinden, manchmal sogar von einem Tag auf den anderen. Aus der Schweiz ist mir ein Fall bekannt, daß in einer kleinen Gemeinde ein unter Fürsorge stehender notorischer Trinker unter der Suggestion stand, seine Trunksucht sei *erblich* und nicht zu ändern. »In unserer Familie gab es nur Trinker; da kann man nichts machen!« Auch der Gemeinderat vertrat diese Ansicht. Dem Gemeindefürsorger aber gelang es, diese negative Suggestion durch gefühlsstarke *Bejahungen* zu bekämpfen mit dem Erfolg, daß der Trinker sein erschüttertes Selbstvertrauen wiedergewann, neuen Mut faßte und von einem Tag auf den anderen abstinent wurde und blieb!

Wenn es in einem solchen Fall gelang, einen Fehler durch die völlige Hinwendung auf positive Strebungen und Fähigkeiten zu beseitigen, wieviel leichter dann in Deinem Fall.

5. »Ich möchte meine schlechte Angewohnheit gern los werden; aber ich bringe es nicht fertig. Gegen Gewohnheiten kämpft man doch vergeblich an!«

Sowie Du Dir über Wesen und Macht der Gewohnheiten klar geworden bist, ist nichts einfacher, als sie los zu werden. Nur *der* Feind ist gefährlich, dessen Machtmittel man nicht kennt. Die Macht der Gewohnheit nun kann man mit ihren eigenen Mitteln spielend brechen.

Der Kern jeder Gewohnheit ist nämlich ein *Gedanke* – – in den meisten Fällen ein negativer, der irgendwann einmal im Bewußtsein auftauchte, ein paar Mal *wiederholt* und dadurch interessant wurde, sich allmählich einnistete und zu einer *Neigung* auswuchs, bis die Neigung schließlich zu einer *Gewohnheit* heranreifte, die sich von da an als zugehöriger

Teil des *Charakters* fühlt und aufspielt. Wenn man ihr diesen Anspruch streitig macht und gegen sie angeht, kann sie sehr unangenehm werden; da jede *Anstrengung*, die man unternimmt, um sie loszuwerden, ihr neue Kraft gibt.

Die dynamische Psychologie lehrt nun, daß *gar keine* Anstrengung nötig ist, um sie los zu werden. Man braucht nur den gleichen Weg zu gehen, auf dem die Gewohnheit entstand, und auf diesem Wege an die Stelle der alten eine positive *neue Gewohnheit* zu setzen. In dem Maße, wie die neue Gewohnheit durch stete Bejahung und Übung lebendig wird und Kraft gewinnt, wird die alte schwächer – bis sie eines Tages aus Mangel an Nahrung eingegangen ist . . .

Coué hat diesem Vorgang eine klassische Formulierung gegegeben:

Die Gewohnheit, sagt er, ist ein *Gedanken-Nagel,* den ich in das ziemlich dicke Brett des Unterbewußtseins hineingeschlagen habe. Mit jedem Schlag – mit jedem Darandenken und Nachgeben – wurde der Nagel tiefer hineingetrieben, bis schließlich der Kopf des Nagels so tief im Brett drin sitzt, daß ich ihn mit der Zange des Willens nicht mehr herausholen kann. Das ist auch gar nicht nötig – wie jeder Zimmermann weiß und jeder Seelenzimmermann wissen sollte –: ich nehme einfach einen *neuen* Nagel – einen neuen positiven Zielgedanken –, den ich an der Stelle des alten Nagels ansetze, direkt auf dem Kopf des alten. Jedesmal, wenn sich der alte Nagel störend bemerkbar macht, schlage ich mit dem Hammer der Bejahung auf den neuen Nagel, der auf diese Weise immer tiefer eindringt. Es dauert gar nicht lange, und der neue Nagel sitzt so tief, daß der alte Nagel in dem Brett keinen Halt mehr hat und – herausfällt. Dafür sitzt jetzt an seiner Stelle der neue Nagel der positiven Gewohnheit fest. Die alte schlechte Gewohnheit ist verschwunden.

Es handelt sich hier um einen psychologischen Prozeß, der je nach der Intensität der Bejahung und nach dem Grad der Zusammenarbeit mit dem Inneren Helfer zwischen einer und acht Wochen dauert – ganz gleich, was für einen Fehler Du Dir abgewöhnen willst. Er hat den Vorteil, daß Schuldgefühle, die sonst leicht bei der Bewußtmachung von Fehlern entstehen, gar nicht aufkommen können, sondern daß der ganze Vorgang vom hochstimmenden Gefühl inneren Wachstums und Starkwerdens begleitet wird und in jedem Falle zu einer seelischen Entgiftung, Entlastung und Entspannung führt.

WIE MAN FEINDSCHAFTEN AUS DER WELT SCHAFFT

1. Das erste und wichtigste ist, daß Du Dir über den Teufelskreis des Hasses und den Weg ins Freie, den Dir die dynamische Psychologie erschließt, ganz klar wirst:

Solange Du auf Abneigung, Haß und Feindschaft, also auf *Widerstand* eingestellt bist, bist Du gespannt. Und solange Du gespannt bist, findest Du keine Ruhe, keinen Frieden – weder mit Dir selbst noch mit der Umwelt.

»Widerstehe dem Übel nicht!« riet der größte Seelenkenner, *Christus*. »Siegen durch Nicht-Widerstehen!« lehrte gleichermaßen *Gandhi*:

Den Widerstand aufgeben heißt, sich entspannen. Sich entspannen heißt, zum Frieden kommen und zur inneren Einung. Zur inneren Einung finden heißt, die Harmonie mit der Umwelt herstellen und dem Streit ein Ende machen. Wer entspannt bleibt, bleibt gelassen; und wer gelassen bleibt, bleibt überlegen.

Du kannst eine Feindschaft, die Dich quält, restlos aus der Welt schaffen, weil ihre Beseitigung *in Dir* vor sich geht. Wie das?

Blicke einmal etwas tiefer, als Du es sonst tust: Du hast von dem von Dir Gehaßten die Meinung, daß er als Hindernis zwischen Dir und Deinem Glück stehe. Da hast Du schon die Wurzel des Übels: die *negative Vorstellung,* die Du von dem andern in Dir trägst, ist es nämlich, die Dich zu einem Magneten für alles macht, was Du vermeiden möchtest – und zwar um so stärker, je gefühlsbetonter Deine Ablehnung und innere Auflehnung gegen den andern ist.

Liebe verbindet beglückend *mit* dem geliebten Menschen. *Haß* bindet leidvoll *an* den gehaßten Menschen und bildet den emotionellen Auslöser Deines inneren Unfriedens und Deiner Konflikte mit der Umwelt. Er blockiert Deine Glückskräfte und macht es Dir unmöglich, zufrieden und erfolgreich zu sein. Deine schöpferischen Kräfte strömen unausgenutzt in negative Kanäle und wirken Unheil statt Freude.

So macht Dein Haß Dich zu einem *Magneten des Unheils*, was den von Dir Gehaßten vielleicht freuen würde, wenn er es wüßte. In Deinen Vorstellungen machst Du den Gehaßten zum Sündenbock für Deine Mißstimmungen und Mißgeschicke, statt deren Ursachen in Deinen von Dir selbst fehlgeleiteten *Gedankenkräften* zu erkennen.

Und was ergibt sich aus alledem?

Lerne zu lieben, statt zu leiden! Lerne lieben, wo Du bisher haßtest – und Du wandelst die negativen Kräfte in positive und machst Dir den Weg frei zum Glück. *Reagiere positiv*, auch wenn es Dir anfänglich schwer fällt, und *bleibe positiv*, auch wenn die Gegenseite nicht gleich ebenso positiv antwortet – und Du wirst erleben, wie sich Dein Schicksal und Deine Umwelt mit Dir ändern.

2. Vielleicht vermagst Du jetzt noch etwas tiefer in das Geschehen in der inneren Welt der Ursachen zu blicken:

Solange Du einen Menschen haßt, gibst Du ihm Macht über Dich, Deine Stimmung, Deinen Schlaf, Deinen Appetit, Deine Gesundheit, Dein Lebensglück! Haß schadet immer dem Hassenden selbst am meisten, ist also ein höchst kostspieliges Vergnügen. Jede Regung des Hasses kettet Dich fester an den Gehaßten – vom dadurch bedingten erhöhten Blutdruck, den Herzbeschwerden und der Schlaflosigkeit ganz abgesehen ...

Du kannst folglich nichts Klügeres tun, als Dich von diesem

Mißgefühl zu befreien und *jeden Gedanken des Hasses* sogleich bei seinem Auftauchen *durch einen Gedanken der Liebe zu ersetzen* – zuerst versuchsweise, dann aus Neigung und schließlich aus Gewohnheit. Das ist das erste Gebot jeder Seelenhygiene und das sicherste Mittel, Feindschaften kampflos und schweigend aus der Welt zu schaffen. In dem Maße, wie Du Dich innerlich von den Haßgefühlen distanzierst und lösest, entgiftet und löst sich auch Dein Verhältnis zu dem bisher Gehaßten.

Wenn Du es nicht gleich fertig bringst, Deinen Feind zu *lieben* – wie es *Christus* den Menschen zu ihrem eigenen seelischen Wohlsein und Wohlergehen anriet – so solltest Du ihm doch um Deines eigenen Glückes willen *verzeihen*. Im gleichen Maße wirst Du Dich innerlich entlastet und freier fühlen und fähiger, größere Erfolge als bisher zu erzielen.

Bringst Du es dann nach und nach fertig, nicht nur zu vergeben und zu vergessen, sondern dem andern gute Gedanken. *Gedanken der Liebe* zu senden und schließlich gar zu ihm hinzugehen und Dich mit ihm *auszusöhnen*, dann verwandelst Du den bisherigen Hinderer Deines Glücks in einen Förderer, bringst in Dir neue Glückskräfte zum Fließen, die seither stagnierten, und bewirkst eine *Umschaltung im Schicksals-Automatismus*, die zur Folge hat, daß sich Deine Verhältnisse sichtbar zum Besseren wenden.

Das sind keine frommen Redensarten, sondern nüchterne Feststellungen psychodynamischer Gesetzmäßigkeiten, die sich hier auswirken.

Wie wäre es, wenn Du es gleich einmal ausprobieren würdest?

3. Neben dem Vergeben und Vergessen eines erlittenen Unrechts kannst Du einen weiteren Weg wirksamer Haß-Überwindung, Selbstentgiftung und Harmonisierung Deines Innern und Deines Lebens einschlagen, indem Du Dich von heute an einer großen Aufgabe widmest, die Dich ganz erfüllt und begeistert. Je williger Du Dich diesem neuen Ideal hin-

gibst, desto restloser verblassen einstige Kränkungen und desto schneller schwinden deren Folgen aus Deinem Leben.

Dein Lebensweg nimmt durch die neue Aufgabe eine neue Richtung, und an die Stelle des Hasses und Leides treten Freude und Glück.

4. Ein sicherer Weg zum Freiwerden von Haß- und Leidgefühlen ist der Entschluß, Deine Sache in die Hände Deines Inneren Helfers zu legen – der besser als Du weiß, was recht und gerecht ist – und es gänzlich *ihm* zu überlassen, für Ausgleich und Harmonie zu sorgen.

Wenn Du das in der Meditation getan hast und danach nicht mehr an den Streit denkst – weil jetzt Dein »innerer Anwalt« die Sache für Dich regelt und ordnet –, kannst Du gewiß sein, daß sich alles, was auch geschehen sein mag, von innen her ausgleichen und zu Deinem Besten ordnen wird.

Auch diese Umpolung der Gefühlskräfte des Hasses in solche des inbrünstigen Vertrauens zum Inneren Helfer wirkt seelen- und schicksal-umwandelnd und hat zur Folge, daß Dein Weg aus dem Teufelskreis des Hasses ins Freie und sichtbar aufwärts führt. Wohl Dir, wenn Du dieser oft bitter erkämpften Lebenserfahrung folgst – Du wirst dann bald erkennen, wie sehr Du damit Deinem Wohle dientest.

5. Noch ein bewährtes psychodynamisches Hilfsmittel:

Statt Dich Grübeleien über die Ursachen und Folgen des Unfriedens und Streits hinzugeben, tue das Gegenteil: immer, wenn ein trüber Gedanke Dich überkommt, wende Dich sogleich von ihm fort, mache eine Wendung um 180 Grad vom Dunkeln ins Lichte und richte den Blick auf frohstimmende Erinnerungen oder auf eine Freude, die Du einem andern bereiten willst.

Ergreife auch sonst jede Gelegenheit, Dich über etwas zu freuen und anderen Freude zu machen. Nichts macht Dich rascher immun gegen Haß- und Leidgedanken als die Gewohnheit, Dir und den Wesen um Dich herum *täglich wenigstens einmal eine Freude zu bereiten*. Folge *Nietzsches* Rat:

»Seitdem es Menschen gibt, hat der Mensch sich zu wenig gefreut. Lernen wir, uns mehr freuen, so verlernen wir am besten, andern wehe zu tun und Wehes auszudenken.«

»Wehes auszudenken« – das ist die Wurzel des Übels, die Du nur ausrottest, wenn Du Dich auf die gezeigte Weise darin übst, *Frohes auszudenken*, jede Freudegelegenheit von Herzen willkommen zu heißen und soviel wie möglich Freude um Dich zu verbreiten und anderen zu bereiten.

Schon nach kurzer Zeit der Übung wirst Du spüren, wie Dein Seelen-Barometer statt des üblichen »Tief« immer häufiger ein seelisches »Hoch«, also Hochstimmung anzeigt, und wie aus der wachsenden Harmonie mit Dir selbst, die aus der Freude-Gewöhnung entspringt, auch die Harmonie mit Deiner Umwelt und mit dem ganzen Leben erblüht.

6. Versuche weiter, recht oft von Herzen zu lächeln und zu lachen. Wage es, auch *über das* zu lächeln und zu lachen, was Dich bisher peinigte – mag es Dir auch anfangs noch so schwer fallen. Diese »Schwerfälligkeit« gibt sich im Laufe der Übung, und schließlich entdeckst Du vergnügt, *wie Du immer leichter über das, worüber Du lächelst oder lachst, hinwegkommst*, bis Du am Ende so gänzlich darüber stehst, daß es Dich nicht mehr zu berühren vermag.

Wie das kommt?

Dein Innerer Helfer antwortet auf jede positive Regung Deiner Seele mit der Mobilisation neuer Kräfte und mit dem Aufzeigen neuer Glücksmöglichkeiten. Das hat zur Folge, daß Du schrittweise aus der Atmosphäre des Unfriedens, Mißbehagens und Ungenügens heraus- und die lichteren Regionen des Lebens emporgelangst, oft auf die merkwürdigste Weise, hinter der Du bei tieferer Einsicht die lenkende Hand des Inneren Helfers verspürst.

7. Und nun bist Du sicherlich auch für einen weiteren hilfreichen Hinweis aufgeschlossen:

Aus der Erkenntnis der Tatsache, daß jeder das wird, was er denkt, und das empfängt, was er hinaussendet, ist wohl als wichtigste Maxime die Goldene Regel *Christi* erflossen: »Was Du willst, das die andern Dir tun, das tue Du ihnen *zuvor!*«

Diese Regel gilt auch hier: Was Du willst, daß ein anderer über Dich denke, sende Du ihm zuerst an guten Gedanken zu. Sei Du zuerst zur Versöhnung und Freundschaft bereit, dann wird auch Dir guter Wille und Freundschaft entgegengebracht werden. Denke Frieden, und Du wirst Frieden haben. In kurzer Zeit wirst Du erkennen, *daß jeder Gedanke ein Bumerang ist* – er kehrt zu dem zurück, der ihn hinausschleuderte.

Nun lebt, wie Du jetzt weißt, in jedem Menschen ein Innerer Helfer, der auf jeden Deiner verborgensten Gedanken und Gefühle reagiert und in dem betreffenden Menschen eine der Deinigen entsprechende Zu- oder Abneigung erzeugt. Daher das angenehme oder unangenehme Gefühl, das einen in Gegenwart anderer plötzlich ergreift. Hüte daher Deine Gedanken und denke nur, was Du bei Dir und anderen verwirklichst wünschest!

Mulford hat die Goldene Regel treffend in die folgenden Worte gekleidet: »Wer andern hilft, dem wird geholfen werden; wer andern Hilfe zudenkt, der wird vielfache Hilfe und Kraft dafür empfangen.«

In ihrer höchsten Form läuft die Goldene Regel auf folgende Forderung hinaus:

Sieh den andern so, wie Du glaubst, daß der Innere Helfer – der in ihm wie in Dir lebt – ihn sieht! Und *sieh* ihn nicht nur so, sondern *behandle* ihn auch entsprechend.

Das bedeutet, daß Du den bisher Gehaßten *liebst, wie ihn sein Innerer Helfer liebt,* daß Du ihm *vergibst,* wie Du wünschest, daß auch Dir vergeben werde, daß Du ihn von ganzem Herzen gern hast und *ihm hilfst,* wo Du ihn bisher gehindert hast – wodurch Du nach der Goldenen Regel bewirkst, daß Dir von ihm gleiche Sympathie und Hilfsbereitschaft entgegengebracht wird.

Wenn Du mit Deinem Inneren Helfer gut Freund geworden bist, kannst Du schließlich niemandem mehr Feind sein. Wie Liebe Leid löst, so löst das Bündnis mit dem Inneren Helfer jeden Zwiespalt und jede Zwietracht von innen her auf. Praktisch bedeutet das, daß Du Dich in Deinen Meditationen mehr und mehr auf die folgende Bejahung umstellst:

»Ich liebe Dich; denn in mir schwingt das gleiche göttliche Leben wie in Dir. Ich ströme starke Wellen der Güte und Sympathie, der Harmonie und Liebe aus. Der Innere Helfer wirkt in Dir wie in mir; er wandelt alles in Harmonie. Ich bin Kraft, Liebe, Einheit. Wir sind e i n s !«

Bestrahle den andern solchermaßen mit Gedanken der Liebe und des Vertrauens auf den Gottfunken, der auch in ihm lebt . . . Fühle Dich mit seinem Inneren Helfer eins und laß ihn diese Einheit in eine immer bewußtere verwandeln . . . Fühle lebendig, wie die Harmonie wächst, wie die Liebe zunimmt. So überwindest Du jeden Haß und jedes Übel – durch Liebe.

WIE MAN FREUNDE GEWINNT

1. Freunde zu finden und für immer zu gewinnen, ist leicht, da wir nach der Goldenen Regel in anderen stets die Gefühle auslösen, die wir ihnen entgegenbringen. *Freundliche Gesinnung fördert die Freunde-Gewinnung!* heißt das einfache Rezept der dynamischen Psychologie Neugeists.

Die Fähigkeit, Freunde zu gewinnen, ist Dir, wie jedem Menschen, angeboren. Alles Lebendige wirkt von Natur aus anziehend, soweit es seine Anziehungskraft nicht durch negatives Denken und Verhalten selbst blockiert.

Nach der eben erwähnten Goldenen Regel mußt Du, wenn Du Freunde gewinnen willst, zuerst *selbst Freund sein* können, also die richtige Einstellung zu Deinen Mitmenschen haben, die Dich für sie anziehend macht: Du mußt sie gern haben, für sie Interesse haben, sie mögen und lieben.

Wenn Du negativ gestimmt bist, pessimistisch, mißmutig, selbstsüchtig, eifersüchtig, kleinlich, gehässig, neidisch oder lieblos, stößt Du die Menschen ab, auch wenn Du ihnen noch so wohlerzogen und höflich entgegenkommst. Der Innere Helfer in den anderen spürt genau, was Du innerlich empfindest – und veranlaßt sie, entsprechend zu reagieren.

Je mehr *Liebe* Du fühlst und gibst, desto mehr Sympathie strömt Dir entgegenen. Je mehr Du andere gelten läßt und sie so, wie sie sind, gern hast, desto williger wird man auch Dich gelten lassen und Dich so schätzen, wie Du bist.

Wer an einen andern denkt, wird zuweilen finden, daß dieser im gleichen Augenblick auch an ihn dachte; denn kein Gedanke bleibt unbeantwortet – im Guten wie im Bösen.

Wer immer und überall nur an sich denkt – etwas, was der Innere Helfer in den andern sofort spürt –, der stößt immer und überall auf den Widerstand der Umwelt. Der soziale Kontakt – der Mutterboden, auf dem die Blume der Freundschaft erblüht – stellt sich nur unter liebend eingestellten, für das Du und Wir aufgeschlossenen, zur Freundschaft bereiten Menschen ein.

Der Ich-Bezogene muß sein Minderwertigkeitsgefühl überwinden und lernen, zuerst einmal zu sich selber gut zu sein, mit sich selber und seinem Inneren Helfer gut Freund zu werden. Geschieht das, dann stellt sich auch der Kontakt mit der Umwelt ein.

2. Der Menschenfreund und Psychologe *Coué* hat diesen Vorgang treffend so formuliert:

»Der Altruist findet, ohne zu suchen, das, was der Egoist sucht, ohne es zu finden.«

Warum? Weil der Altruist, der Menschenfreund, sich für die *andern*, ihr Wohlergehen, ihre Wünsche und Hoffnungen, Neigungen und Steckenpferde interessiert, an ihren Gedanken und Plänen, Erlebnissen und Erfahrungen innerlich *teil*nimmt, sein Dasein sozusagen um das ihre erweitert und bereichert. Eben dadurch bewirkt er, daß die andern sich mit ihm befreunden, ihn schätzen und lieben, sich ihm gern mitteilen und ihre Freude und ihr Glück mit ihm teilen.

Darum hat der Altruist, der sich für die Menschen um ihn herum interessiert, ihnen gern rät und hilft, immer *Freunde*, die unwillkürlich dazu neigen, auch ihm Freude zu bereiten und ihm gefällig zu sein.

Damit hast Du die Goldene Regel rechter Freunde-Gewinnung in einem Satz:

»Erweise Dich anderen gegenüber als Freund – und Du wirst Freunde haben, soviele Du willst!«

Diese Regel gilt natürlich auch in ihrer Umkehrung: Stelle Dich ablehnend und feindlich zur Umwelt ein – und Du wirst überall auf Feinde stoßen!

»Und worin liegt das Geheimnis?«

Man könnte das Problem zuspitzen und sagen: Alles hängt davon ab, ob Du ein Nehmender oder ein Gebender bist:

Wer nur *nehmen* und *haben* will, ist negativ magnetisch. Weil er sich für andere wenig interessiert, ist er auch für die Umwelt uninteressant – und ohne wirkliche Freunde.

Wer gern *geben* und *teilen* mag, ist positiv magnetisch. Weil er an allem, was die anderen angeht, lebendig interessiert ist, wirkt er auf die anderen wie ein Magnet der Sympathie und Freundschaft – und findet immer Freunde, wo und wie er sie wünscht.

Nirgends in der Natur bekommt man etwas für nichts. Überall muß man geben, um zu empfangen. Und das sollte Dir eigentlich nicht einmal schwer fallen, denn: was Du wünschest, *ist* bereits Dein; Du mußt es nur *münzen*, mußt den Reichtum, der Dein ist, durch Geben und Teilen sozusagen zum Fließen und Wirken bringen. Du mußt Deine innere Sonnigkeit, Deine Freude- und Freundschafts-Bereitschaft nach außen hin offenbaren und betätigen, um jene Fülle der Freude und Freundschaft in Deiner Umwelt zum Antworten und Wirken zu bringen, die immer da ist und nur darauf wartet, daß Du sie durch rechtes Verhalten ansprichst und mobilisierst.

Damit ist das Rezept gegeben, wie Du die vielen »potentiellen« Freunde, die Du, ohne es zu wissen, besitzest, bewußt »aktivierst« und auf Dich hin in Bewegung setzest. Also nur nicht schüchtern! *Freunde ringsum* warten darauf, daß Du ihnen die Hand entgegenstreckst!

3. Du traust Dich noch nicht? Gut, dann mag Dein *Innerer Helfer* den ersten Schritt tun und die Freunde herbeiziehen, die Du ersehnst:

Er tut es gern für Dich, wenn Du mit ihm bereits gut Freund bist; denn auch er freut sich, wenn er mit dem Inneren Helfer in anderen Dir wesensverwandten Menschen in lebendigen Kontakt kommt. Geh also in die Stille und besinne Dich in der Meditation zuerst auf Deine Freundschaft, Dein Einssein mit dem Inneren Helfer. Und dann unterbreite ihm Deines Herzens innigsten Wunsch, einen oder einige Freunde zu gewinnen:

»Du, mein Innerer Helfer, machst mich zu einem Magneten, der ständig Kräfte der Liebe und Sympathie ausstrahlt und auf alle Wesen ringsum anziehend wirkt. Du hilfst mir, die Menschen zu gewinnen, mit denen mich eine innige und dauernde Freundschaft verbinden wird. Du führst sie mir in den Weg und wirkst, daß wir uns finden und im gleichen Augenblick wissen, daß wir gleichen Sinnes sind und zusammengehören. Ich danke Dir für Deine Hilfe und Führung!«

Diese Bejahung sprich so oft wie möglich in Dich hinein und fühle, wie die magnetische Kraft froher Sonnigkeit und Sympathie täglich in Dir wächst, so daß Du gar nicht anders kannst, als dieser inneren Freudigkeit auch nach außen hin, durch Dein Verhalten und Tun, Ausdruck zu geben und anderen Menschen Freundlichkeiten zu erweisen. Schon nach kurzer Zeit wirst Du gewahr werden, wie die Menschen von selbst zu Dir kommen und Deine Freundschaft suchen – und zwar um so sichtbarer, je mehr Du Deinem Inneren Helfer vertraust und folgst.

Wenn die Sonne in Dir zu strahlen beginnt, ist die natürliche Folge die, daß die Wesen um Dich herum sich Dir zuneigen, anschließen und erschließen. Ist der »psychische Heliotropismus", der jeder Menschenseele eigen ist, einmal durch Deine neuerwachte Liebebereitschaft und Sonnenhaftigkeit angesprochen, sind also die Kräfte des Inneren Helfers – dieses strahlenden Zentrums guten Willens und liebenden Einsseins – einmal in Dir wach und lebendig geworden, dann wirst Du nie mehr über Mangel an Freunden zu klagen haben.

Deine liebende Einstellung bewirkt das Wunder, daß der Innere Helfer in den anderen wie der in Dir sich *zusammentun* und daß als Folge davon die Schicksalswege dieser Menschen und Dein eigener Lebensweg früher oder später *zusammenlaufen*. Wenn so Dein Innerer Helfer die Dinge in Fluß gebracht hat, brauchst Du nichts mehr zu tun, als denen, die nun zu Dir kommen, im Geiste freundlichen Einsseins die Hand zu reichen, um den innerlich vorbereiteten Freundschaftsbund auch äußerlich zu besiegeln und ihm durch rechtes Verhalten und Tun *Dauer* zu geben.

DREI MITTEL GEGEN DIE FURCHT

Unzählige Menschen sind Sklaven neurotischer Angst- und Furchtkomplexe: sie fühlen sich ihr Leben lang mehr oder minder unterdrückt und bedrückt, schuldbeladen und verfolgt – als Folge falscher Erziehung durch Eltern und Lehrer – und sehnen sich nach Trost und Ermutigung, Kraft, Freude und Beistand.

Ihnen allen kann geholfen werden: denn der Geist des Lebens will durchaus nicht, daß sie das Leben fürchten und sich klein und geduckt fühlen; er will vielmehr, daß sie sich als seine Kinder und damit als Erben und Eigner aller Freuden und Reichtümer des Lebens erkennen und bejahen. Die Möglichkeit, diese Einstellung zu gewinnen und wirklich furchtlos, frei und glücklich zu sein, gibt ihnen jene höchste Instanz in ihnen, die ich den »Inneren Helfer« nenne, den *jeder* als Bürgen seiner Geborgenheit unverlierbar in sich trägt.

Furcht ist die Quelle zahlloser Übel. Sie lähmt Dich, wirft Dich immer wieder zurück, erstickt Deine besten Kräfte und verhindert die volle Entfaltung Deines schlummernden Schöpfertums. Darum mußt Du *frei* werden von aller Furcht vor Ereignissen, Dingen und Menschen.

Hier ist der Weg:

1. Ich bin furchtlos und frei!

Als erstes erkenne, daß es nichts gibt, was Du zu fürchten hättest. Du bist ein unsterbliches Wesen und durch die Kraft des Inneren Helfers geschützt gegen jede Gefahr – außer Du räumst ihr durch negatives, furchtsames Denken Macht über Dich ein ...

Irgendwer hat einmal gesagt, daß »der *Pessimist* der einzige Mist ist, auf dem nichts gedeiht.« Der Mann hat Recht. – Anders der *Optimist:* wo er hinschaut, sieht er Sonne und Erfolg. Hindernisse sind ihm dazu da, überwunden zu werden. Sein Vertrauen auf die innere Kraft ist das Fahrzeug, das ihn überall hinträgt. Was er denkt, das wird.

Deine nächste Erkenntnis sei also diese: »Jeder ist der Gestalter seiner Zukunft. Ich selber war der Verursacher, der Schöpfer meiner Mutlosigkeit; ich selbst kann sie beseitigen – durch Umstellung meines Denkens. Jedes Übel ist nur so groß, als ich es in meinen Gedanken sehe; denke ich es klein, so *ist* es klein. Denke ich stets an die Kraft in mir, stirbt alle Furcht und wird zu nichts!«

Deine Gedanken der Furcht öffnen Dich den niederen Schwingungen, die Dich herabziehen. Deine Gedanken der Kraft verbinden Dich den kosmischen Energien des Inneren Helfers. Erkenne, daß Du selbst den Schicksals-Schalter in der Hand hast, daß Du Dich durch Dein *Denken* in den Stromkreis der Furcht oder der Kraft einschaltest!

Was Dich niederzieht und schwach macht, sind nie die Dinge, die Ereignisse oder Menschen, sondern die *Gedanken*, die Du daranhängst. Nicht was eine Sache ist, entscheidet, sondern was Du in Deinen Gedanken daraus machst. Mache also in Zukunft nichts schlimmer, als es ist, sondern mache es besser, als es scheint, indem Du Dich besinnst:

»Ich werde es schaffen! Dies ist nicht das Schlimmste, was mich treffen kann. Also ans Werk! Weg damit. Wer denkt, er kann, der kann!«

Wer sich in seinen Gedanken als Meister eines Hindernisses sieht, der hat es schon halb überwunden.

Später lachst Du bestimmt manchmal selbst über Deine Furcht, nicht wahr? Warum dann aber nicht gleich? Größer wird ein Übel davon nie – im Gegenteil, es wird dadurch oft so klein, daß Du Dich wunderst, wo es geblieben ist!

Ein Haus kann an der Hinterfront sehr häßlich aussehen. Aber eigentlich ist ja nicht diese zum Ansehen da, sondern die Vorderfront. Mit Deinen Übeln ist es oft nicht anders: Du siehst zu sehr auf die Hinterfront der Dinge, statt um das *Hindernis* herumzugehen und es von seiner freundlicheren Vorderseite zu betrachten und – als *Fördernis* zu erkennen.

Bedenke: das Häßliche einer Sache ist nie die *ganze* Sache, und die Lebenskunst besteht zuerst darin, stets auf die sonnige Seite einer Sache zu blicken und diese beharrlich zu bejahen.

2. *Wer denkt, er kann, der kann!*

Das nächste, was Du zu tun hast, ist, Dich zu entschließen, niemals mehr »Ich kann nicht!« zu denken oder zu sagen, sondern nur noch »Ich kann!« Mit anderen Worten:

Wende Dich in Deinen Gedanken von jedem in Dir auftauchenden Furchtgefühl ab und sofort entgegengesetzten frohen und mutmachenden Vorstellungen zu, dann wird das Gefürchtete seine Macht über Dich verlieren.

Wenn alle Menschen erkennen würden, daß die Furcht das Gefürchtete am schnellsten anzieht, würde man sich hüten, sich zu fürchten. Hast Du nicht schon beobachtet, daß die, die immer fürchten, von anderen betrogen zu werden, es in der Tat werden, während andere, die in jedem das Gute sehen, immer mehr Freundschafts- und Liebes-Beweise empfangen? Der Satz gilt auch hier: Was Du denkst, das wirst Du. Was Du erwartest, das ziehst Du an. Immer geschieht Dir nach Deinem Glauben.

Hebe ein mittelschweres Gewicht empor mit dem müden Gedanken: »Ich kann nicht. Es geht nicht. Ich bin zu schwach dazu!« und es wird Dir Mühe machen, oder – wenn Du plastisch denken kannst – gar nicht gelingen. Hebe das gleiche Gewicht mit dem Gedanken: »Ich kann! Es ist leicht, nicht der Rede wert!« dann wirst Du selbst staunen über die Mühelosigkeit und Dir zutrauen, auch das doppelte Gewicht zu heben. Darum bejahe Deinen Mut! Denke positiv!

Sieh nicht immer nur Schatten, wo Du hinschaust, sondern besinne Dich, daß jeder Schatten nur beweist, *daß die Sonne scheint!* Starre also nicht auf die Dunkelheit, sondern blicke ins Licht. Geh' hinaus in die Sonne. Erkenne, daß jede Sache so ist, wie Du sie ansiehst. Dem Pessimisten wird selbst der Himmel zur Hölle; aber der Jasager wandelt die Hölle zum Himmel! –

Und noch eines: Furcht erquillt immer aus *Unwissenheit.* Weil Du den Umfang einer Gefahr nicht kennst, fürchtest Du sie. Weil Du die Ursache eines Geräusches nicht erkennst, schreckt es Dich. Die Erkenntnis der Ursache ist das Ende der Angst. Das Wissen tötet die Furcht. Nun gibt es Dinge und Umstände, bei denen Dein Wissen nicht ausreicht, um die Furcht zu töten. Aber Dein *Innerer Helfer* besitzt das Wissen, das Dich frei und furchtlos macht. Wende Dich also nach *innen* und sprich Deinem Inneren Helfer gegenüber aus, was Dich bedrückt . . .

Schon wenn Du auf diese Weise unklare Vorstellungen

und Gefühle in Worte kleidest, verlieren sie das Gespenstische und Furchterregende. Das meint *Nietzsches* Wort: »Wofür wir Worte haben, darüber sind wir schon hinaus.« Denn Furcht verträgt keine Klarheit. Laß darum den Inneren Helfer für Klärung sorgen, indem Du ihm gegenüber aussprichst, was Dich quält. Schon das ist eine Art Lossprechen und Loswerden dessen, was Dich bedrückt ...

Du spürst bereits das Eingreifen des Inneren Helfers. Es ist die Sonne der Innenschau und Einsicht, die die schwarzen Wolken der Angst zerstreut, die »dunkle Nacht der Seele« endet, das Selbstmißtrauen, das Gefühl, »Prügelknabe des Schicksals« zu sein, aufhebt und das beglückende Bewußtsein in Dir aufkeimen läßt, daß Du wieder mit Dir selbst in Frieden bist und alle Kraft, das Leben zu meistern, in Dir ist.

All dies ermöglicht Dir der Innere Helfer. Gewöhne Dich darum, ihm allein zu vertrauen, statt nach äußerer Hilfe auszuschauen. Fühle, daß dem Gläubigen, dem wahrhaft Bejahenden, alle Dinge zum Besten dienen müssen. Wer auf den Inneren Helfer vertraut, wird nie enttäuscht. Sende ihm darum immer wieder Gedanken des Vertrauens, des Dankes und der Liebe zu. Es gibt keine bessere Kapitalanlage als die *guter Gedanken;* sie verzinsen sich mit mehr als tausend Prozent.

Alle großen Männer entwickelten diese Kraft rechten Denkens und Bejahens. Und weil sie Jasager waren, wurde ihnen alles, was an sie herantrat, zu einer Stufe zu weiterem Fortschritt.

Aus der Bejahung erfließt die Kraft, das Bejahte zu vollbringen. Probiere es einmal aus: Jede Furcht klingt ab und verschwindet, wenn Du Dich nach der im technischen Teil gegebenen Anweisung entspannst und Dich in der Meditation dem Bewußtsein Deines Einsseins mit dem Inneren Helfer hingibst. Aus der Stille zurückgekehrt, fühlst Du Dich entlastet, frei und stark in dem Gewißsein: *»Mir kann nichts geschehen; denn ich bin eins mit dem Inneren Helfer!«*

3. *Ich bin eins mit dem Inneren Helfer!*

Ich kenne einen Menschen, der jeden Furchtgedanken mit einem Kraftwort *Mulfords* überwindet: »Was mich nicht umbringt, macht mich stärker!« Ich glaube, daß dieser Gedanke die Kraft hat, auch Dir zu helfen; meditiere darum über ihn und verankere ihn in Deiner Seele. Hänge ihn als Wahlspruch über Deinen Arbeitstisch.

Darüber hinaus bejahe, um alle Furchtgedanken für immer aus Deiner Seele hinauszutreiben, in Deinen abendlichen Meditationen:

»Ich bin ruhig, mutig und frei! Du, mein Innerer Helfer, erfüllst mich mit den Kräften der Zuversicht und des Selbstvertrauens, der Liebe und Harmonie. Ich fühle mich frei, froh und stark. Ich weiß mich frei und geborgen in Dir. Ich bin frei!«

Je mehr Du Dich gewöhnst, bei jeder Regung von Sorge und Furcht Dich in der Stille sogleich auf die Gegenwart des Inneren Helfers und Dein *Starksein von innen her* zu besinnen, desto geringer wird der Einfluß der Furcht auf Dein Gemütsleben und desto gelassener schreitest Du durchs Dasein.

Dein ganzes Denken, Fühlen, Wollen und Tun wird schließlich ein lebendiger Ausdruck der großen Bejahung:

»Mit Dir, mein Innerer Helfer, vereint und verbündet, bin ich stärker als alle äußeren Umstände. Ich weiß mich unter Deinem Schutz geborgen und von innen her geleitet. Ich weiß mich unabhängig von allen äußeren Bedingungen, Dingen und Menschen. Du stehst mir bei und hilfst mir, alle Fährnisse in Fördernisse zu verwandeln. Deine Kraft ist meine Kraft. Deine Überlegenheit macht mich allem überlegen. Du wirkst, daß mir alles gelingt und daß sich alles zum Besten wendet!«

WIE MAN GEFAHREN BEGEGNET

1. Es ist eine allgemeine Erfahrung, daß die Wahrscheinlichkeit des Eintritts dessen, was man befürchtet, weit geringer ist als die, daß es nicht eintritt. Die Wahrscheinlichkeitsrechnung kann das deutlich machen:

Wenn Du Dir wegen einer bestimmten Gefahr Sorgen machst, überlege einmal, wieviel Tage Du schon gelebt hast: bei fünfzig Jahren sind es mehr als 18000 Tage. Zweite Frage: wie oft ist das Befürchtete bisher in Deinem Leben eingetreten? Zweimal? Dann besteht nur die Wahrscheinlichkeit von 9000:1, daß es Dir jetzt wieder passieren wird. Also kein Grund zur Aufregung.

Im übrigen wird auch der letzte Rest von Furcht gegenstandslos, wenn Du ihr auf den Grund gehst, sie analysierst, also genau prüfst, *was* Dich eigentlich beunruhigt, und wenn Du anschließend überlegst, was Du tun kannst, um dem Befürchteten vorzubeugen, und dann hingehst und es *tust*.

2. Das Gefährlichste an jeder Gefahr ist die *Angst*, die Dich spannt, Dein Blickfeld einengt, Dich am ruhigen Überlegen hindert und Dich das Verkehrte zu tun treibt.

Dieser Spannung der Angst kannst Du durch eine von W. H. *Carrier* stammende und von Carnegie empfohlene Methode gedanklicher Selbsthilfe begegnen, die aus den folgenden drei Stufen besteht:

Erste Stufe: Analysiere die Situation sachlich und ehrlich und werde Dir klar, was im schlimmsten Falle aus der gegenwärtigen Lage entstehen könnte.

Zweite Stufe: Nachdem Du Dir diese Folgen klar gemacht hast, finde Dich damit ab, das Schlimmste nötigenfalls auf Dich zu nehmen. Dieser Entschluß wirkt unmittelbar entspannend und befreiend und verleiht Dir die Kraft, das Nächste zu tun:

Dritte Stufe: Widme nunmehr Deine Zeit und Kraft in völliger innerer Ruhe dem Versuch, das Schlimmste, mit dem

Du Dich schon abgefunden hast, soweit es geht, abzuwenden und das Bestmögliche daraus zu machen.

Was Du in der Aufregung und Angst nicht zu erkennen vermochtest – den Ausweg aus der Schwierigkeit –, gewahrst Du nun, da Du innerlich ruhig geworden bist, sehr bald. Und wenn Du diesen Weg dann entschlossen gehst, wirst Du auf ihm zur Überwindung der Schwierigkeiten gelangen und das Problem erfolgreich lösen.

Sowie Dir die Angst nicht mehr die Sehkraft trübt und die inneren Kräfte hemmt, werden eben die Energien frei, die Du brauchst, um den Ausweg zu finden und die Gefahr zu bannen.

3. Gewiß hast Du schon von jenen Fällen gehört, in denen Todkranke nach der Erklärung ihres Arztes, daß sie nur noch so und so lange zu leben hätten, plötzlich alle Angst fahren ließen, alle Sorgen von sich warfen, sich über nichts mehr erregten und sich nur noch der Aufgabe widmeten, die ihnen verbleibenden Tage so gut wie möglich zu nützen – was die unerwartete Wirkung hatte, daß sie von da an täglich freier und gesunder wurden und zum Erstaunen des Arztes eines Tages – vielleicht an dem von ihm vorausgesagten Todestage – ihre Arbeit wieder aufnahmen.

Wie war das möglich?

Indem sie sich mit dem Schlimmsten abfanden, die Angst vor der Gefahr fahren ließen, fanden sie endlich zur *Entspannung* und damit zur seelischen und körperlichen Entkrampfung, Entgiftung und Befreiung. Mit der Entspannung begannen ihre durch die Angst gefesselten Innenkräfte wieder zu wirken – mit dem Ergebnis, daß die Gefahr wich und alles gut wurde.

Aus dieser Tatsache kannst Du folgendes lernen:

Wenn Du auf eine Gefahr zu starren beginnst – wie die hypnotisierte Maus auf die Schlange –, wenn Deine Knie weich werden und die Angst in Dir hochkriecht, dann laß Dich fallen: *entspanne Dich,* laß alles los, wende Dich nach innen, nimm Deine Zuflucht zum Inneren Helfer und bitte ihn, die Gefahr abzuwenden. Sage ihm, was Dich bedrückt, und überlasse ihm die Lösung.

Du wirst erleben, wie sich schon in der Meditation die Angst löst und wie Dein Bewußtsein sich mit Gelassenheit und Mut erfüllt. Und Du wirst weiter erleben, wie die Gefahr weicht und verschwindet, wenn Du Dich gänzlich unter den Schutz des Inneren Helfers stellst und ihm Dein absolutes *Vertrauen* aussprichst und Deinen Dank für seinen Beistand.

Die Lösung kommt von selbst: sei es als Erkenntnis des einzigen Auswegs, sei es als rettender Einfall, sei es als instinktives Tun des Rechten oder sei es, daß durch den Eingriff des Inneren Helfers die Situation als solche sich ändert und die Gefahr vorübergeht. Auf jeden Fall bist Du in dem Augenblick jede Sorge los und jeder Gefahr enthoben, in dem Du Dich mit Deinem ganzen Vertrauen dem Inneren Helfer überläßt.

Nach der Meditation kannst Du mit dem Bewußtsein in den Alltag zurückkehren, daß alles von innen her seine Klärung und Regelung gefunden hat, und kannst Dich sofort Deiner nächstliegenden Aufgabe widmen – in dem Bewußtsein, daß die Gefahr vorbei ist und Dir nichts geschehen wird. Du wirst erfahren, daß Du wie im Traum über Untiefen und Klippen auf Deiner Lebensfahrt hinweggleitest, wenn Dein ganzes Vertrauen Deinem Inneren Helfer gehört.

4. Ein bekannter Dichter pflegte sich angesichts von Gefahren und Schwierigkeiten auf sein »inneres Römertum« zu besinnen, auf seine innere Kraft und Überlegenheit:

»Als Hannibal vor den Toren Roms stand und die belagerten Römer aufforderte, sich zu ergeben, da versteigerten die Bürger Roms das Gelände, auf dem der Feind stand. So fest waren sie von Hannibals Niederlage überzeugt, daß das versteigerte Gebiet einen höheren Preis als je zuvor erzielte.

Auch vor den Toren meines Lebens steht in diesem Augen-

blick der Feind und wartet darauf, daß ich nachgebe und mich ergebe. Aber gleich den Bürgern Roms weiß ich mich stärker als alle äußeren Mächte. Ich bin meiner selbst gewiß und mit mir selber eins und werde kraft meiner inneren Überlegenheit binnen kurzem auch das jetzt noch feindliche Gebiet zurückgewonnen haben.

Der gleiche unerschütterliche Siegerwille, der gleiche Erfolgsgeist, der die Römer standhalten und siegen ließ, lebt auch in mir. In mir ist die Kraft, dank deren ich stets stärker bin als das, was mich bedrängt. Ich setze mich durch und meistere die Lage. Ich hefte den Erfolg an meine Fersen. Mit mir ist der Sieg!«

Gehe hin und tue desgleichen!

WIE MAN GROLL ÜBERWINDET

1. Ein heimliches Hemmnis, das unserem Gesundsein oder Gesundwerden entgegensteht, ist oft ein ungelöster *Groll,* den wir im Herzen hegten und nicht zur Lösung brachten.

Jedes grollende Sich-Stemmen gegen einen anderen Menschen – sei es ein Angehöriger oder ein Fremder – wirkt sich bis in die feinsten Blutgefäße und Nervenfasern zirkulationsstörend und funktionshemmend aus. Mancher Nervenzusammenbruch, manches Herz-, Haut-, Gallen- und Magenleiden entpuppte sich in der Analyse als der letzte Ausläufer eines lange gehegten Grolls und verschwand mit dessen Bewußtmachung und Lösung.

Immer wieder zeigt sich, daß Gefühle des Grolls und Zorns wie Sandkörner im komplizierten leibseelischen Organismus wirken und mehr Unheil anrichten, als der Vorfall, der den Groll auslöste, wert war.

Und wie überwindet man den Groll und seine nachteiligen Folgen?

Das erste und wirksamste Heilmittel ist die *Liebe:*

Setze immer, wenn Gefühle des Grolls, des Zorns oder der Wut in Dir aufsteigen, einen Gedanken der Liebe an deren Stelle und *handle, als ob Du Liebe statt Groll empfindest* – und Du wirst nach einigen Wiederholungen dieser Versuche entdecken, wie sich nach jeder derartigen Selbstumschaltung Dein seelisches und körperliches Wohlbefinden erhöht.

Als Christus die Kranken heilte, entließ er manchen mit der Mahnung: »Gehe hin und sündige nicht mehr!« d. h., versündige Dich nicht wieder gegen Dich selbst und Deinen Nächsten, vergifte dich nicht aufs neue durch Groll und Zorn und Haß, sondern *liebe;* denn Liebe löst Leid und wandelt alles zum Besten.

2. Das zweite ist, daß Du Dich bemühst, keinen neuen Gefühlen des Grolls in Dir Raum zu geben:

Sieh nicht auf das, was Dein Nächster tut oder Dir antut, sondern blicke auf Dich selbst, was *Du* tust. Tue das *Bessere:* beantworte Lieblosigkeit mit Güte und Verzeihen, Worte und Gesten der Abneigung mit Gedanken und Gefühlen der Sympathie, Äußerungen des Hasses mit Gedanken und Taten der Liebe. Du entlastest auf diese Weise nicht nur Dich selbst, sondern machst es dadurch auch dem andern möglich, die leidvollen Bande, die sein negatives Verhalten knüpfte, zu lösen und auch von seiner Seite die Harmonie wiederherzustellen.

Sowie Du fremde Rücksichtslosigkeiten oder Lieblosigkeiten statt mit Groll mit Vergebung und Güte beantwortest, ermöglichst Du die schicksalhafte Wiedergutmachung erlittenen Unrechts auf eine Weise, die neues Leid ausschließt. In dem Augenblick, in dem Du Dich auf Liebe umstellst, beginnt Dein Innerer Helfer einzugreifen – und das bedeutet, daß die Verhältnisse sich ändern, so daß jeder Groll gegenstandslos wird.

Wenn Du Dich gar an Deinen Inneren Helfer um Beistand bei dieser inneren Umstellung wendest, wirst Du bald merken, daß es gar nicht so schwer ist, Groll durch Sympathie zu ersetzen.

Besinne Dich bei Deinen Bejahungen auf das *Buddha*-Wort: »Wer gegen alle Wesen barmherzig ist, den wird der Himmel beschirmen.« Rücke, dessen gedenkend, immer dann, wenn ein Mißgefühl in Dir aufquillt, in der Stille einen Gedanken der Liebe und des Vergebens in den Mittelpunkt Deines Bewußtseins . . . Fühle, daß dem, der Dir weh tat, nicht wohl dabei war . . . Fühle, daß Dein Innerer Helfer auch ihn mit seiner Liebe umfaßt und gemeinsam mit *seinem* Inneren Helfer die gestörte Harmonie wiederherstellt, so daß beiden wohler wird, Dir und ihm.

Beachte im übrigen, was vorher über *Feindschaften* gesagt wurde.

WIE MAN HASS DURCH LIEBE LÖST

1. Was im vorigen Abschnitt über *Groll* gesagt ist, gilt sinngemäß für den Haß.

Wie die Liebe uns reicher macht um das, was wir lieben, so macht der Haß uns ärmer an Glückswerten und Glücksmöglichkeiten. Solange wir hassen oder fremden Haß mit Abneigung beantworten, lenken wir starke Schöpferkräfte der Seele, die uns zu Hochstimmungen und Hochleistungen führen könnten, in negative Kanäle, auf denen sie uns nur Enttäuschungen, Widrigkeiten und Mißgeschicke zuführen.

Durch Deinen Haß machst Du Dich gewissermaßen freiwillig zum Aschenputtel des Lebens und unfähig, Dein »Königreich Glück« in Besitz zu nehmen. Solange der bloße Gedanke an den von Dir Gehaßten die gefühlsstarken Vorstellungen einst erlittener Unbill oder Kränkungen stürmisch in Dir aufwallen läßt, solange Du also mit einem Teil Deines Gemütes im Dunkel der *Vergangenheit* lebst, bleibst Du blind und unempfänglich für die Freuden und Beglückungen der lichten *Gegenwart* und nur aufgeschlossen für das, was Leid bringt...

Dieser unglückselige Zustand hört erst auf, wenn Du lernst, Dich vom Gewesenen und Verwesenden abzuwenden, indem

Du jeden auftauchenden Gedanken des Hasses und des Gekränktseins sogleich durch einen beharrlich festgehaltenen Gedanken der *Liebe* ersetzest und die Gedankenwellen des Hasses, die etwa vom anderen auf Dich gerichtet werden, bewußt durch die stärkeren Wellen der Liebe wirkungslos machst.

Diese Umstellung wird durch die Übung der *Entspannung* und durch die Besinnung auf den Inneren Helfer in der *Meditation* wesentlich erleichtert.

2. »*Liebe* Deinen Nächsten wie Dich selbst!« war die schlichte Antwort des größten Seelenkenners, *Christus*, auf die Frage, wie man von quälendem Haß loskommt.

Dieser Weg der Selbstentgiftung und Wiederherstellung des gestörten Friedens ist auch für Dich beschreitbar, wenn Du erkennst, daß der Ton auf den letzten Worten »*... wie Dich selbst*« liegt – und wenn Du lernst, zunächst einmal Dich selbst zu bejahen, zu achten, gern zu haben, zu lieben, also den Frieden und die Harmonie mit Dir und in Dir wiederherzustellen. Das wiederum ist nicht schwer, wenn Du Dich in der Meditation an den Inneren Helfer wendest und Dich bewußt mit ihm verbindest und verbündest ...

... Wenn Du so mit Dir selbst in Frieden bist, Dir wieder vertraust und auch dem niemals feindlichen, sondern immer freundlichen *Leben* vertraust, wirst Du auch mit den anderen zum Frieden kommen, sie wirklich gern haben und lieben ...

Sowie der Haß *in Dir* überwunden ist, wirst Du ihn auch im anderen überwinden. Der andere – oder vielmehr sein Innerer Helfer – spürt, daß Dein neues Verhalten Ausdruck einer inneren Wandlung ist, und reagiert entsprechend positiv.

Die Umwelt wird in ihrem Verhalten Dir gegenüber weit weniger durch das bestimmt, was Du sagst und tust, als durch das, was Du denkst und bist. Deine Stimme bestimmt die Stimmung der andern weit mehr als Deine Worte: ihr Klang, der »Unterton« Deiner Worte, Deine gefühlsbestimmten Gesten zeigen, was Du wirklich empfindest. Also: Nicht von Liebe *reden*, sondern sie *fühlen;* nicht von Güte und Verständigung sprechen, sondern einfach *gut sein.* Was Du *bist,* spricht immer doppelt so laut wie das, was Du *sagst.*

Alles Lebendige hungert nach Liebe, die nicht gepredigt oder gespielt, sondern wirklich empfunden und betätigt wird, und antwortet darauf mit gleicher Hingabe und Liebe. Hier zeigt sich, wie wahr das Wort ist: »Ein bißchen Liebe von Mensch zu Mensch ist mehr wert als alle Liebe zur Menschheit.« Auch der abgründigste Haß wird durch beharrliche Liebe in Gedanken und Taten überwunden.

Gib soviel Liebe, wie Du kannst, folge dem Drang, Dich zu verschenken – und Du wirst erleben, wie sich Haß in Zuneigung wandelt und wie Dir Freundschaft geschenkt wird, wo vorher Feindschaft herrschte. Sei gütig und duldsam – und selbst Dein einstiger Gegner wird Dich erträglich finden und wünschen, sich mit Dir zu vertragen. *Jeder* ausgestrahlte Gedanke der Liebe macht fremden Haß schwächer und wandlungsbereiter. Es gibt kein besseres Mittel, Haß in Dir wie in anderen zu lösen.

3. Von *Ruskin* stammt das Wort: »Es wird immer gesagt, daß der Mensch herzlos sei. Glaube es nicht, denn es stimmt nicht. Der Mensch ist gütig und großmütig; man muß diese Eigenschaften nur *bejahen,* um sie zur Entfaltung zu bringen. Und man muß lernen, sich in den andern hineinzudenken. Wenn ein Kind vor den Augen des rauhesten Mannes ins Wasser fällt, wird er, selbst unter Gefahr seines Lebens, tun, was er kann, um es zu retten.«

Wenn Du Dich daran gewöhnst, dem andern, den Du bisher haßtest, unentwegt das Beste zuzutrauen und zuzudenken, wird er sich Dir bald von seiner besten Seite zeigen. Wenn Du bei ihm die Kraft der Liebe voraussetzest und Dich ihm gegenüber so verhältst, *als ob* sie schon lebendig sei, rufst Du diese Kraft unweigerlich in ihm zur Entfaltung, so daß er sich nicht minder darüber wundert wie Du selbst.

Die gläubige *Bejahung* einer Kraft – insbesondere wenn diese Bejahung in der Meditation geschieht – bringt diese

Kraft in Dir genau so wie im andern ans Tageslicht und zu ungeahnter Entfaltung.

Es ist nicht schwer, diese neue Einstellung einzunehmen: Du mußt Dir nur einmal darüber klar werden, daß genau so wie in Dir *auch in dem andern ein Innerer Helfer lebt*, der sein Bestes will und weiß, daß es im *gemeinsamen Wohl* begründet ist, also *Dein* Wohl zur Mitvoraussetzung hat.

So wie *Du* fühlst, daß gegenseitige Hilfe die beste Selbsthilfe ist, so fühlt es auch der Innere Helfer im andern. Und wie Du Dich selbst mit Recht für einen im Grunde anständigen, versöhnungsbereiten und wohlwollenden Menschen hältst, so darfst Du auch den andern als anständig, versöhnungsbereit und wohlwollend bejahen; denn sein innerer Helfer ist es immer.

Zeige dem andern, daß Du diese gute Gesinnung bei ihm rückhaltlos anerkennst – und er wird sich sehr bald als der Mensch erweisen, als den Du ihn bejahtest. Denke Gutes von ihm, sprich zu Dritten nur Gutes von ihm und erweise ihm nur Gutes und Freundliches – und Du wirst sehen, wie alle Mißgefühle und Mißstimmungen dahinschmelzen und den Kräften der Liebe und gegenseitigen Hilfe Platz machen.

Wie Du *Deinem* Inneren Helfer restlos vertraust, so kannst Du auch dem Inneren Helfer im andern bedingungslos Dein Vertrauen schenken und gewiß sein, daß Dir, wenn Du im andern das Göttlich-Gute erkennst und anerkennst, vom andern nichts Böses geschehen kann. Diese Erkenntnis und Bejahung verwandelt jeden Haß in Harmonie. Erfülle Dich darum in der Meditation mit dem Bewußtsein:

»Wie ich mit meinem Inneren Helfer eins bin, so auch mit dem Inneren Helfer in Dir. Wir sind eins, und alles, was geschieht, dient unserem gemeinsamen Besten. Ich bin eins mit dem Geist der Liebe, der in allem Lebendigen wirkt. Alles ist gut!«

Wenn Du Dir diese Einstellung zur zweiten Natur gemacht hast und demgemäß nach der Goldenen Regel handelst, dem andern stets nur das zuzudenken und zu erweisen, was Du von ihm zu empfangen wünschest, wirst Du binnen kurzem erleben, wie Deine Gedanken in dem andern lebendig werden, wie die von Dir ausgestrahlte Liebe vielfältig auf Dich zurückstrahlt und wie sich nach und nach Dein ganzes Leben durchlichtet und verwandelt.

WIE MAN ZUM HELFER FÜR ANDERE WIRD

Wenn Du mit dem Inneren Helfer eins bist, ist es für Dich nicht schwer, auch anderen geistig zu helfen. Auch dafür seien hier drei Beispiele aus vielen gegeben:

1. Du möchtest bestimmte *Charakterfehler eines Angehörigen oder Freundes* beseitigen helfen oder ihn sonstwie zum Guten beeinflussen. Das erste ist, daß Du Dich besinnst, daß Deine Liebe jede Schwierigkeit überwindet und der Innere Helfer immer, in allen Lagen, den richtigen Weg findet.

Die mächtigsten Energien, die Du zur Umwandlung eines fremden Charakters in Bewegung setzen kannst, sind die Deiner *Gedanken*. Jeder Gedanke der Sympathie und Ermutigung, mit dem Du den andern bewußt bestrahlst, wird in seiner Seele widerhallen und entsprechende Kräfte wecken:

Sieh ihn in Deinen täglichen Meditationen lebendig-plastisch in seiner Ideal-Gestalt vor Dir, also bereits mit all den Zügen ausgestattet, die Du in ihm verwirklicht wünschest ... Fühle, wie dieses geistige Bild, das Du Dir von ihm machst, nach und nach *Leben* annimmt und sich auch nach außen sichtbar zu verwirklichen beginnt!

Erfahrungsgemäß eignen sich zu solcher geistiger Beeinflussungs- und Seelenschmiede-Arbeit am besten die Stunden, in denen der andere schläft und durch nichts abgelenkt wird. Halte Dich, wenn es geht, in seiner Nähe auf. Nötig ist es aber nicht. Viel wichtiger ist absolutes Vertrauen auf den Erfolg, auf den Beistand des Inneren Helfers. Bitte ihn, den andern – zu seinem Besten – umzuwandeln und den Inneren Helfer auch in ihm zu wecken. Du wirst bald gewahr werden, daß solche geistige Hilfe wunderbare Früchte trägt.

Deine Bejahung in der Meditation sei etwa die folgende:

»Ich sende Dir Kraft, Mut und Hilfe zu. Ich bin eins mit den Kräften des Inneren Helfers und ströme sie bewußt in ihrer ganzen Fülle auf Dich aus, damit sie Deinen Inneren Helfer wecken und ihn bestimmen, alle guten Fähigkeiten und Kräfte in Dir zu wecken und zu lebendiger Entfaltung zu bringen. – Ich liebe Dich und erfülle Dich mit neuer Energie, neuem Glauben, neuem Mut. Die Klarheit, den richtigen Weg zu erkennen, und die Kraft, ihn siegreich zu gehen, möge in Dir erwachen. Ich sende Dir Mut und Energie. Alles Gute, das Du ersehnst, gelingt Dir!«

2. Vergiß über der Möglichkeit, andern gedanklich zu helfen, nie, ihnen auch durch Wort und Tat beizustehen!

Wie man es *nicht* machen soll, wurde einmal anschaulich in einer Zeitschrift geschildert: Ein Mann begegnet auf dem Wege ins Büro einem Bekannten, der »entdeckt«, daß er heute nicht so gut aussehe wie sonst. Ein zweiter Freund, den er vor dem Büro trifft, äußert sich noch besorgter um sein Befinden. Die Folge ist, daß der Mann sichtlich zusammensinkt; sein Schritt wird müde, sein Aussehen schlechter, weil ihn die Angst ergriffen hat, er könnte krank sein ... Im Büro fällt sein nun schon schlechtes Aussehen auf, und die teilnehmenden Fragen der Kollegen tun das übrige, um ihn sich krank fühlen zu lassen. Als er dann zum Chef gerufen wird, kann er sich kaum noch hineinschleppen, und als dieser ihn besorgt fragt, was ihm fehle, bricht er ohnmächtig zusammen.

Solch verheerende Wirkungen können ein paar negative Suggestivfragen schon bei einem normalen, gesunden Menschen auslösen. Einen Kranken können sie zum Sterben bringen. –

Umgekehrt wirkt jedes Wort freundlicher Ermutigung belebend, heilmutfördernd und leistungweckend. Jedes »Du siehst heute aber blendend aus!« wirkt unmittelbar funktionssteigend auf die Sekretion der inneren Drüsen, auf Tonus und Blutkreislauf mit dem Ergebnis, daß der so Angesprochene sich alsbald wohler und kräftiger fühlt.

Du kannst diese Methode, Deine Umwelt zu ermuntern und positive Kräfte in ihr zu mobilisieren, zu einem regelrechten System ausbauen und damit in der Stille Wunder wirken.

Noch etwas anderes erzielst Du damit: daß die Umwelt Dich förmlich sucht. Du wirst auf diese Weise zur belebenden Sonne für die Menschen um Dich herum. Und was gibt es Schöneres, als andere aufzurichten, ihr Selbstvertrauen zu stärken, ihren Lebensmut und ihre Schaffensfreudigkeit zu heben.

Die Freude und das Glück, das Du in andern erweckst, strahlt aus der Umwelt vielfach verstärkt auf Dich zurück. Du kannst anderen nichts geben, ohne es zugleich von ihnen zu empfangen. So hilft der, der andern hilft, zugleich sich selber.

3. *Kindern jeden Alters* kann man durch positive Einflüsterungen während des Schlafes wirksam helfen, Ängste, Schwächen, Charakterfehler und Übel loszuwerden.

Diese psychodynamische Methode wird am besten von der Mutter oder vom Vater einige Zeit hindurch angewandt, wobei sich der Inhalt der *Bejahungen* nach dem Ziel richtet, das erreicht werden soll: Während das Kind schläft, setzt sich die Mutter oder der Vater an sein Bett und flüstert ihm leise die Bejahungen ins Ohr, die zweckmäßig mehrmals wiederholt werden. Der religiöse Mensch wird diese Bejahungen zugleich als Gebet werten.

Zu achten ist darauf, daß die Stimme beim Flüstern weder gehoben noch gesenkt wird, also ganz monoton klingt und den Schlaf des Kindes nicht stört. Weiter ist darauf zu achten, daß die Bejahungen keinerlei negative Formulierungen enthalten, also kein »Du wirst . . . nicht«, sondern absolut positiv gehalten sind.

Hier einige Beispiele solcher Bejahungen:

a) »Du bist ein Kind des Ewigen. Der Engel in Dir, Dein Innerer Helfer, wird Dir immer und überall beistehen und dafür sorgen, daß Du stets das Rechte tust. Dein Herz ist jetzt dem Einstrom der göttlichen Liebe und Weisheit geöffnet, die Dich gesund und glücklich macht, folgsam und tüchtig. Du wirst immer gern tun, was Deine Eltern von Dir verlangen, und wirst immer Dein Bestes geben. Du wirst Dich immer glücklich und im Paradiese fühlen.«

b) »Dein Engel wird zu Dir sprechen und Dir jederzeit sagen, was recht ist und was Du tun sollst. Du wirst das, was Dein Engel Dir sagt, immer gern tun. Von Tag zu Tag wirst Du williger und fleißiger und Deine Eltern immer glücklicher machen. Dein Schutzengel leitet Dich, so daß Du dem, was andere Dir raten und sagen, nur folgst, wenn der Engel in Dir zustimmt und sagt, daß Du recht tust!« –

c) »Dein Weg wird immer licht und leicht sein. Du bist und bleibst gesund und froh, gut und willig, lern- und hilfsbereit. Du wächst langsam aber sicher zu einem wertvollen und starken Menschen heran, der immer nur das Gute will und tut. Dein Innerer Helfer gibt Dir jederzeit die Kraft, Dich für das Gute zu entscheiden. Die Liebe und Fürsorge des Inneren Helfers und unsere Liebe wird Dich behüten und bewirken, daß sich alles zum Besten wendet!«

In diese allgemeine Bejahung wird an passender Stelle das in kurzen Sätzen eingefügt, was im besonderen von dem Kinde erwartet wird. Dabei wird mit keinem Wort von dem abzulegenden Fehler, von der zu überwindenden Unart oder Schwäche gesprochen, sondern ausschließlich das Bild der gegenteiligen guten Kräfte und Eigenschaften in den Mittelpunkt der Bejahung gestellt, also die Aufrichtigkeit, Folgsamkeit oder Lernwilligkeit des Kindes, der Wille, mit anderen Kindern Frieden und Kameradschaft zu halten, die Ehrlichkeit und Wahrhaftigkeit gegen sich selbst, die Eltern und andere Menschen, die Freude an allem Schönen, die Tierliebe oder der Wunsch, zu jedem Wesen gut und hilfsbereit zu sein.

Die Bejahung wird in dem Bewußtsein ausgesprochen, *daß der Innere Helfer des Kindes das gläubig Gesprochene hört* und das Seine tut, um das Bejahte zu verwirklichen. Je nach der Schwere des Falles werden die Bejahungen einige Tage oder einige Wochen hindurch allabendlich wiederholt.

WIE MAN DER HETZJAGD DES LEBENS BEGEGNET

1. »Mein Dasein ist eine ununterbrochene Hetzjagd. Vor lauter Arbeiten und Aufregungen komme ich nicht mehr zur Besinnung. Dies Leben reibt mich seelisch und körperlich auf.«

Deine Klage erinnert mich an einen Freund, der in der Eile beide Schuhe gleichzeitig anziehen wollte und dabei mit keinem zurechtkam. Als ich über sein Gebaren lachte und ihm bewußt machte, daß man beim *Nach*einander die Zeit und Nervenkraft gewinnt, die man beim *Neben*einander verliert, guckte er mich verwundert an, probierte es aus und mußte dann selbst lachen. Seitdem folgt er der Lebenregel: »Eines *nach* dem andern« mit Gewinn – und zwar mit Gewinn an Zeit, Ruhe, Nerven- und Arbeitskraft.

Wenn vielerlei auf einmal auf Dich einstürmt, kannst Du nichts besseres tun, als einen Augenblick *nichts* zu tun, innezuhalten, Dich zu *entspannen* und einen Zeitplan aufzustellen für die zweckmäßigste Aufeinanderfolge der Dinge, die zu tun sind, um alsdann nach diesem Zeitplan das erste zuerst zu erledigen, ohne dabei noch einen Gedanken an die anderen Dinge zu vergeuden.

Das ist zugleich die beste Gedankenerziehung und ein Mittel, hastfrei und gelassen zu werden, *über* statt unter den Dingen zu stehen und sie zu meistern, statt Dich von ihnen durcheinanderbringen zu lassen.

2. Die Hetzjagd, die Dich aufreibt, ist weniger eine äußere, als eine *innere.* Nur weil Du Dich in *Gedanken* jagst und

plagst, wird auch Dein äußeres Dasein eine Hetzjagd und Plagerei. Falsch denkend, hältst Du Dich in beständiger *Spannung*, die Dich nicht mehr froh und frei sein läßt. Und infolge dieser Spannung, die Dein geistiges Sehfeld einengt, siehst Du alles Negative grotesk vergrößert und übersiehst das Positive. Du machst aus Mücken Elefanten, aus harmlosen Dingen tückische Kobolde und aus den Menschen um Dich herum heimliche Widersacher ...

Drei Viertel Deiner Kraft wird auf diese Weise in unnötigem Leerlauf vertan.

Wenn das *anders* werden soll – und es kann schon in vier Wochen anders sein! –, dann muß nur einer anders werden: *Du selbst*. Und dazu hast Du, wie gesagt, nur wenig zu tun, eigentlich gar nichts: Du mußt nämlich lernen, einmal nichts zu tun, in Deinem Leerlauf einzuhalten, stillzustehn, Dich restlos zu entspannen, für eine Viertelstunde Ferien von Dir selbst zu nehmen, in die Stille zu gehen, die Zügel Deines Lebens aus der Hand zu geben und sie in die des Inneren Helfers zu legen ...

Nimm Dir Zeit, in die Stille zu gehen und mit Deinem Inneren Helfer Fühlung zu bekommen und, statt alles selber machen zu wollen, *ihn* einmal machen zu lassen. Wenn Du nach den Anweisungen im technischen Teil zu restloser Entspannung gelangt bist und die Verbindung mit dem Inneren Helfer hergestellt ist, macht die sinnlose Hetzjagd Deines Daseins einem gelassenen Zielstreben Platz ...

... Und bald wirst Du verwundert feststellen, daß Du beim langsam-besinnlichen Gehen sicherer ans Ziel kommst als vorher, daß Du die Dinge an Dich herankommen lassen kannst – und dabei doch erreichst, was Du willst. Du kommst wieder zum Genuß Deiner selbst und damit Deines Lebens, Deiner Gesundheit, Deiner Freuden und Erfolge.

3. Und nun siehst Du etwas ein, was Du vorher nicht erkennen konntest: *daß nur Anfänger sich jagen lassen!*

Die ganze Hetzjagd bringt nichts ein, was nicht mit gelassenem Zielwirken leichter erreicht werden kann. Was sie zusätzlich einbringt, sind Kreislaufstörungen, Herzschwäche und Nervenzerrüttung.

Wieviele große »Geldmacher« haben in der ersten Hälfte ihres Lebens in wahnsinniger Hetzjagd ein Vermögen zusammengerafft, das sie dann in der zweiten Hälfte im wesentlichen für die Reparatur ihrer Gesundheit ausgeben müssen. Sie wollten in ihrer Ungeduld nicht auf das natürliche Wachstum der Dinge warten – und bewirkten, daß alles unter ihren Händen entartete. Sie gewannen bei der Hetzjagd bestenfalls eine Position und einen Haufen Geld, verloren aber auf der anderen Seite ihre Gesundheit, ihren guten Schlaf, ihre Zufriedenheit, ihr natürliches Freude- und Glücksvermögen, oft auch Freundschaft und Liebe und die Fähigkeit, ihrem Leben einen über den Alltag hinausweisenden Sinn zu geben . . . Sie wurden aus Jägern zu Gejagten, zu Opfern ihrer Gier und Überholungssucht.

Arme Anfänger der Lebenskunst, deren Beispiel Dich abschrecken sollte!

Hand in Hand mit Deinem Inneren Helfer verwandelst Du die Hetzjagd des Daseins mühelos in ein besinnliches Vorwärtsschreiten, bei dem Du schon deshalb sicherer vorankommst als die mit hundertfünfzig Sachen an Dir Vorbeirasenden, weil Du unter seiner zuverlässigen Leitung die durch die Schicksalsblindheit des Wachbewußtseins bedingten hundert Umwege des Lebens vermeidest und auf dem kürzesten Wege ans Ziel geführt wirst.

Dort angelangt, erkennst Du dann vergnügt, welche Weisheit in dem Wort steckt: »Halb so schnell ist doppelt so sicher!« und in dem chinesischen Sprichwort: »Wenn Du es eilig hast, mache einen Umweg« nämlich, um ein bißchen zu Dir selbst zu kommen und Deinem Leben den verlorenen Sinn und Rhythmus und die natürliche Ausrichtung auf Glück und Erfolg wiederzugeben!

WIE MAN DEM KONKURRENZNEID BEGEGNET

1. Das erste ist, daß Du lernst, Dich zu entspannen und zu entkrampfen, statt Deine Gesundheit – die erste Voraussetzung Deines Vorwärtskommens – zu ruinieren:

Zahllose Neurosen haben ihre Wurzel in dem krankhaften und krankmachenden Konkurrenzneid, jener *Überholungssucht*, die auf der Autobahn des Lebens so viele Menschen unnötig gefährdet und unglücklich macht. Denn in Wirklichkeit kommen die, die sich dieser schädlichen Sucht überlassen, ganz gut voran und verdienen durchweg soviel, wie sie brauchen – aber es scheint ihnen unerträglich, daß ein anderer schneller fährt und sie überholt, daß er *mehr* erreicht, mehr hat oder mehr verdient als sie ...

... Sie grübeln und grämen sich darüber solange, bis sich in ihrem Körper-Wagen eine Panne einstellt, bis das Organ mit der geringsten Widerstandskraft als Folge der unaufhörlichen Selbstkränkungen ernstlich erkrankt. Wohl ihnen, wenn sie sich jetzt besinnen und *umstellen.* Die meisten allerdings fahren nach der vom Körper erzwungenen Ruhepause nur um so wilder drauflos, um schließlich im »Friedhof für Eilige« zu landen.

2. Das zweite wäre also die Umstellung, die *Blickwendung:*

Solange Du auf *andere* blickst, schwächst Du Dich selbst und machst Dich unfähig, ein Gleiches oder mehr als andere zu erreichen. Du denkst anderen ein größeres Vermögen des Vorwärtskommens und größeren Reichtum zu als Dir selber – und bewirkst eben damit das Wachsen ihres Reichtums statt Deines eigenen ...

Es gilt, vom anderen weg und auf *Dich* selbst zu blicken, Dich auf Dich selbst, *Deine* Kraft und *Deinen* Lebensweg zu besinnen und Dir selbstbejahend bewußt zu werden:

»Welches Lebenstempo der andere hat, wieviel mehr er verdient, welchen Einfluß er besitzt, berührt mich nicht, solange

es mit mir vorangeht und solange ich soviel verdiene, wie ich für mich und die Meinen brauche. Von heute an blicke ich nicht mehr auf andere, ihr Vorwärtskommen und ihren Reichtum, sondern auf mich selbst, m e i n e n Weg und m e i n e Möglichkeiten ständigen Fortschritts, Wachstums und Reicherwerdens. Ich werde die Ziele, die ich mir setzte und setze, erreichen und durch wachsende Leistung immer höher steigen!

Von heute an werde ich nie mehr auf die wenigen blicken, die mich überholt haben und scheinbar weiter – ihrem Lebensziel aber vielleicht viel ferner – sind als ich, sondern auf m i c h s e l b s t und, um des Erreichten dankbar bewußt zu bleiben, auch auf die vielen, die noch hinter und unter mir stehen, und werde ihnen gern helfen, auch ihrerseits voranzukommen und durch erhöhte Leistung aufzusteigen.«

3. Abschließend gilt es dann, Dich mit dem belebenden Bewußtsein zu erfüllen, daß Du durch den Inneren Helfer zu allen Reichtümern des Lebens Zugang hast, die Dein werden in dem Maße, wie Du die Hilfe von innen und das Kommen der Erfolge gläubig bejahst.

Es kann nicht jeder alles haben, wohl aber kann jeder in seinem Lebenskreis, Beruf und Wirkungskreis glücklich sein und sich eines steten Aufstiegs erfreuen.

Vergleiche Dich also nie überholungssüchtig mit anderen; denn Du kannst nie der andere sein und genau das erreichen, was er erreichte. Dafür kannst Du etwas, was der andere nicht kann, nämlich *Du selbst sein,* Deine Aufgabe im Leben erfüllen und es auf *Deinem* Arbeitsfelde zu höchster Meisterschaft und wachsenden Erfolgen bringen.

WIE MAN KOPFSCHMERZEN LOS WIRD

1. In der Regel liegt die Ursache dafür, daß ein Kopfschmerz nicht von selbst rasch abklingt, sondern hartnäckig bleibt und

wiederkehrt, in *Spannungen,* die Du durch negatives Denken in Dir erzeugtest und festhältst:

Ein Kopfweh hat Dich einmal vorübergehend gepeinigt und Dich verleitet, Dir *Gedanken* darüber zu machen. Das Kopfweh verging – aber das Gedankenbild blieb haften und bewirkt nun, daß das Kopfweh leichter wiederkehrt, selbst wenn keine organische Voraussetzung dafür besteht ... Du greifst daraufhin zu einem Kopfwehpulver, das entweder hilft oder nicht hilft:

Es hilft, wenn es das Bewußtsein so weit betäubt, daß der Innere Helfer oder »innere Arzt« die dem Kopfweh zugrundeliegende Spannung zu lösen vermag, so daß sich kein Kopfweh mehr einstellen kann.

Es hilft nicht, wenn die Furcht vor dem Kopfweh bereits so gefühlsbetont ist, daß die Spannung sich nicht löst. Nach dem Abklingen der Bewußtseinsbetäubung stellt sich dann natürlich die Kopfwehbereitschaft wieder ein.

Und nun genügt bereits eine kleine Verstimmung, um Kopfweh auszulösen. Der Teufelskreis schließt sich, wenn Du jetzt erneut nach dem Kopfwehpulver greifst, das genau so lange wirkt, als die Betäubung dauert. Denn nun ist ein Automatismus geschaffen, der nach Betätigung verlangt: das Kopfweh wird zu einer Dauereinrichtung.

Aus diesem Teufelskreis kommst Du nur heraus, wenn Du die der Kopfschmerzbereitschaft zugrundeliegende Spannung beseitigst. Und wie? Indem Du Dich *entspannst,* wie dies im technischen Teil gezeigt ist, und in der Meditation dem Inneren Helfer Dein *Vertrauen* aussprichst, daß er Dich gesund, von Spannungen frei und frisch erhält und alle Übel von Dir fernhält.

Mit der Muskel- und Gefäßentspannung geht nicht nur eine spürbare Minderung der Empfindsamkeit einher, sondern das Abklingen des Schmerzes. Sollte er sich nach einiger Zeit noch einmal melden, wird die Entspannungsübung wiederholt. Nach einigen Entspannungen verschwindet er gänzlich

Die Entspannung und die Hingabe Deines Vertrauens an den Inneren Helfer bewirken, daß die etwa vorhandenen Furchtkomplexe abgebaut werden und die Spannungen und die daraus resultierenden nervlichen und organischen Belastungen verschwinden. Du hörst auf, an den Kopf zu denken, und kannst Dich wieder frisch und frei Deinen Aufgaben und Interessen zuwenden.

2. Auch der *bewußte Vollatem* kann Dir helfen, einen Kopfschmerz rasch zum Abklingen und Verschwinden zu bringen:

Stelle Dich aufrecht hin und schließe die Augen. Beginne – wenn möglich vor dem offenen Fenster – langsam, tief, *bewußt* zu atmen, also Müdigkeit und Schmerzen hinaus- und Kraft, Ruhe und Frische einzuatmen.

Während des Einatmens streiche mit den gestreckten Fingern beider Hände die Stirn von der Mitte seitwärts, und zwar bis über die Schläfen hinaus, die Hände hinter den Schläfen leicht ballend, – gerade, als ob Du alle Müdigkeit und allen Schmerz aus dem Kopf nach hinten streichst und dort bewußt herausziehst.

Nun atme entweder ruhig und langsam wieder aus oder stoße die Luft plötzlich durch den geschlossenen Mund aus. Gleichzeitig mit dem Ausatmen schleudere die hinter dem Kopf geballten Hände seitwärts nach unten, als ob Du den aus dem Kopf herausgezogenen Schmerz wegschleuderst.

Beim nächsten Einatmen beginne wieder von vorn. Das Ganze mache je nachdem zehn bis zwanzig Mal, und alle Kopfschmerzen werden verschwunden sein.

3. Im übrigen kannst Du diese wie auch andere kleinere Schmerzen durch das *Coué*'sche »Weg! Weg!« beseitigen:

Schließe die Augen und murmele etwa zwei Minuten lang in einem fort dies ›Weg! Weg! Weg!‹ – und zwar so pausenlos hintereinander, daß für andere Gedanken keine Gelegenheit bleibt, sich dazwischenzudrängen und den Selbstbefehl illusorisch zu machen.

Es handelt sich hierbei im Grunde um nichts anderes als darum, die Vorstellung des Schmerzes durch einen anderen Gedanken zu ersetzen, da mit dem Verschwinden der Schmerzvorstellung aus dem Bewußtsein auch das Schmerzgefühl verschwindet.

Statt des Dir vielleicht primitiv erscheinenden ›Weg! Weg! Weg!‹ kannst Du Dich natürlich auch auf andere ablenkende Gedanken einstellen, zum Beispiel auf Freude, Kraft, Frische, Ruhe! Immer handelt es sich darum, die Gedanken vom Schmerzgefühl fort- und auf eine entgegengesetzte gefühlsstarke positive Vorstellung hinzulenken.

4. Nicht nur neuralgische, auch rheumatische und andere Schmerzen und Unpäßlichkeiten kannst Du durch eine Entspannungsübung zum Abklingen und Verschwinden bringen. Da Schmerz immer Spannung ist, läßt die Entspannung den Schmerz abklingen. Möchten doch alle Schmerzgeplagten dies erkennen und erleben, wie Spannungslosigkeit zu Schmerzlosigkeit führt.

Wenn Du Dich darüber hinaus des Beistandes des Inneren Helfers versicherst, vermagst Du – nebenbei bemerkt – sogar tiefgreifende leib-seelische Wandlungen auszulösen, die manchmal an Wunderheilungen grenzen, die ja praktisch auch nichts anderes sind als Ergebnisse rechter Mobilisation der schöpferischen Kräfte des Inneren Helfers im Dienste der Gesundung und Neuerkraftung.

WIE MAN KÖRPERSCHÄDEN AUSGLEICHT

1. Viele der größten und bewundernswertesten Menschen waren mit Gebrechen behaftet. Das sind hunderttausend andere auch – aber was jene von diesen hunderttausend unterscheidet, ist der Umstand, daß sie sich nicht, wie die meisten, dadurch niederdrücken, entmutigen, in die Einsamkeit und

Verzweiflung treiben ließen, sondern das Bestmöglichste aus dem Übel machten. Sie benutzten das natürliche Kompensationsstreben des leib-seelischen Organismus und machten den Schaden auf der einen Seite durch Stärken und Vorzüge auf der anderen Seite mehr als wett.

Es ist nämlich so, daß jedem Körperschaden entsprechende Leistungsstärken auf anderen Gebieten entsprechen, die es zu mobilisieren gilt.

Blindheit geht oft mit außergewöhnlicher Feinfühligkeit einher, die den, der dieses Vermögen recht einsetzt und entwickelt, zu überdurchschnittlichen Leistungen befähigt. (Beispiele: Helen Keller, Milton). Taubheit oder Schwerhörigkeit erschließt die Möglichkeit erhöhter Konzentrationsfähigkeit und Intuition. Natürlich stellen sich diese »Ausgleichswerte« nicht von selbst ein; man muß sie entdecken und planmäßig entfalten.

So mancher Große hat die durch seine Schwerhörigkeit gesteigerte Intuition und Einfühlungsfähigkeit dazu benutzt, um fünfmal mehr in sich aufzunehmen als andere, und die größere Stille, die um ihn war, ausgeschöpft, um desto mehr nach *innen* zu lauschen und neue Kräfte und Fähigkeiten aus sich zu entwickeln, die ihn instand setzten, mehrere Berufe gleichzeitig auszuüben oder auf einem Gebiet Einmaliges zu leisten. (Beispiele: Edison, Beethoven, Schopenhauer.)

Wenn Du die Biographien der Großen in diesem Lichte betrachtest, wirst Du staunen über die lange Reihe jener, die Körperschäden wie Krüppelhaftigkeit, schlechtes Seh- oder Hörvermögen, Gelähmtheit und die mit solchen Mängeln leicht einhergehenden Minderwertigkeitsgefühle durch außergewöhnliche Leistungen auf den verschiedensten Gebieten um ein Vielfaches zu kompensieren, auszugleichen, wettzumachen und damit bedeutungslos zu machen wußten.

Ihnen allen wurden ihre Gebrechen zu Wegweisern zu neuen Lebensmöglichkeiten. Unmöglich, hier alle Beispiele anzuführen – vom Stotterer und später glänzendsten Redner

Griechenlands, *Demosthenes*, bis zu den heutigen Kriegsversehrten, die das Leben trotz aller Körperschäden oft weit besser meistern als mancher Gesunde.

Beethoven hätte vielleicht nie seine göttlichen Symphonien geschaffen, wenn seine Schwerhörigkeit und schließliche Taubheit ihn nicht zeitweise in die tiefste Verzweiflung gestürzt und dann wieder zu übermenschlichen Leistungen angetrieben hätten. *Milton* hätte manche seiner schönsten Verse nie geschrieben, wenn nicht seine Blindheit ihn zugleich mit einer gesteigerten Sensibilität ausgestattet hätte. Immanuel *Kants* gigantische geistige Leistung wurde seiner körperlichen Gebrechlichkeit abgetrotzt, und nicht minder *Darwins* Lebenswerk. *Schopenhauers* umfassende Lebensweisheit ist in hohem Grade die Frucht der Beschränkung, zu der ihn seine Schwerhörigkeit zwang.

Das »Trotzdem!« war es, das diese und viele andere Unsterbliche des Menschengeschlechts groß gemacht hat. Statt sich zu bemitleiden, über ihr Los zu jammern und als Menschenfeinde verbittert durchs Leben zu gehen, haben sie sich durch ihr Leid anspornen lassen, das Unmögliche zu wagen und zu leisten. Sie haben ein körperliches Minus in ein zehnmal größeres geistiges Plus verwandelt und gezeigt, daß der Mensch nicht das ist, als was er sich vorfindet, sondern *das, was er aus sich macht.*

Gleich ihnen kannst auch Du aus einem negativen Wert zehn positive Werte gewinnen, indem Du schöpferische Energien in Dir freimachst, deren Wirken Dich über Dein Gebrechen weit hinaushebt. Jedes Gebrechen kann zum Ausgangspunkt von Höchstleistungen werden – wenn Du nur nicht verbittert auf Deine Schwäche starrst, sondern Dich auf andere Weise doppelt wertvoll machst.

2. Wenn ich hier von Körperschäden spreche, ist damit auch jede sonstige Beeinträchtigung der Gesundheit und Leistungsfähigkeit gemeint:

Jede Krankheit, jede Schwäche ist ein Ruf an Dich, zu Dir

selbst zu kommen, inne-zu-halten und des inneren Halts zu gedenken: Deines inneren Helfers, der Dir nach dem Maße Deines Vertrauens entweder die Gesundheit wiedergibt oder andere Kräfte und Fähigkeiten in Dir wachruft, so daß Du aufs neue Deinen Platz im Leben auszufüllen vermagst.

Dein Innerer Helfer kann Dir aber nur beistehen, wenn Du Dich ihm in der Stille und Meditation gänzlich überlässest und ihm Dein ganzes Vertrauen schenkst. Du mußt stille werden, damit er Dein Verlangen nach Gesundheit oder neuen Kräften und Fähigkeiten stillen kann ...

... Alle Heilung ist Selbstheilung, ein Heilwerden von innen her, vom Inneren Helfer aus, den ich darum auch den »geistigen Arzt« nenne. Er wird Dir um so vollkommener helfen, je entspannter Du bist, je restloser Du Dich und Deinen Körper ihm überlässest in der gläubigen Bejahung der Hilfe von innen. Gib Dich dem wohltuend entspannenden Gefühl hin, daß Du gar nichts zu tun brauchst als nur stillezuhalten, zuversichtlich und sorglos zu bleiben, Vertrauen zu haben und Deinem Inneren Helfer schon im Voraus für seinen Beistand zu danken. Du wirst dann bald spüren, wie die Wandlung einsetzt.

Im übrigen gilt es, im täglichen Leben so positiv wie möglich zu denken, zu fühlen, zu reden und zu handeln, Liebe zu fühlen und andern Liebes zu erweisen. Die Schäden an Leib und Seele weichen, soweit das organisch möglich ist; und was bleibt, wird durch neu aufbrechende Talente, Kräfte und Fähigkeiten zehnfach wettgemacht, die Dich, recht gewertet, befähigen, das Leben weit vollkommener zu meistern, als Du es *vor* Deinem Kranksein, Unfall oder Leiden vermochtest!

WIE MAN GEHÄSSIGER KRITIK BEGEGNET

1. Ein kalter Wasserstrahl kann als höchst unangenehm empfunden werden und zum Schimpfen veranlassen. Er kann aber

auch – im Sinne *Kneipps* – als *heilsam* bejaht und als Kräftewecker genützt werden. Ein »Blitzguß« ruft alle Lebensgeister auf den Plan und macht ungeahnte Kräfte mobil.

Diesem kalten Wasserstrahl gleicht die gehässige Kritik eines Neiders, die sich aus heiterem Himmel über Dich ergießt – Dir aber nicht schadet, sondern nützt, wenn Du sie als »Blitzguß« wertest und Deine Lebenskraft und Deinen Erfolgswillen bewußt von ihr mobilisieren läßt!

Also auf keinen Fall negativ reagieren, Dich zum Kritiker herablassen und mit ihm einlassen und gemein machen, sondern vielmehr *positiv* antworten, aus seiner Kritik das Beste machen und im übrigen unbeirrt Deinen Weg weitergehen, weil Kritik als solche ja zeigt, daß es mit Dir vorangeht. Denn nur Erfolgreiche werden neidvoll kritisiert.

Kritik ist in der Regel der Brustton derer, die nach oben sehen, aber nicht hinaufgelangten und darum die, die glücklicher waren als sie, gern zu sich herunterzerren möchten ... Kritik ist Ausfluß eines Minderwertigkeitsgefühls – zuweilen ein Versuch, eigene Fehler bei anderen festzunageln, um sich der eigenen Besserung enthoben zu sehen. Wenn Du das weißt, wirst Du auf Kritik nicht mehr mit Ärger antworten – und es dadurch noch ärger machen –, sondern mit Mitleid, weil der Kritiker Dich nicht herabzuziehen vermag, selbst aber *noch* tiefer sinkt und sein Glücksvermögen noch mehr mindert.

Erfolgreiche Menschen und wirkliche Lebenskünstler haben weder Zeit noch Lust, andere zu kritisieren und niederzureißen. Ihre Gedanken sind auf den Aufstieg und die Meisterung des eigenen Lebens gerichtet. Wenn es anderen ein kindhaftes Vergnügen bereitet, niederzureißen statt aufzubauen – bitte! des Menschen Wille ist sein Himmelreich ... Aber wer vorwärtsschreitet, wird keine Kraft an Negativitäten verschwenden, sondern nur auf positive und konstruktive Impulse ansprechen und sich im übrigen über den eigenen Fortschritt genau so freuen wie über die Fortschritte der andern, die ihm nie Grund zu Neid und Kritik, sondern Ansporn zu immer vollkommenerer Entfaltung der eigenen Kräfte sind.

Lerne also als erstes, wie ein Erfolgsmensch zu reagieren –: aus dem Bewußtsein Deiner Überlegenheit und Immunität gegenüber gehässiger Kritik.

2. Das zweite ist, daß Du nach erlangter Einsicht, daß Du niemanden hindern kannst, Dich ungerecht und falsch zu beurteilen, die Kritik sachlich analysierst, das, was abwegig und unwahr ist, ignorierst und Dich von dem, was Dich betrifft und *trifft, trefflicher* machen läßt und einen etwa vorhandenen oder gemachten Fehler abstellst.

Insoweit kannst Du Dich über Kritik sogar *freuen,* denn sie enthält Winke, etwas besser zu machen, *Erfolgshinweise,* die Dir den Aufstieg erleichtern können. Nütze den Neid des andern, der Dir mit seiner Kritik unbewußt wertvolle Fingerzeige zu neuen Erfolgsmöglichkeiten vermittelt.

Auf keinen Fall wirst Du dem Kritiker zeigen, daß Du seinem Angriff positive Impulse zu entnehmen vermochtest, und noch weniger wirst Du ihm antworten, sondern gelassen bleiben und schweigen. Wenn der Kritiker sich ohne Echo sieht und merkt, daß seine Worte weder beirren noch kränken, sondern kalt lassen, kühlt das auch ihn ab und bringt ihn zum Schweigen.

Wenn Dir dieses positive und gelassene Reagieren noch schwer fällt, *übe es,* indem Du Dich täglich entspannst und in der Meditation bejahst:

»Fremde Kritik schadet mir nicht, solange ich gelassen bleibe und nicht negativ reagiere. Auch ich habe schon oft andere kritisiert – es ist eine menschliche Untugend, die ich für meinen Teil ablegen werde. Ich werde künftig nicht mehr nach dem Schein urteilen, sondern meinen Inneren Helfer urteilen lassen, und das heißt alles bejahen, allem mit Wohlwollen begegnen und nichts mehr kritisieren. Damit werde ich zugleich gegen fremde Kritik immun. Ich trete jeder Kritik lächelnd entgegen, mache das Bestmögliche daraus und gehe

im übrigen unbeirrt meinen Weg. Meine Erfolge sind der beste Beweis, daß ich auf dem rechten Wege bin!«

3. Du kannst nicht immer *recht haben,* aber Du kannst immer *recht tun* – und dazu kann die Kritik Dir oft brauchbare Wege zeigen. Nimm sie in diesem Sinne dankbar und schweigend entgegen und mache sie gegenstandslos, indem Du die Lehre, die sie enthielt, befolgst und abermals höher steigst.

Das letzte und wichtigste ist, daß Du Dich bei jeder Kritik vergewisserst, *daß Dein Innerer Helfer mit Dir einig geht* und Deinem Wollen und Tun zustimmt. Bist Du dessen in der Meditation gewiß geworden, kann keine Kritik Dich mehr kränken und beirren; Du kennst Deinen Weg und gehst ihn zielbewußt – der Zustimmung Deines Inneren Helfers und Deines Einsseins mit ihm und seiner Kraft gewiß!

WAS TUN BEI LAMPENFIEBER UND REDEHEMMUNGEN?

1. Manche Menschen werden von einer seltsamen *Befangenheit* befallen, wenn sie einem Höhergestellten gegenübertreten. Sie vergessen, daß auch dieser nur ein Mensch ist – vielleicht noch mehr von seinen Wünschen und Gefühlen hin- und hergetrieben als sie selbst. Sie sind mehr besorgt um den Eindruck, den sie auf *ihn* machen, als darum, wie sie vor *sich selbst,* vor ihrem Inneren Helfer bestehen ...

Sie denken falsch und sehen nicht, daß sie das, was sie sind, nicht durch andere, sondern allein durch sich selbst sind und daß ihr Innerer Helfer ihnen so viel Kraft geben kann, wie sie wünschen, wenn sie sich nur auf die innere Hilfe besinnen würden!

Im übrigen lehrt die dynamische Psychologie Neugeists mit Recht: Wer von sich selbst gering denkt, überträgt diese Einstellung auch auf das Unterbewußtsein der andern. Die Achtung vor Dir steigt in dem Maße, als Du Dir selbst Deines Wertes und Deiner inneren Kraft bewußt wirst. Du wirst es andern nur dann recht machen, wenn Du es Dir selber recht machst; Deine Zufriedenheit wird sich auf die andern übertragen und sie in ihrem Urteil über Dich bestimmen.

Ziehe aus dieser Tatsache die praktischen Folgerungen und erfülle Dich in der Meditation mit dem Bewußtsein Deiner inneren Kraft! Dann wirst Du, statt schon im Vorzimmer verzagt umzukehren, Dich auf den Inneren Helfer einstellen, gelassen anklopfen, zuversichtlich eintreten und Deine Wünsche mit dem Bewußtsein vortragen: »Ich bin stark! *Ich werde siegen! Ich habe Erfolg!«*

Statt etwas zu erbetteln, wirst Du das, was Dir zusteht, als etwas Selbstverständliches, das Dir willig gegeben wird, erbitten – und es erhalten! Mit jedem Wort, das Du sprichst, wirst Du die Überzeugung Deines Erfolges auf den andern übertragen – und so Dein Ziel erreichen.

2. Handelt es sich um für Deine Zukunft *wichtige Besprechungen und Entscheidungen,* dann bejahe Deinen Erfolg schon am Abend oder an den letzten Abenden vorher in Deinen Meditationen wie folgt:

Nachdem Du Dich entspannt hast und in die Stille eingetreten bist, stelle Dir die Situation der Rücksprache oder Vorstellung in allen Einzelheiten und unter Berücksichtigung aller Möglichkeiten lebendig-plastisch vor, so daß Du durch nichts überrascht werden kannst. Schaffe in Dir ein Gedankenbild des Betreffenden, mit dem Du verhandeln oder an den Du Deinen Wunsch herantragen willst – einerlei, ob er Dir bekannt ist oder nicht. Sowie Deine Gedanken voll und ganz auf ihn konzentriert sind, sende ihm Gedankenwellen der Kraft, der Harmonie und der Erfolgsgewißheit zu. Strahle etwa folgende *Bejahung* hinaus:

»Ich bin mit Dir harmonisch verbunden. Ich strcme Wellen der Kraft aus, Wellen der Harmonie und Sympathie. Sie schwingen von mir zu Dir und schaffen ein unsichtbares Band

der Zuneigung und Übereinstimmung. Du wirst mir vertrauen, wie ich Dir vertraue.

Unsere Herzen werden, wenn wir uns sehen, in Harmonie zusammenschwingen, und Wellen des Wohlwollens und der Freundschaft werden von einem zum andern schwingen. Du wirst den Willen in Dir spüren, mir zu helfen; und wir werden das tun, was für beide Seiten am besten ist und der Harmonie und Zusammenarbeit dient. Du wirst mir helfen!«

Fühle dabei lebendig, wie starke Wellen der Sympathie von Dir ausstrahlen und wie Deine magnetische Kraft in dem Maße wächst, wie Deine Einstellung auf Harmonie und Einssein gerichtet ist.

3. In ähnlicher Weise kannst Du auch ein *Gesuch* mit Gedanken der Harmonie und positiver Erfolgsgewißheit laden. Imprägniere Dein Gesuch bewußt mit Gedanken des Erfolgs und sei gewiß, daß man Dich richtig werten und Deinem Wunsch im Rahmen des Möglichen entsprechen wird. Schaffe den Erfolg innerlich *vor;* dann wird das Äußere sich dem Inneren angleichen.

4. Auch *Lampenfieber* läßt sich auf diese Weise beseitigen:

Das wichtigste ist, daß Du Dich außer am Abend vorher noch einmal *kurz vor Deinem Auftreten restlos entspannst* und den Beistand Deines Inneren Helfers und Deinen Erfolg gläubig bejahst. Das hat zur Folge, daß an die Stelle der *Spannung* und Angst das gelassen machende Gefühl innerer Sicherheit und unerschütterlichen Selbstvertrauens tritt.

5. Unzählige Werke behandeln die Frage: »Wie halte ich *eine wirkungsvolle Rede?«* Dabei läßt sich das Wesentliche und Erfolgentscheidende in wenigen Sätzen sagen:

Das Geheimnis einer guten Rede, die die Zuhörer fesselt, besteht vor allem darin, daß der Vortragende selbst von seinem Thema gefesselt, begeistert ist. Nur wirkliche Begeisterung zündet, weckt gleiche Kräfte in den Hörern und wirkt auch über den Abend hinaus; alle anders erreichten Erfolge sind bloße Augenblickserfolge. Nur was vom Herzen kommt, spricht wieder zum Herzen. Was vom Verstande kommt, kann nur zum Verstande sprechen – und diese Sprache ist wenig erwärmend.

Alles andere, die Wahl Deiner Worte, die Kürze des Vortrags, ist demgegenüber von wenig Belang. Auch hier gilt, wie überall, die Goldene Regel: Du weckst und empfängst immer nur das, was Du selbst besitzest und hinausstrahlst.

Noch eine wichtige Erfolgsregel: Laß in wachsendem Maße *Deinen Inneren Helfer,* der mit dem innersten Wesenskern Deiner Zuhörer verbunden ist, *durch Dich sprechen.* Gib dem Ausdruck, was *er* denkt und will, dann öffnen sich Dir die Herzen Deiner Hörer. Das Licht des Herzens überstrahlt alle anderen Lichter; während das Scheinlicht, das von außen entzündet wurde, erlischt, bevor es zum Leuchten kommt.

Verstehe mich recht: nur wenn Du die Kräfte Deines Innern durch dich wirken läßt, *wirkst* Du! Um dies zu ereichen, wirst Du vor Beginn Deiner Rede in die Stille gehen und in der Meditation Deinen Inneren Helfer bitten, Dich als sein Werkzeug und Sprachrohr zu benutzen. Sowie Du den Anschluß an ihn erreicht hast und seine Kraftströme lebendig in Dir pulsieren fühlst, wird alle Beengtheit und Befangenheit schwinden. Stelle Dich während der Rede auf das Bewußtsein ein, daß Du unaufhörlich mit ihm verbunden bist.

Denke weiter daran, daß Deine *Gedanken* nicht »zollfrei« sind, sondern sich allen mitteilen, und daß der Erfolg eines Abends schon entschieden sein kann, bevor Du auch nur ein Wort gesprochen hast.

. . . Unsichtbare Kraftströme schwingen zwischen allen hin und her, die in einem Raum beisammen sind; entscheidend und vorherrschend ist jedoch stets der Gedankenstrom, der mit dem stärksten Gefälle, also am aktivsten und gefühlsbetontesten vorwärts stürmt; er reißt alle anderen mit. Je positiver, dynamischer und siegesgewisser also Dein Denken, desto größer die Möglichkeit, daß Du die Gedanken der anderen mitreißt und in Deinen Bann zwingst.

Um diesen Erfolg schon im Voraus zu schaffen, laß, bevor Du mit der Ansprache oder dem Vortrag beginnst, Deinen Blick einige Sekunden hindurch voll auf allen ruhen, ohne einzelne zu fixieren. Sende dabei mit Deinem Blick folgende Kraftgedanken hinaus:

»Ich liebe euch. Mein Innerer Helfer sendet euch Gedanken der Kraft und der Liebe, der Freundschaft und Harmonie. Wir sind e i n s durch den Inneren Helfer in uns allen. Das Bewußtsein unserer inneren Einheit erfüllt unsere Herzen und läßt sie in Harmonie zusammenschwingen.«

Strahle bewußt allen Gedanken der Liebe und Freundschaft zu, sieh sie mit dieser Liebe an; dann wird Dein Blick in die Herzen aller dringen und Dich mit ihnen vereinen, so daß keine Unsicherheit, keine Beklommenheit in Dir hochkommen kann. –

Ein kleines, aber manchmal sehr wirksames Hilfsmittel kann hier der Gedanke sein, daß Du statt hundert oder fünfhundert nur einen einzigen Zuhörer vor Dir hast, der Dir wohlgesinnt ist und mit dem Du Dich sozusagen unterhältst:

Auf *ihn* stellst Du Dich ein, zu ihm und *mit* ihm sprichst Du – und Du wirst erleben, wie Du mit dem einen *alle* ansprichst. Du bleibst bei dieser Einstellung leichter entspannt und natürlich; Deine innere Sicherheit überträgt sich auf die Hörer; Dein Gedächtnis funktioniert; die Einfälle strömen Dir zu – weil eigentlich Dein Innerer Helfer durch Dich spricht.

6. *Gedächtnis-Hemmungen* während der Rede sind unmöglich, wenn Du auf die gezeigte Weise vorgehst. Weil Du *entspannt* bleibst, fällt die Angst weg, die das Wissen einfrieren läßt und den Fluß der Gedanken aus dem Arsenal des Gedächtnisses blockiert.

Diesbezügliche Versuche haben gezeigt, daß die Stärke und Leistungsfähigkeit des Gedächtnisses einzig davon abhängt, ob Du gespannt und ängstlich oder entspannt und selbstsicher bist:

Einer Versuchsperson wurden zehn Zahlen genannt mit der

Bitte, sie anschließend zu wiederholen. Als ihr Selbstvertrauen durch spannungserzeugende *negative* Suggestionen – »Die Aufgabe ist schwer, von ihrer richtigen Lösung hängt Ihre berufliche Entwicklung entscheidend ab; es wird Ihnen bei aller Anstrengung kaum gelingen, alle Zahlen zu behalten und richtig zu wiederholen« – geschwächt und ihr Wille verkrampft wurde, war ihr die störungsfreie und richtige Wiedergabe der Zahlen unmöglich. Bei Wiederholung des Versuchs nahm die Zahl der Versager rasch zu.

Als das Selbstvertrauen der gleichen Versuchsperson hingegen mit gefühlsstarken *positiven* Vorstellungen angesprochen wurde – »Die Aufgabe ist leicht; Ihr Gedächtnis wird sie spielend bewältigen« –, zeigte sie sich imstande, die zehn Zahlen ohne Stocken richtig zu wiederholen. Selbst bei vermeintlich schlechtem Gedächtnis gelang das Behalten der Zahlenreihen auch in den weiteren Versuchen.

Alles ist eine Frage des Selbstvertrauens. Und die zuverlässigste Brücke zu diesem Selbstvertrauen ist die Gewöhnung an das Vertrauen zum Inneren Helfer.

WIE MAN LAUNENHAFTIGKEIT ANDERER BEANTWORTET

1. Widerstehe dem Übel nicht! forderte Christus. In der Tat macht jeder Widerstand ein Übel größer, während die Nichtbeachtung, die Einstellung auf das gegenteilige Gute ihm alle Kraft nimmt.

Die schlechte Laune anderer kann Dich nicht berühren und verstimmen, wenn *in Dir* nichts ist, was mit diesen negativen Schwingungen korrespondiert. Solange Du Dich nicht durch entsprechendes Mitschwingen den negativen Einflüssen öffnest, sondern auf den Innern Helfer vertraust und Dich auf *ihn* einstellst, bist Du praktisch gegen jeden fremden Einfluß gefeit. Das Positive ist immer die stärkere Macht.

2. Bist Du gezwungen, Dich berufshalber täglich auf andere einzustellen, die mit schlechten Launen geladen sind und dabei in steter Sorge leben, möglichst auch *Dich* daran teilhaben zu lassen, dann gewöhne Dich an tägliche *Entspannungs*übungen. Denn solange Du spannungslos bist und bleibst, bist Du gegen fremde Mißlaune immun.

Konzentriere Dich häufiger in der Stille auf den Inneren Helfer in ihnen, verbinde Dich bewußt mit dem Guten in ihnen und ignoriere das Niedere, Negative, das ja mit ihrem wirklichen, innersten Wesen nichts gemein hat. Laß Deine eigene Geisteshaltung in keiner Weise von anderen bestimmt werden.

Stelle Dich in der Meditation mit etwa folgender Bejahung auf den Schlechtgelaunten ein:

»Im Innern jedes Menschenherzens wohnt der Innere Helfer. Er möge auch in Dir erwachen und alle Gedanken der Lieblosigkeit, Mißstimmung und Übellaune in Gedanken der Liebe, Freude und Harmonie verwandeln. Er möge in Dir die Erkenntnis wecken, daß Du um so reicher und froher wirst, je williger Du den Gedanken der Liebe, Verträglichkeit und Freundschaft in Dir Raum gibst.

Die Kraft meiner Liebe strömt auf Dich über und erfüllt Deine Seele. Die Kraft der Sympathie verbindet uns miteinander. Wir sind eins mit dem Geist der Liebe. Wir sind Liebe.«

WIE MAN SEIN LEBEN ÄNDERT

1. Du möchtest *aus Deinem alten Leben heraus* und ein von Grund auf neues Leben beginnen, weißt aber nicht, wie Du es anfangen sollst.

Nichts ist leichter als das, wenn Du Dir die elementarste psychologische Tatsache bewußt gemacht hast, daß Du immer das bist und wirst, was Du überwiegend *denkst*, und wenn Du demgemäß Dein Gedankenleben von Grund auf wandelst.

Solange Du Dich negativ zum Leben einstellst, bleibst Du abhängig und ein Spielball jeden Mißerfolges. Du gleichst dann dem *Monde,* der negativ, passiv und in seiner Bahn von anderen Himmelskörpern abhängig ist und sein Licht von der Sonne leiht.

Nun hast Du aber keinen Mond-Charakter, sondern einen *Sonnen*-Charakter. Du mußt es nur erkennen und bejahen. Du bist geschaffen, selbst Licht, Liebe und Leben auszustrahlen, statt von anderen Licht, Liebe und Lebenskraft zu borgen. Je bewußter Du der Sonnenhaftigkeit Deines Wesens Ausdruck gibst, desto sichtbarer erneuert sich Dein Leben und wird zum Spiegelbild Deines gewandelten Wesens.

Als sonnenhafter Mensch kannst Du gar nicht anders als *positiv* reagieren: statt Dich von der Umwelt abhängig zu fühlen und damit abhängig zu machen, entfaltest Du Deine innere Sonnigkeit: Du läßt das innere Licht guten Willens und freudiger Lebensbejahung aufstrahlen, so daß jedes Ereignis, jedes Ding, jedes Wesen, das nun in Dein Leben tritt, einen Stromstoß der Kraft und Sonnenhaftigkeit in Dir auslöst und Dich heller und froher werden läßt. Und im weiteren spürst Du, wie allmählich auch Deine Umgebung sich aufhellt, sich Dir von der lichten und freundlichen Seite zeigt.

Du hast es in der Hand, Dein Leben auf diese Weise binnen eines Vierteljahres durch beharrlich positives Denken und Verhalten völlig zu erneuern. Denn nicht nur Du selbst wirst das, was Du unaufhörlich bejahst, sondern auch Dein Leben wird es.

Wenn Du prüfend zurückblickst, wirst Du finden, daß Du in der Vergangenheit wohl überwiegend negativ dachtest – mit einigen positiven Aufhellungen natürlich. – Dieser Seelenhaltung entsprach Dein bisheriges Leben. Nun aber machst Du es Dir zu Gewohnheit, Dich täglich aufs neue in abendlichen und morgendlichen Meditationen positiv zu stimmen und Dich hinfort bei allem, was kommt, bewußt positiv zu verhalten – also überall etwas Erfreuliches zu sehen, immer das Gute zu bejahen, stets das Beste zu erwarten und jederzeit Dein Bestes zu geben. Im gleichen Maße, wie sich Deine innere Haltung ändert, nehmen auch Deine Verhältnisse ein neues Gesicht an.

2. Wenn Du ein von Grund auf *neues Leben* führen willst, ist nur das Fundament zu ändern – Deine Blickrichtung:

Bisher blicktest Du vorwiegend ängstlich nach *außen*, in mißtrauischer Erwartung dessen, was von dorther zu Dir kommt. Von jetzt an wirst Du vertrauend nach *innen* blicken: auf den Inneren Helfer.

Du kannst von ihm erbitten, was Du willst – auch ein neues Leben für das alte –; es wird Wirklichkeit, wenn Du es gläubig bejahst, Deinem Inneren Helfer vertraust und seiner Führung folgst und wenn Du ihm im Voraus für sein Eingreifen dankst.

Diese drei Dinge – Bejahung, Vertrauen und Dankbarkeit – sind alles, was er von Dir fordert; dafür tut er dann das Seine, um das von Dir Bejahte zu verwirklichen.

Um die Bejahung so lebendig und positiv wie möglich zu gestalten, bediene Dich der Meditation, wie dies im technischen Teil gezeigt ist: schaffe in Dir in der Stille ein Idealbild jenes neuen Lebens, in das Du hineinwachsen möchtest, und statte es im Geiste mit all den Dingen aus, die Du um Dich realisiert sehen möchtest.

Und im Mittelpunkt dieses neuen Lebens sieh Dich selbst in Deiner ganzen neu erwachten Sonnigkeit und Lebensfreude. Je plastischer alle Züge dieses neuen Menschen – der der wirkliche Mensch in Dir ist – und des neuen Lebens in der Meditation gestaltet werden, je lustbetonter demzufolge die Impulse sind, die Du Deinem Inneren Helfer in Deinen Bejahungen übermittelst, desto vollkommener wird die Wirklichkeit dem von Dir Bejahten entsprechen.

Wichtig ist weiter, daß Du Dich von heute an so verhältst und so handelst, als ob das neue Leben bereits begonnen habe, und daß Du Deine Pflicht tust, als ob Du bereits mitten im neuen Leben ständest: mit freudiger Hingabe und in der Gewißheit, daß nun alles Gute zu Dir kommt und Dein Weg beständig aufwärts führt.

WIE MAN MINDERWERTIGKEITSGEFÜHLE ÜBERWINDET

Wenn Du es fertigbringst, ein bißchen gut zu Dir zu sein, kannst Du Deine Minderwertigkeitsgefühle ohne jede Anstrengung los werden. Hier ist der einfache Weg:

1. Der erste Schritt auf dem Wege zur inneren Freiheit, Kraft und Überlegenheit ist die Besinnung auf die Tatsache, daß die meisten Minderwertigkeits-Komplexe oder »Mikos« Überbleibsel aus jener Zeit sind, als Du noch minderjährig und infolgedessen unzureichend für den Lebenskampf ausgerüstet warst . . .

In seiner frühesten Jugend ist der Mensch überempfindlich gegenüber Nicht-Beachtung, Kränkungen, versagter Liebe, Zurückweisungen und Geringschätzungen durch andere. Durch Kindheit und Unreife bedingte, an sich ganz bedeutungslose Fehler und Mißgeschicke, über die die Eltern, Geschwister oder Fremde damals lachten, können einen Menschen lebenslänglich in Form von Unfähigkeits- oder Unzulänglichkeits-Gefühlen quälen und bewirken, daß er seines Daseins nicht mehr froh wind . . .

Das Kind – und später auch der Erwachsene – sucht diese Mikos durch *erhöhte Anstrengungen* zu kompensieren, durch gierige Jagd nach immer größeren Erfolgen, die die Anerkennung der Umwelt erzwingen sollen – aber je größer die Anstrengungen und die Erfolge, desto mächtiger wird – infolge der Selbstverkrampfung – in den Tiefen der Seele die *Angst, doch einmal versagen zu können* – wie damals, als er noch klein und hilflos und ohnmächtig war gegenüber dem Spott oder der Nichtachtung der Größeren.

Das ist psychologisch leicht erklärlich: Auf Grund des Gesetzes der das Gegenteil bewirkenden Anstrengung nehmen Mikos durch jeden gewaltsamen Versuch, sie zu überwinden, um eben die Kraft des Widerstandes zu, sie werden also durch Bekämpfung stärker statt schwächer.

Um sie los zu werden, gilt es, Dich auf die im technischen Teil gezeigte Weise zu *entspannen* und einen Miko in schweigender Selbstbesinnung auf seine erste Ursache zurückzuführen, seiner Wesen- und Bedeutungslosigkeit inne zu werden.

Als Kind warst Du schwach und ohnmächtig – aber als Erwachsener bist Du es nicht mehr, so daß die begreiflichen negativen seelischen Reaktionen von einst heute unangebracht, überflüssig und abwegig sind.

Als Du klein warst, waren die Menschen Deiner Umwelt Dir überlegen wie Riesen einem Zwerg – *heute* sind sie Dir in keiner Weise mehr überlegen; vielmehr bist Du ihnen in dem Maße überlegen, als Du mit Deinem Inneren Helfer eins und verbündet bist. Heute bist Du so stark, wie Du Dich bejahst, weil die Bejahung Deiner inneren Kraft sie mobilisiert und zum Wirken bringt.

Du kannst leicht feststellen, ob jemand an Mikos leidet:

Miko-Träger neigen infolge der inneren Spannungen zu *Übertreibungen:* sie sind barsch statt überlegen, rastlos statt gelassen, herrisch statt selbstbewußt, anmaßend statt maßvoll, spöttisch statt humorvoll, streng statt gerecht, höhnisch statt wohlwollend, herrschsüchtig statt selbstbeherrscht. Hinter jedem forcierten Charakterzug verbirgt sich ein Minus, ein Miko. Der schreiende Vorgesetzte, der herumkommandierende Feldwebel, der rechthaberische Mitarbeiter – das sind Menschen mit Mikos, die sie ständig nach Überlegenheitserlebnissen gieren lassen ...

Wenn ein anderer Mensch auf Dich bedrückend wirkt, dann oft deshalb, weil er selbst bedrückt ist, weil er an einem Miko leidet, den er unbewußt überkompensiert. All diese übertriebenen Reaktionsweisen sind nicht nur zwecklos, sondern nachteilig, weil sie den Miko nähren und in der Umwelt Widerstände auslösen.

Zum Erfolg führt nur der gegenteilige Weg des *Gutseins gegen sich selbst.* Es ist nicht nur ungerecht gegen Dich selbst, sondern auch schädlich, Dich selbst geringer zu achten als die andern. Denn sich minderwertiger *fühlen,* heißt sich dazu *machen!* Statt die andern für stärker und tüchtiger zu halten, richte den Blick auf Deine eigene innere Kraft und Überlegenheit.

Verstehe mich hier bitte richtig: Du sollst Dich in keiner Weise anstrengen, sollst Dich weder *unterschätzen* noch *überschätzen,* sondern nur einfach *schätzen* und gern haben, also ein bißchen lieb und nett sein gegen Dich selbst.

Die Erfahrung lehrt nämlich, daß man nicht gegen andere gerecht und gut sein kann, wenn man nicht zuvor gelernt hat, es gegen sich selbst zu sein – also von sich selbst das Beste zu denken, alles Gute, das in einem ist, zu bejahen und mutig zu betätigen und stets sein Bestes zu geben.

»Du sollst Deinen Nächsten lieben *wie Dich selbst!«* heißt es mit Recht: In dem Maße, wie Du das Gute, das in Dir steckt, durch tägliche liebende Bejahung zu fortschreitender Selbstoffenbarung bringst, wirst Du auch in Deinem Nächsten das Gute erkennen und anerkennen und ihn um des Guten willen lieben, das in ihm steckt . . .

Diese Ermunterung zum Gutsein gegen Dich selbst ist kein Appell an die Ichsucht, sondern das Gegenteil:

Der Ichsüchtige, der Egoist, ist gar nicht gut gegen sich selbst, sondern schadet sich durch seine Ich-Bezogenheit und -Süchtigkeit, seine Habsucht und seine Angst, überall zu kurz zu kommen. Wer wirklich gut gegen sich selbst ist, kann gar nicht anders als gut auch gegen andere sein und sich ihnen gegenüber bejahend, liebend und gebewillig verhalten. Er folgt instinktiv der Goldenen Regel und behandelt die andern so, wie er von ihnen behandelt werden möchte – und bewirkt eben dadurch, daß die andern ihm genau so gütig und hilfsbereit entgegentreten wie er ihnen.

Sei gut zu Dir! heißt also: bejahe das Gute in Dir und betätige die göttlichen Kräfte der Liebe und Sympathie, wo immer Du kannst. Auf diese Weise liebst Du Deinen Nächsten wie Dich selbst und bewirkst, daß die andern Dein Wohl wie ihr eigenes bejahen und anstreben.

Sei gut zu Dir! heißt aber noch viel mehr. Es heißt: achte Dich selbst, freue Dich über Deine innere Kraft, Dein beständiges Wachstum, Deinen Aufstieg und vor allem über den Beistand Deines Inneren Helfers. Sorge für ein gutes Verhältnis zu Deinem innersten Wesenskern, bejahe Dein Verbundensein mit ihm, der Dir die Kraft gibt, Dein Leben zu meistern. Je lebendiger Du mit dem Inneren Helfer verbunden und verbündet bist, desto besser ist auch der sympathische Kontakt mit anderen Menschen.

Sei gut zu Dir! heißt weiter: Quäle Dich keinen Augenblick mit negativen Vorstellungen, Ängsten, Selbstbestrafungsideen und Mikos gegenüber der Umwelt, die doch Dein Wohl genau so will wie Dein Innerer Helfer, sondern zeige Dich Dir selbst wie der Umwelt gegenüber von der besten Seite. In dem Maße, wie *Du* Dich achtest, werden es auch die andern tun. Wenn *Du* zu Dir Ja! sagst, tun es bald auch die andern.

Wenn Du einmal erkannt hast, daß Du viel stärker, größer, besser, gütiger, wertvoller und erfolgreicher bist, als Du dachtest, wird das von selbst auch den anderen bewußt werden. Dafür sorgt Dein Innerer Helfer, der jeden positiven Impuls weiterleitet und bewirkt, daß die Umwelt entsprechend positiv reagiert. Du kannst Dich darauf verlassen, daß Dich früher oder später alle so sehen, wie *Du* Dich siehst.

2. Als Hilfsmittel kann Dir bei dieser Umstellung auf das Gutsein gegen Dich selbst das *»Tun als ob«* dienen gemäß der Regel: *»Wer sein Inneres umstimmen will, nehme die äußere Haltung an, die dem gewünschten Zustand entspricht.«*

Halte und verhalte Dich also, als ob die innere Kraft bereits in vollem Umfang in Dir wirkt. *Handle so, als ob* nichts Deine Gelassenheit zu erschüttern vermag. Richte den bisher gesenkt getragenen Kopf hoch, blicke aufwärts statt zu Boden. Halte Dich gerade und achte darauf, daß Dein Gang fest ist. Blicke andere mit frohen Augen als gleichwertige Partner an. Bejahe das Gute in ihnen und benimm Dich in Gegenwart anderer und auch, wenn Du *allein* bist, wie ein Mensch, der seines Wertes bewußt, innerlich frei und stark, entspannt, gelassen und überlegen und jederzeit aufgeschlossen ist für neue Bekanntschaften, Beglückungen und Bereicherungen.

Lerne weiter, reicher zu werden durch *geben* statt durch nehmen – das dem ärmlichen und armmachenden Gefühl des Nicht-genug-habens entquillt – . . . Fühle und bejahe, daß die Fülle des Lebens Dein ist. Lerne, von Herzen zu *lieben,* wo Du Dich bisher vielleicht ichsüchtig-ängstlich zurückzogst. Ichsucht ist keine Liebe, sondern nur das brennende Verlangen danach, das nie Erfüllung findet, weil sie nicht geben und darum auch nicht empfangen kann . . . Egoismus ist nicht Selbst-Liebe, sondern Selbst-Schädigung. Wenn Du das einmal erfaßt hast, bist Du *frei* und weißt, was Dich glücklich, stark und reich macht.

3. Die nun noch zu gebenden Winke dienen nur der Vollendung der Selbstumstimmung und Miko-Vernichtung:

Wenn Du mit einem anderen Menschen zusammen bist, sieh Dich nie – auch nicht in Gedanken – *unter* ihm, sondern immer *neben* ihm. Denn Du bist genau so wie er einmalig und hast Aufgaben, die nur *Du* erfüllen kannst. Du bist ihm im übrigen insoweit sogar überlegen, als Du Deines Einsseins mit dem Inneren Helfer bewußt bist, der Dich stets doppelt so stark macht wie jeder andere, dem dieses Bewußtsein fehlt.

Sieh im andern nie die Stellung, die er einnimmt, das Amt, das er bekleidet, die Würde, deren Träger er ist, sondern nur den Menschen, in dem genau so wie in Dir ein Innerer Helfer darüber wacht, daß das eigene Wohl sich mit dem gemeinsamen Wohl deckt, so daß kein Anlaß besteht, den andern zu fürchten, wohl aber Grund genug, ihn gern zu haben und in ihm einen Erfolghelfer zu sehen.

Bleibe in jeder Lage entspannt und sorge notfalls durch eine Entspannungsübung für die innere Lockerung. Denn der Entspannte ist in jeder Situation der Überlegene.

4. Es gibt noch einen weiteren Weg, Mikos zur Auflösung zu bringen – den der *Aussprache mit dem Inneren Helfer:*

Wende Dich mit dem, was Dich quält, nach innen, zu Deinem inneren Berater und Heiler. Sprich in der Meditation – nach vorausgegangener Entspannung und im völligen inneren Stillesein – ihm gegenüber aus, was Dich drückt. Sprich Dich davon los und überlasse es dem Inneren Helfer, die Hemmung zu beseitigen. Sprich ihm Dein Vertrauen aus für seinen Beistand und den Dank für Dein inneres Freiwerden . . .

Schon in diesem Augenblick wirst Du Dich weitgehend entlastet und befreit fühlen, so daß kein »Ich-kann-nicht!«-Gedanke mehr in Dir aufkommen kann. Und je größer Dein Vertrauen wird, desto stärker wird Deine Zuversicht und Dein Selbstvertrauen. Selbst die gefühlsbetonten Unwert- und Schuld-Gefühle, selbst das Sünder-Bewußtsein, das Gefühl, von Gott verlassen zu sein, verliert in der Gegenwart des Inneren Helfers jede Macht über Dich – und es wird Dir sein, als vernähmest Du in Dir seine tröstende Stimme:

»Sorge Dich nicht! Der Geist des Lebens liebt Dich so, wie Du bist. Er weiß, daß Du nicht vollkommen bist, sondern erst auf dem Wege zur Vollendung. Er weiß um Deine Schwächen; aber er erwartet von Dir, daß Du nicht auf sie starrst und sie durch selbstqualerische Anklagen verewigst, sondern daß Du sie tapfer überwindest, indem Du nach jedem Fall mutig wieder aufstehst und Deinen Weg fortsetzest –im Vertrauen darauf, daß die Liebe des Ewigen Dich unverändert umfängt, umhegt und trägt. Vertraue dem Ewigen – und er wird Dir helfen und Dich zum inneren Frieden und zur Freiheit führen!«

Du spürst bald, wie als Folge Deines Vertrauens Deine inneren Kräfte wachsen, was bedeutet, daß die negativen Kräfte in Dir im gleichen Maße abnehmen. Diese Wandlung zum Besseren kannst Du in Ruhe und Zuversicht abwarten. Die Besinnung auf die Gegenwart des Inneren Helfers genügt, um jedes noch auftauchende Mißgefühl im Keim zu ersticken und das Bewußtsein Deines Überlegenseins machtvoll in Dir aufströmen zu lassen, bis Du *weißt:*

»Mein Innerer Helfer und ich sind immer die stärkere Partei! Mir kann nichts geschehen. Ich bin immer Herr der Situation und werde jede Aufgabe meistern.«

Von nun an können Mikos nicht mehr in Dir hochkommen, gleichwie die Dunkelheit keinen Bestand mehr hat, wenn das Licht der Sonne aufgeht.

WIE MAN MISSERFOLGE FRUCHTBAR MACHT

1. Solange Du mit Deinen Gedanken bei einem Mißerfolg weilst, lähmst Du Deine Schritte und stolperst über neue Mißgeschicke. Über Mißerfolge brüten heißt die *Angst* nähren; Angst bewirkt *Spannung,* und die Spannung macht Dich magnetisch für das, was Du fürchtest. So kommt es, daß die Mißerfolge sich häufen . . .

Noch schlimmer, wenn Du Dich wegen einiger Mißerfolge für einen *Pechvogel* hältst. Denn in Wirklichkeit gibt es keine Pechvögel außer denen, die sich durch beharrliches negatives Denken dazu machen, – wie es keine Glückspilze gibt außer denen, die sich durch beharrliches positives Denken und Verhalten dazu entwickeln.

Ändere die Richtung Deines Denkens – und Du änderst Dein Leben. Versuche, aus den gemachten Fehlern zu lernen, was Du besser machen kannst. Und dann *tue* das Bessere. Dann hat der Fehler seine Aufgabe erfüllt und wird Deinen

Weg nicht mehr kreuzen, Deine Wünsche und Pläne nicht mehr durchkreuzen.

Vor allem aber schreibe Mißerfolge nie *anderen Menschen* zu. Denn in Deinem Leben geschieht nichts, was Du nicht *selbst* durch Dein Denken und Verhalten anzogst und auslösest. Andere für schuldig zu halten, daß Du einen Fehlschlag erlittest, heißt sie für stärker halten als Dich selbst. Sie dafür halten heißt sie dazu machen. Ihre Überlegenheit bejahen heißt Dein Unterlegensein verewigen.

In Deiner *Denkrichtung* liegt der Schlüssel zu allem, was Du erlebst. Also denke anders: Blicke nicht voll Furcht auf erlittenes Mißgeschick zurück und nicht voll Bitterkeit und Haß auf andere Menschen neben Dir, sondern blicke frohgemut auf Dich selbst und Deine Kraft und in die Zukunft, in der unzählige Erfolge Dich beglücken möchten. Bejahe Dein Erfolgsvermögen, denke Erfolg, fühle ihn, sieh ihn in allem, was Du unternimmst – und sogleich beginnt Dein Weg aufwärts zu führen.

2. Plage Dich keinen Augenblick damit ab, bohrende Erinnerungen an erlittene Mißerfolge zu *unterdrücken.* Wirklich darüber hinwegkommen wirst Du nur, wenn Du die in der erlebten Enttäuschung aktiv gewordenen Gefühlskräfte und nach Betätigung drängenden Ausgleichsstrebungen Deines Unbewußten durch positive Zielsetzungen in Kanäle leitest, in denen sie produktive Arbeit leisten können: also *wegsehen* und Dein ganzes Denken und Fühlen auf die neuen Ziele und Erfolge konzentrieren, die Du erreichen willst.

Die Kräfte, die in der durch den Mißerfolg blockierten Richtung weiterfließen wollten und nicht konnten, bekommen auf diese Weise eine neue Aufgabe. Das nennt man: *gestaute Kräfte erfolgbringend einsetzen und erlebte Mißerfolge durch größere Erfolge wettmachen.*

Auf diese Weise bleibt kein Stachel zurück, der zu einer Dauerwunde im Unbewußten führt, weil die beharrliche Erfolgsbejahung, der Wille zu immer besserer Leistung und das

Bewußtsein stetigen Vorwärtskommens jedes Mißgefühl auslöschen und seine Kraft in den Dienst des Fortschritts stellen.

Die freudige Hingabe an die Aufgabe, der Du Dich mit Deinem ganzen Interesse und mit aller Kraft zuwendest, ist das beste Gleitmittel, um über die Sandbänke der Enttäuschungen und das an ihnen angestaute Treibgut der Befürchtungen im Strom des Lebens glatt hinwegzukommen und rasch das offene Meer des Erfolges zu erreichen. Jede Bejahung Deiner Kraft, jede Konzentration auf den Erfolg gibt Deinem Lebensschifflein größere Fahrt.

3. Das Geheimnis des Erfolges besteht in der *Konzentration:* in der beharrlichen Bejahung dessen, was Du ersehnst, und in der Hingabe Deines Vertrauens an den *Steuermann* Deines Lebensschiffes, den *Inneren Helfer,* der nach dem Maß Deines Vertrauens dafür sorgt, daß Du Untiefen und Klippen erfolgreich umschiffst und nicht durch sie gefährdet oder aufgehalten wirst. Sprich ihm darum täglich Dein Vertrauen aus. Bejahe ihn als den einzigen Bürgen Deiner künftigen Erfolge. Blicke auf *ihn* statt auf vermeintliche Widerstände – und überlasse es mehr und mehr ihm, den rechten Erfolgskurs zu bestimmen und einzuhalten, während *Du* in positiver Seelenhaltung unentwegt das Beste erwartest und unternehmungsfreudig Dein Bestes gibst.

Besinne Dich bei allem, was kommt, auf das Wort des indischen Weisen: »In Dir selbst liegt die Ursache zu allem, was in Deinem Leben geschieht.« *In Dir selbst* – bei Deinem Steuermann, Freund und Inneren Helfer.

Je mehr Du Dich – dessen eingedenk – in Deinen täglichen Meditationen entspannst und lockerst, je gelassener Du wirst und je williger Du ihm die Führung Deines Lebensschiffs und die Lösung Deiner Sorgen überläßt, desto deutlicher offenbart sich, daß alles gut ist. Zunächst mit Erstaunen und dann mit Befriedigung entdeckst Du, daß selbst widrige Winde vom inneren Lenker Deines Lebensschiffs weise dazu benutzt werden, Dein Vorwärtskommen zu sichern und zu fördern. Vertraue ihm – und er macht selbst Deine Mißerfolge fruchtbar und bewirkt, daß auch die Kraft der Hindernisse Deinem Fortschritt dienen muß.

WIE MAN MISSLAUNE ABKLINGEN LÄSST

1. Mißlaune ist zumeist Ausdruck einer unbewußten *Spannung*, die einen ständigen Kraftabfluß mit sich bringt – also ein ausgesprochenes Verlustgeschäft, das Du jedoch jederzeit erfolgreich beenden kannst, indem Du Dich *entspannst.*

Wenn Du das einmal gründlich tust – wie im technischen Teil gezeigt – und wenn Du Dich in der anschließenden Meditation für einige Augenblicke dem wohltuenden, befreienden und gelassen stimmenden Einfluß des Inneren Helfers hingibst, hast Du den Kraftabfluß gestoppt und Dich zugleich mit so viel neuer Kraft aufgeladen, daß jedes Mißgefühl verflogen und verschwunden ist.

2. Ein Bekannter berichtete mir, daß er auf folgende originelle Weise Müdigkeit und Mißlaune sofort zum Verschwinden bringt:

Er stellt sich aufrecht hin, entspannt sich, so daß die Arme locker herunterhängen und der ganze Körper schlaff wird. Sowie er entspannt ist, schüttelt er sich einige Sekunden – wie ein nasser Hund sich schüttelt, um das lästige Wasser loszuwerden. Er schüttelt bewußt alles Negative von sich, daß es in weitem Bogen davonfliegt. Einige bewußte Atemzüge beenden die einfache Erfrischungsübung.

Probiere es einmal aus. Vielleicht hilft es auch Dir.

3. Meide, soweit Du kannst, Menschen, die gewohnheitsmäßig schlecht gestimmt sind. Denn Mißlaune ist eine Seelengrippe, die ansteckt.

Wenn Du noch nicht soviel eigenen Humor besitzt, daß Du auch über Dich selbst zu lächeln vermagst, dann suche die

Nähe frohgestimmter Menschen und laß Dich von ihrer guten Laune anstecken. Frohsinn erhöht Deine Immunität gegenüber den Bazillen der schlechten Laune und Verstimmung, die Dich nicht nur niederdrücken, sondern auch Dein Erfolgsvermögen mindern.

4. Du sagst, Du könntest Dich nicht immer aufgeräumt und gut gelaunt fühlen?

Aber zweierlei kannst Du jederzeit: Du kannst erstens *bejahen,* daß Du gut gestimmt, gesund und glücklich bist, und Du kannst zweitens so *tun, als ob* Du es wärest. Du kannst die Mundwinkel hochziehen und Dir im Spiegel ein freundliches Gesicht zeigen.

Versuche es einmal, und Du wirst merken, wie der Bejahung und dem »Tun als ob« ganz von selbst das entsprechende *Gefühl* des Frohgestimmtseins folgt. Und wenn Du dieses Bejahen und »Tun als ob« ein bißchen *übst,* wird Dir die gute Laune bald zur zweiten und schließlich zur ersten Natur, zur *Gewohnheit,* und Du verwandelst Dich von selbst aus einem kalten Mondtyp, der von fremdem Licht und fremder Wärme lebt, in einen *Sonnentyp,* der unablässig Licht und Wärme ausstrahlt, die Umwelt erhellt und zu neuem Leben erweckt.

Ganz von selbst wirst Du auf diese einfache Weise aus einem negativen zu einem positiven Menschen – und Du wirst staunen, was das für Dein Leben und Deinen Erfolg an erfreulichen Auswirkungen nach sich zieht!

5. Stellen sich Mißmut und negative Stimmungen *bei der Arbeit* ein, unterbrich diese sofort. Zwinge Dich nie, trotzdem weiterzuarbeiten, sondern erhebe Dich, tritt ans Fenster, öffne es und mache einige der schon gezeigten Übungen im bewußten Atmen. Oder lege Dich auf den Boden und entspanne Dich. Das hilft besser als jeder Abwehrkampf gegen Stimmungen, denen Du in den meisten Fällen gegenüberstehst wie Don Quichote den Windmühlenflügeln . . .

Bediene Dich weiter auch hier der schnell zum Erfolg führenden Methode des *»Tuns als ob«:*

Sowie beim Schaffen eine Mißstimmung hochkommt und Dein Denken von der Arbeit abzieht, tue sofort, *als ob* Du vergnügt, guter Dinge und ganz auf Deine Arbeit konzentriert seiest. Ziehe die Mundwinkel hoch und lächle, *als ob* die ganze Welt Dir ein Quell stiller Freude wäre. Setze ein frohes Gesicht auf, *als ob* es nichts gäbe, was Dich zu Trübsinn veranlassen könnte. Tue Deine Arbeit, *als ob* sie Dein Steckenpferd sei, Dir Spaß mache und Dich in Stimmung bringe.

Wenn es Dir gelingt, nur eine Viertelstunde lang so zu »tun als ob«, hast Du gewonnen und wirst den ganzen übrigen Tag gegen schlechte Stimmungen gefeit sein. Probiere es nur einmal aus!

Im übrigen vergiß keinen Augenblick: Einerlei, was Du morgen tun, wo Du morgen sein wirst – *heute ist ein Glückstag, denn heute ist Dein Erfolgstag* und Deine wichtigste Aufgabe die, guten Mutes zu sein, heiter und froh gestimmt, jede Arbeit mit Freude und Liebe zu erledigen und den Wesen um Dich herum Dein freundlichstes Gesicht zu zeigen, als ob Du gleichzeitig Geburtstag und das große Los gewonnen hättest! Dadurch bewirkst Du mit Sicherheit, daß auch auf den morgigen Tag Licht fällt und die Dinge, die Dich verstimmen könnten, jede Macht über Dich verlieren oder aus Deinem Sehkreis und Leben verschwinden.

WIE MAN MÜDIGKEIT VERTREIBT

1. Wenn Du müde bist, fühlst Du Dich schwerer als sonst, nimmst das Leben schwerer – und *machst* Dir dadurch alles schwerer.

Arbeitstechnisch gesehen ist das Müdewerden ein überwiegend seelischer Vorgang, und zwar ist Müdigkeit ein Zeichen erhöhten Gespanntseins.

Das *Alter* spielt hierbei keine Rolle. Du meinst vielleicht, im Alter werde man leichter müde; aber das Gegenteil ist der

Fall: wie man im Alter mit weniger Schlaf auskommt, so stellen sich auch Müdigkeitserscheinungen seltener ein, weil man sich in reiferen Jahren leichter entspannt, leichter losläßt, die Dinge williger gehen läßt, sich leichter lockert und *hingibt*. In der Hingabe liegt nämlich der Schlüssel:

Der rasch Ermüdende stemmt sich innerlich *gegen* die Arbeit und macht das Schaffen dadurch aus einer Lust zu einer Last, während der positiv Gestimmte *mit* der Arbeit geht und darum kein Müdewerden kennt. Er kann sich ihr stundenlang ohne Pause in ungebrochener Frische hingeben, während der andere nach einer halben Stunde unbewußten Widerstandes »erledigt« und abgespannt ist.

Damit ist bereits gesagt, was Müdigkeit vertreibt: die *Entspannung*. Lege Dich – wenn nötig, mitten in der Arbeit – flach auf den Boden, strecke Dich, so lang Du kannst, und entspanne Körper und Gedanken, bis Du spürst, wie das Wohlgefühl des Nichtstunmüssens Dich angenehm durchrieselt ...

... Stelle Dir vor, Du liegst auf einer grünen Sommerwiese: über Dir Sonne, neben Dir Blumen und Bienen, um Dich herum die Mittagsstille eines Sommersonntags ... Überlaß Dich dieser Stille und fühle, wie sie Dich lockert und löst. Atme langsam und tief und spüre, wie der Atemstrom Dich erquickt. Gib Dich eine Minute lang seinem ruhigen Rhythmus hin und fühle dabei, wie neue Kraft in Dich einströmt ...

... Sowie Du den Kraftstrom fühlst, genieße ihn einen Augenblick lang. Dann öffne die Augen, erhebe Dich, strecke nochmals Deinen Körper, gähne nach Herzenslust und fühle, wie nun alle Müdigkeit und Abgespanntheit verschwunden, die natürliche Spannkraft und Schaffensfreude wieder da ist.

2. Nicht weniger wichtig als die Entspannungsübung ist die Gewöhnung an *Zielsetzung* – am besten in der Form der bereits erwähnten abendlichen Zielsetzungen, in denen Du das Arbeitsprogramm und die Reihenfolge der Aufgaben des kommenden Tages festlegst.

Der zielstrebig Wirkende ist außer gegen Müdigkeit und Abgespanntheit auch gegen Mutlosigkeit, Zerrissenheit, Grübelei und pessimistische Zweifelsucht gefeit. Die Zielkonzentration erhöht den Mut und gibt die Kraft, das Ziel zu erreichen. Der Zielstrebige ist immer ein Stürmer, der über Hindernisse leichter hinwegsetzt, während ein Zielloser einem Schiff ohne Steuer gleicht: es ist ein Spiel der Wellen und zerschellt gar zu leicht an einer verborgenen Klippe, bevor es den Hafen erreicht ...

3. Als nächstes beseitigst Du durch die Zielsetzung auch die Sucht, wichtige Dinge auf den nächsten Tag zu verschieben. Verbanne von heute an das Wort *»Morgen«* aus Deinem Denk- und Sprachschatz. »Morgen« heißt nämlich in der Sprache der ewig Erfolglosen meist »nicht jetzt« und im Endeffekt »möglichst gar nicht«!

Nur Schwächlinge verschieben auf »Morgen«, was sie ebensogut sofort tun können. Der Starke *tut* es einfach und erledigt es damit. Er tut *jetzt*, was er jetzt tun kann. Nur Menschen mit solcher Einstellung werden Sieger des Lebens.

Alle großen Männer lebten in diesem *Jetzt*. Wenn Du Appetit auf etwas hast, Dir eine Freude oder ein Vergnügen gönnen möchtest, verschiebst Du das auch nicht auf »morgen«, nicht wahr? Genau so solltest Du auch Deine Arbeit *jetzt* anfangen, jetzt vollenden. Es geht sehr leicht. Und wenn Du erst einmal angefangen hast, wirst Du bald entdecken, was für einen inneren Genuß es bereitet, etwas *sofort* getan zu haben, was Du eigentlich erst »morgen« erledigen wolltest. Schließlich wirst Du die Freude, die das Bewußtsein des ewigen »Jetzt« dem Schaffenden bereitet, nicht mehr missen wollen.

4. Laß Dich von heute ab auch in kleinen Dingen *nicht mehr gehen*, damit die Bazillen der Trägheit aus Deinem Denken und damit auch aus Deinem Körper hinausgeworfen werden. Gehe straff und aufrecht, nicht krumm wie der Halbmond. Körper und Geist, Haltung und Denken, müssen ge-

rade, aufrecht und aufrichtig, muterfüllt, kraftbewußt sein; *denn zwischen der Haltung, dem Verhalten und den Verhältnissen besteht ein inniger Zusammenhang.* Denke ein bißchen hierüber nach; dann verstehst Du bald, was ich meine.

5. Noch eine Kleinigkeit: Stehe von heute an *früher auf* und, wenn es geht, auch täglich zur gleichen Zeit. Bist Du morgens beim Erwachen noch müde, dann springe entweder sofort aus dem Bett oder – wenn Dir dies noch schwer fällt – greife einige Zeit hindurch zum Hilfsmittel der *Bejahung,* und zwar sage Dir abends kurz vor dem Einschlafen:

»Ich werde morgen früh um ... Uhr erwachen. Ich werde sogleich völlig wach und frisch sein und keine Minute länger im Bett bleiben, sondern sofort vergnügt mit beiden Beinen in den neuen Tag hineinspringen und dann bis zum Abend auf der Höhe sein, geistesgegenwärtig und dynamisch, schaffensfreudig und erfolgsbewußt!«

Du kannst Dich darauf verlassen, daß Du schon nach kurzer Zeit der Übung zu der gewünschten und bejahten Stunde erwachen wirst. In Deinem Unterbewußtsein ist ein lebendiges Uhrwerk, das viel besser und weniger störend als ein Wecker funktioniert, die sogenannte *»Kopfuhr«.* Auch sie ist ein Teil der Ausrüstung des Inneren Helfers – eine Art Zeitsinn, der genau nach Wunsch arbeitet und Dich in dem Augenblick erwachen läßt, da Du es wünschst.

Versuche haben übrigens gezeigt, daß man sich schließlich die Zeit des Aufstehens nur noch lebhaft vorzustellen braucht, also beispielsweise den Stundenzeiger auf vier, den Minutenzeiger auf zwölf – mit dem Ergebnis, daß die Kopfuhr im richtigen Augenblick weckt.

6. Sehr nützlich ist bei häufigem Müdesein auch die Verbindung der *Kopfuhr mit dem Kurzschlaf:*

Um eine starke Müdigkeit zu vertreiben, wendest Du die übliche Entspannungsübung an, und zwar nur bis zur Schwere- und Wärmebejahung, um, sowie die Muskel- und

Gefäßentspannung erreicht ist, mit der folgenden Bejahung in den Schlaf hinüberzugleiten:

»Ich schlafe ein. Mein ganzer Körper erholt sich. Ich werde in genau einer halben Stunde, um . . . Uhr, frisch und gestärkt erwachen!«

Die Zeit des Aufwachens stellst Du Dir in Gedanken auf einem riesigen Zifferblatt in der entsprechenden Zeigerstellung vor. Die Kopfuhr wird Dich in der Regel schon beim ersten Versuch zu dem innerlich vorgestellten Zeitpunkt wekken; im anderen Falle genügen ein paar Wiederholungen der Übung, um den Weckermechanismus der Kopfuhr zu mobilisieren.

7. Ein weiteres Hausmittelchen gegen aufsteigende Müdigkeit, Unlust, Trägheit und Gedankenflucht sind Übungen im *bewußten Atmen,* besonders in der Form der sogenannten *»Schwebeübung«:*

Mache einen kurzen Spaziergang und atme dabei von drei zu drei Schritten – später von vier zu vier Schritten – bewußt tief aus und ein. Konzentriere Dich ganz auf den Rhythmus des Atems und des Ganges. Sowie das bewußte Atmen und Gehen Dir leicht fällt, tue folgendes:

Gehe – immer bewußt atmend – nach dem Takt des Mantrams *»Ich bin leicht! Ich schwebe!«* weiter und fühle Dich bei den Worten »leicht« und »schwebe« innerlich jedesmal erhoben, aufwärtsgetragen. Du wirst dabei unwillkürlich auf die Fußspitzen treten, wodurch Dein Gang etwas Federndes bekommt. Zur Unterstützung kannst Du noch die Arme seitwärts strecken und leicht mitschwingen lassen, als ob Du davonfliegen wolltest, dann wird Dein Gehen ein leichtes Schwingen . . .

. . . Sowie das Gefühl des Leichtseins und Schwebens in Dir lebendig geworden ist, kannst Du die Übung beenden. Du wirst feststellen, daß Du jetzt frischer bist, mehr zu leisten vermagst und bei der Arbeit weniger ermüdest.

8. Wie man bei Unterhaltung oder Musik *ohne* Müdewer-

den große Strecken marschiert, ohne Musik und bei schlechter Laune hingegen schon auf halbem Wege seine Erschöpfung nicht verbergen kann, so ist es auch bei der Arbeit: Dein Denken bestimmt den Zustand Deines Körpers und hemmt oder belebt ihn. Darum die Forderung, durch positives Denken das, was Du gerade tust, *lustbetont* zu machen, interessant, abwechslungsreich und reizvoll, damit der Körper länger mitmacht, ohne müde zu werden. Hältst Du Dich geistig rege, wird auch Dein Körper nicht ermüden.

Denke einmal darüber nach, was gerade in Deiner Arbeit Interessantes steckt, wie sie verbessert, reizvoller und erfolgbringender gestaltet werden könnte. Und dann nimm Dich in die Kur, indem Du Dich in der abendlichen Meditation auf die folgende *Bejahung* und den Beistand des Inneren Helfers einstellst:

»Ich bin von heute an immer frisch und munter, zielbewußt und stark. Nichts kann mich von meinem Weg abbringen. Ich bin unermüdlich, zäh und ausdauernd; unbändige Schaffensfreude erfüllt mich und belebt mich immer neu.

Die Kraft des Inneren Helfers bewirkt, daß ich morgen den ganzen Tag hindurch voller Spannkraft bin. Neuer Mut, neue Energie durchpulst mich und macht mir die Arbeit angenehm und leicht, so daß sie besser gelingt als je vorher.«

Mit dieser Bejahung schläfst Du ein, um dann beim Aufwachen am Morgen mit einer dem ganzen Tag Richtung gebenden Bejahung aufzustehen:

»Heute macht mir jede Arbeit Freude, fällt mir leicht und gelingt mir. Heute interessiert mich alles, was mir begegnet. Heute bin ich von früh bis spät frisch und geistesgegenwärtig und immer bereit, in meiner Arbeit wie außer der Arbeit Glücks- und Erfolgsmöglichkeiten als solche zu erkennen und zu ergreifen.«

Wenn Du Deinen Arbeitstag in diesem Geiste beginnst, wirst Du bald keine Müdigkeit mehr kennen und am Abend befriedigt auf einen Tag des Erfolges zurückblicken.

Es gilt dann nur noch, es morgen und übermorgen und alle kommenden Tage genau so zu machen. Denn ein erfolgreiches Leben ist die Summe bewußt und erfolgbejahend begonnener und planvoll ausgeschöpfter Tage.

WIE QUÄLENDE PROBLEME GELÖST WERDEN

1. Daß Probleme da sind, ist nicht schlimm. Übel ist nur, daß Du Dich von ihnen quälen läßt. Daran aber bist Du selbst schuld, weil Du beim Denken Fernglas und Lupe verwechselst:

Du siehst die Schwierigkeiten mit der Lupe und darum vielfach vergrößert, Deine Kräfte, Fähigkeiten und Möglichkeiten hingegen durch das umgekehrte Fernglas und darum weit weg und winzig klein. Und wie Du sie *siehst*, so *werden* sie.

Als erstes gilt es also, Deine seelen-optischen Werkzeuge bewußt zu vertauschen: also Schwierigkeiten durch das umgekehrte Fernrohr zu betrachten und sie dadurch in die Ferne zu rücken und zu verkleinern, Dich selbst und Deine Kräfte und Erfolgsmöglichkeiten hingegen durch die Lupe zu sehen und sie so zu vergrößern.

Diese *Optimisten-Optik* hat – wie Du jederzeit ausprobieren kannst – die Wirkung, daß sich die äußere Wirklichkeit Deiner neuen geistigen Sehweise angleicht.

Das ist gar nicht wunderbar, sondern durchaus natürlich. Denn wie schon *Buddha* erkannte: *»Vom Geiste geh'n die Dinge aus, sind geistgeboren, geist-geführt.«* Sie sind immer so, wie Du sie innerlich, im Geiste, siehst und wertest.

2. Ebenso wichtig wie die Änderung Deiner Sehrichtung und Einstellung ist die Deines *Verhaltens:*

Bisher vergeudetest Du einen beträchtlichen Teil Deiner Energie mit der neurotischen Abwehr vermeintlicher Schwierigkeiten, statt diese Energien einfach positiv in den Dienst erhöhter Leistung und bewußten Fortschritts zu stellen. Sowie diese unbewußte innere Abwehrstellung der *neuen Haltung froher Lebens- und Schicksalsbejahung* Platz macht, hört ein großer Teil des Widerstandes der Umwelt auf.

Um zu dieser neuen geistigen Haltung zu gelangen und, statt ängstlich *gegen* den Strom des Lebens anzukämpfen, Dich bewußt *mit* dem Strom des Geschehens vorwärts tragen zu lassen, ist es nötig, daß Du Dich entspannst und besinnst!

Wenn Dich alle möglichen Probleme quälen, ist das ein Zeichen dafür, daß Du versäumt hast, Dir Atempausen zu gönnen, weshalb Du vor der Zeit atemlos wurdest – gehemmt und empfänglich für jedes Gefühl der Furcht vor Dingen, die den Gelassenen völlig ungerührt und darum unberührt lassen.

Greife also zum Mittel der *Entspannung*, wie sie im technischen Teil gelehrt wird, und lerne, wenigstens einmal täglich in die Stille zu gehen, um den nötigen inneren Abstand und die rechte Einstellung zu Deinen häuslichen, beruflichen, gesellschaftlichen, wirtschaftlichen und sonstigen Problemen zu gewinnen, die Du im weiteren mit dem Beistand des Inneren Helfers sämtlich restlos lösen wirst.

Die Entspannung wird manches klären, was Dich bislang quälte, und in der Meditation wird Dir auch die Lösung der schwersten Probleme Deines Lebens bewußt, so daß Unruhe und Ungewißheit von Dir abfallen.

Schon in der *Entspannung* beginnt sich Dein verkrampftes Denken zu entwirren. In der *Stille* erweitert sich Dein durch die Angst eingeengter Sehkreis, der Dich bisher wie durch eine Lupe alles Negative vergrößert sehen ließ. Und in der *Meditation* wirst Du hellhörig für Inspirationen von innen und hellsichtig für die bestmögliche Meisterung der Probleme, die Dich bewegen.

Wenn Du Dich in der Meditation ganz dem Bewußtsein Deines Verbunden- und Verbündetseins mit dem Inneren Helfer hingibst, bist Du und fühlst Du Dich im gleichen Augenblick stärker als alles, was Dich bedrängt, und geborgen in der

Gewißheit, daß es kein Problem gibt, das Dein unsichtbarer Partner nicht spielend zu lösen vermöchte, da seine Weisheit und Macht hundertmal größer ist als die Deines Wachbewußtseins ...

Sowie Du aufhörst, durch Dein unweises Selber-machenwollen alles durcheinanderzubringen, und Dein Vertrauen gänzlich dem Inneren Helfer zuwendest, wirst Du erfahren, daß es nichts gibt, was nicht von innen her gewandelt und gewendet werden kann: es genügt, daß Du ihm in der Stille Dein Problem unterbreitest und ihm anschließend Dein Vertrauen und Deinen Dank für seine Hilfe aussprichst.

Der Weg zur Lösung Deiner Probleme umfaßt somit, kurz gesagt, folgende Etappen:

a) Entspannung des Körpers und der Gedanken,

b) völlige Abschaltung vom Alltag, Hinwendung nach innen, Hingabe an die Stille,

c) Besinnung auf Dein Verbundensein mit dem Inneren Helfer, gläubige Bejahung der Hilfe von innen,

d) sachliche Darlegung des Dich quälenden Problems, der Ursachen der Schwierigkeit und der sonstigen Tatsachen, die mit dem Problem zusammenhängen,

e) die Bitte an den Inneren Helfer, Dir bei der Lösung des Problems beizustehen,

f) Dank an den Inneren Helfer, Rückkehr aus der Stille und Hinwendung auf die nächstliegende Aufgabe – in dem Gewißsein, daß nun der Innere Helfer das Seine tut.

Für den Erfolg wichtig ist, daß Du nach der Meditation völlig entspannt und unbesorgt bleibst, da an Deiner Stelle ja nun Dein unsichtbarer Teilhaber die Lösung des Problems übernommen hat.

Nun gibt es zwei Möglichkeiten:

Entweder fällt Dir schon während oder unmittelbar nach der Meditation oder erst in dem entscheidenden Augenblick, wo Du sie brauchst, die einzig richtige Lösung des Problems ein – *oder* sorgt Dein Innerer Helfer von sich aus für die

Wandlung der Dinge und Geschehnisse mit dem Ergebnis, daß das Problem sich von selbst löst, so daß Du nichts mehr zu tun brauchst.

Wenn Du diese Hilfe von innen *einmal* erlebt hast, sorgst und quälst Du Dich hinfort nicht mehr um die großen und kleinen Probleme des täglichen Lebens, sondern machst es Dir zur Gewohnheit, sie dem Inneren Helfer anheimzustellen, sie von ihm lösen zu lassen und seinem Rat zu folgen.

IST SCHEIDUNG DER EINZIGE AUSWEG?

1. Vermeide den Fehler, Dich von interessierten und nichtinteressierten Freunden und Freundinnen darüber beraten zu lassen, ob es für beide Teile besser ist, zusammenzubleiben oder auseinanderzugehen. Im Grunde kann Dir kein Außenstehender sagen, welcher Weg zum Glück führt; – nur einer kennt *Deinen* Weg zum Glück: der *Innere Helfer*. Nur er kann Dir den rechten Rat geben.

Als selbstverständlich setze ich hier voraus, daß Du den ehrlichen Willen hast, vor Gott und Deinem Gewissen richtig zu handeln und durch Deinen Entschluß keinem zu schaden, also die *beste* aller möglichen Lösungen zu finden. Ist dies Deine Einstellung, wird der Innere Helfer Dir die ersehnte Klarheit über den einzuschlagenden Weg nicht versagen. Gerade in solchen Fällen bewährt sich die Meditation besonders. Mir ist kein Fall bekannt, wo ein in ihr erlangter Rat zum Unglück ausschlug, während ich viele Beispiele dafür kennen gelernt habe, welches Glück entstand, als man auf die innere Stimme hörte und ihr folgte.

Die Praxis ist die im technischen Teil gezeigte:

Sowie Du Dich entspannt hast, in die Stille eingetreten und nach innen geöffnet bist, trage dem inneren Helfer die Dich bewegende Frage vor, überblicke innerlich klar alle Schwierigkeiten und die einzelnen möglichen Wege. Je leidenschaftsloser Du die einzelnen Möglichkeiten nach und nach in das Blickfeld Deines Bewußtseins schiebst – sozusagen als Denkstoff für den Inneren Helfer –, desto bestimmter wird die Antwort von innen, desto lebendiger wird die Erkenntnis des einzig richtigen Weges zur Klärung und Lösung.

Deine geistige Haltung während der Meditation sei absolut positiv und unbelastet, frei von jedem Druck und von Gefühlen des Ärgers oder Hasses, des Enttäuschtseins, der Scham, der Wut oder der Furcht vor der Zukunft. Vertraue auf den Inneren Helfer; er wird Dich nicht verlassen und Dir den rechten Weg zeigen oder freimachen. Je größer Dein Vertrauen, desto näher ist die Hilfe.

Ein auf diese Weise erlangter Rat ist hundertmal mehr wert als alle Ratschläge, die Freunde und Bekannte Dir geben können.

2. Wenn Du Dich von vornherein auf *Scheidung* eingestellt hast, überlege folgendes:

Glaube nicht, daß Du bei einem anderen Ehepartner ohne weiteres das »wirkliche Glück« findest, das Dir in Deiner jetzigen Ehe scheinbar versagt blieb. Glück ist ein *innerer* Zustand, kommt also niemals von außen, von anderen Menschen, sondern aus Dir selber. Hast Du das Glück in Deiner jetzigen Ehe nicht zu verwirklichen vermocht, besteht keine Gewähr, daß Du es in einer neuen Ehe ohne weiteres besser realisieren wirst. Denke an die Goldene Regel in der Ehe:

Was Du wünschst, das der andere Dir sei und gebe, sei und gib Du ihm zuvor; dann wird Dir das Ersehnte in Fülle werden.

Hast Du es versucht, diesen Grundsatz einmal in Deiner jetzigen Ehe anzuwenden? Tue es kurze Zeit – und das wirkliche Glück wird in dem Maße auf Dich zuströmen, wie Du in Gedanken, Worten und Taten bemüht bist, es aus Deinem Innern hinauszustrahlen.

Du kennst noch nicht die verwandelnde Kraft Deiner Liebe! Laß sie einmal durch Dich wirken – Du wirst dann bald erkennen, daß das »wirkliche Glück« *überall* ist, wenn Du es nur mit der Wünschelrute rechten Denkens und echter Liebe suchst. Erweise Deinem Partner das Gute, das Du von ihm erwartest – und Du bewirkst, daß auch der andere anfängt, alles zu tun, um Dich glücklicher zu machen.

Dieser Umwandlungsprozeß dauert je nach der Gefühlsbetontheit Deines Denkens und nach dem Maße Deines Vertrauens zum Inneren Helfer in Dir wie im andern verschieden lange – vor wenigen Wochen bis zu einem halben Jahr.

3. Wenn Du die *Scheidung vollzogen* hast und wieder heiraten möchtest, dann sei das erste, was Du völlig vergißt, der Partner, mit dem Du bisher verheiratest warst. Statt Dich Gefühlen des Enttäuscht- und Verbittertseins hinzugeben, tritt jeder Erinnerung an ihn mit der Feststellung entgegen, daß er nicht der Rechte war.

Als zweites geh' in die Stille und wende Dich an den Inneren Helfer: er kennt den Ehepartner, der zu Dir gehört, und vermag Dich mit ihm in Kontakt zu bringen. Bitte ihn um seinen Beistand und danke ihm im voraus für seine Führung, die bewirken wird, daß der rechte Partner Dir zur rechten Zeit begegnet.

Tue im übrigen, was Du tun kannst, damit der rechte Partner Dich findet: gib Deinem innersten Wesen lebendig Ausdruck durch Dein Verhalten und Tun, so daß jedem Menschen Deine sonnige Seelenhaltung wohltuend bewußt wird. Lege nicht die Hände in den Schoß, darauf wartend, daß Dein Innerer Helfer Dir den für Dich bestimmten Ehepartner auf einem Tablett präsentiert, sondern tue, was Du vermagst, um ihn anzuziehen und zu gewinnen:

Erkenne und bejahe Dich als Kind des Geistes des Guten und sei demgemäß gütig und freundlich, hilfsbereit und aufgeschlossen gegenüber allem – wer und was es auch sein mag. Bemühe Dich, selbst Deine Feinde mit Deiner Liebe zu umfassen, und freue Dich Deines Daseins. Je mehr Freude und Liebe in Dir ist, desto magnetischer wirst Du für die Wesen, die Dir innerlich verwandt sind. Ergreife jede Gelegenheit, Gutes zu tun – und Du wirst das Leben so reich und beglükkend finden, daß Du an gar nichts anderes mehr denkst. Und wenn dann der rechte Partner in Dein Leben tritt, wird er sofort wissen, daß Du zu ihm gehörst, und Du wirst fühlen, daß er der vom Inneren Helfer bejahte Ehepartner für Dich ist.

Bejahe und fühle, daß der Innere Berater und Helfer Dir beisteht in allem, was Du unternimmst, und vertraue darauf, daß er Dir im rechten Augenblick den Menschen zuführen wird, mit dem zusammenzuleben für euch beide Glück, Zufriedenheit und wachsende Bereicherung bedeutet.

WIE MAN AUF SCHICKSALSSCHLÄGE RICHTIG REAGIERT

1. Den psychologisch nächstliegenden Rat gibt hier William *James:*

»Nimm ein ärgerliches Geschehnis als gegeben und schicke Dich darein. Die Bejahung des Geschehenen ist der erste Schritt zur Überwindung der Folgen eines Unglücks.«

Nimmst Du leicht, was Du nicht ändern kannst, dann *machst* Du es leicht und ertragbar. Und was Du ändern kannst, wandelst Du sodann durch planmäßiges Handeln, soweit Du es eben vermagst. Wenn Du Dich bei jedem Schicksalsschlag – statt Dich darüber zu *erbosen* und dadurch alles noch *böser* zu machen – mit einem tiefen Atemzug besinnst, daß es noch gut ausging, da es hätte weit schlimmer kommen können, machst Du das Erlebte zu einer Stufe, die Dich irgendwie höher führt.

Die Erfahrung lehrt, daß man a) um das wächst und b) über das hinauswächst, was man bejaht. Zudem weckt jede Bejahung neue Tiefenkräfte, die es Dir leichter machen, das, was Du nicht ändern kannst, gelassen hinzunehmen wie ein Baum den Sturm, der ihn beugt, aber nicht knickt.

2. In keinem Laden wirst Du *mehr* für eine Sache bezahlen, als sie wert ist. Du bezahlst *zu viel*, wenn Du Dich über einen Schicksalsschlag aufregst und erbost; denn Du wirfst Deine Gesundheit dem erlittenen Schaden nach. Laß es mit dem, was geschehen ist, genug sein und widme Deine übriggebliebene Kraft und Dein Vermögen dem Neuaufbau.

Schicksalsschläge gleichen dem Regen. Man kann sich naßregnen lassen und nachher über den verdorbenen Anzug jammern. Man kann einen Schirm aufspannen und trocken bleiben. Bei Schicksalsschlägen heißt der Schirm: *bejahende Haltung*. Wenn Du zu allem, was kommt, einfach *Ja* sagst, nicht jammerst, sondern aufstehst und weitergehst, als ob nichts Entscheidendes geschehen wäre, dann machst Du das Bestmögliche aus dem Erlebten.

»Make the best of it« – diese amerikanische Maxime hat mir schon so oft geholfen, über Geschehenes gut hinwegzukommen, daß ich sie Dir nicht eindringlich genug empfehlen kann: *»Mach' das Beste daraus!«* Es gibt keinen kürzeren Weg, Deine Lage zu ändern und zu verbessern.

Es liegt immer bei Dir, ob Du ein Minus klagend als solches hinnimmst, oder ob Du es durch bejahende Haltung und zähe Arbeit in ein Plus umwandelst. Indem Du Dein Verhalten änderst, änderst Du Deine Verhältnisse. Das nenne ich: aus einem Mißgeschick profitieren. Wer das nicht fertigbringt, ist noch ein Anfänger in der Lebenskunst.

3. »Aber wenn gleich eine *Reihe von Schicksalsschlägen* auf mich niederprasselt?«

Dann hüte Dich davor, dem »Pechvogel«-Komplex zum Opfer zu fallen, und lerne, die Ursachen wiederholten Mißgeschicks in Deinem *Innern* zu beseitigen:

Gewiß gibt es »Glücksserien« und »Pechsträhnen«. Aber sie kommen nicht von außen, sondern sind seelisch bedingt.

Wenn Du ihnen auf den Grund gehst, wirst Du herausfinden, daß der Auslöser wiederholter gleicher Erfahrungen die *seelische Grundhaltung* dessen ist, der diese Erfahrungen »macht«. Er *macht* sie.

Herrscht in Dir eine gefühlsstarke *Lebensfurcht* vor oder ein länger anhaltendes Stimmungstief, dann verhältst Du Dich unbewußt so, daß Du überwiegend für *negative* Erfahrungen und Verhältnisse anziehend wirst – was zur Folge hat, daß sich das Unglück bei Dir richtig wohlfühlt und ein Mißgeschick das andere ablöst.

Umgekehrt hat eine *positive,* lebensbejahende Seelenhaltung oder ein länger dauerndes Stimmungs-Hoch zur Folge, daß Du wie ein Magnet Glücksgelegenheiten, hilfreiche Menschen und Erfolge anziehst. Die Gesetzmäßigkeit, die solchen »Serien« zugrundeliegt, ist also *in Dir.* Lerne aus dieser Erkenntnis,

a) Dich bewußt mit positiven Gedanken der Lebensbejahung, des Selbst- und Schicksalsvertrauens und des Siegglaubens vollzupumpen und Dich jederzeit so zu verhalten, als ob Du *über* den Dingen stündest und allem gewachsen seiest,

b) einmal täglich in der Meditation, wie sie im technischen Teil gelehrt wird, dem *Schicksalslenker in Dir,* Deinem Inneren Helfer, Dein Vertrauen zu bekunden, ihn um seinen Beistand zu bitten und Dich mehr und mehr seiner Führung zu überlassen.

4. »Aber wenn ich *am Tiefpunkt meines Lebens angelangt* bin und jedes Vertrauen auf eine Besserung verloren habe?«

Das ist gerade der richtige Augenblick, Dich zu entspannen, Dich gänzlich fallen zu lassen und die Konkursmasse Deinem inneren Anwalt zur Regelung zu übergeben.

Wenn Du auf der spiraligen Bahn des Lebens ganz *unten* angelangt bist, kann es ja nur noch aufwärtsgehen – vorausgesetzt, daß Du den Auf-Schwung nicht von außen, sondern nur noch von *innen* erwartest!

Tue also folgendes:

Gehe nach erfolgter restloser Entspannung in die Stille. Wenn auch Deine Gedanken entspannt sind und die Gelassenheit Dich überkommt – die mehr ist als Gleichgültigkeit –, dann besinne Dich auf Dich selbst und Deine augenblickliche Lage.

Überblicke das Kampffeld Deines Lebens, als ob Du es mit den Augen eines anderen, und zwar des Inneren Helfers sähest ... Zunächst überwiegt das Gefühl, daß Dir nach allem, was geschehen ist, nichts Schlimmeres mehr passieren kann. Hiernach gewinnt eine neue Einsicht an Kraft: daß alles, was geschah und künftig geschehen könnte, Deinem innersten Wesenskern nichts anhaben kann ...

... Nur Dein *Wachbewußtsein* ist von den Schicksalsschlägen hypnotisiert und sieht alles grau in grau. Dein *Überbewußtsein,* der Innere Helfer, blickt weiter und sieht, wie Dein Weg jenseits der Wolkenwand wieder aufwärts führt. Darum lächelt er über das, was Dein Wachbewußtsein ängstigt. Er steht über den Dingen und Bedingungen des äußeren Lebens.

Wenn Du so weit bist, hast Du bereits die rechte Blickrichtung gewonnen und kannst Dich mit einer entsprechenden *Bejahung* direkt an den Inneren Helfer wenden:

»Von mir aus vermag ich nichts. Ich habe es aufgegeben und gebe mich in Deine Hände. Ich überlasse Dir, meinem Inneren Helfer, die Neuordnung meines Lebens. Ich fühle, daß Du stärker bist als das Schicksal und daß Du mir beistehst. Ich vertraue Dir, daß Du den Ausweg findest, der aus aller Not herausführt. Und ich danke Dir von ganzem Herzen, daß Du von nun an meine Schritte lenkst und mir die Kraft leihst, weiter zu gehen, wo ich kein Ziel sehe. Ich warte mit aller Zuversicht, die noch in mir ist, daß mit Deiner Hilfe mein Leben sich ändern und alles sich zum Besseren wenden wird!«

Wenn Du solchermaßen die ganze Verantwortung und das Steuer Deines Lebensschiffleins dem Inneren Helfer überlassen hast und diese Tatsache immer wieder bejahst, bis das übermächtige Gefühl des *Geborgen- und Gelassenseins* auch die letzten Reste der Schicksalsfurcht aus Deinem Bewußtsein weggeschwemmt hat, wirst Du zuerst an kleinen und dann an größeren Geschehnissen in Deinem Leben merken, daß Du bereits nicht mehr am Tiefstpunkt stehst, sondern daß es mit Dir vorangeht – so daß Du zuerst schüchtern, bald aber immer entschlossener zu bejahen vermagst:

»Es geht mit mir von Tag zu Tag aufwärts!«

Damit ist der tote Punkt der Angststarre überwunden. Du bist aus der seelischen Stagnation und Verkrampfung heraus und wirst langsam wieder aktiv in dem Maße, wie Du die Dynamik Deines Inneren Helfers tief innerlich als Gefühl zunehmender Kraft oder äußerlich in fortschreitenden Wandlungen und Besserungen Deiner Lebensbedingungen verspürst.

Und nun beginnt sich Dir das Leben, in dem Du bislang Deinen Feind sahst, von seiner anderen Seite zeigen: als Dein *Freund.* Je mehr Du Dich gewöhnst, von nichts und niemandem außer dem Inneren Helfer Rettung, Beistand und Heilung zu erwarten, desto sichtbarer beginnen sich Deine Erwartungen und Hoffnungen zu erfüllen und desto mehr verlieren äußere Mächte und Schicksalsschläge ihre Schrecken . . .

. . . Du erkennst, daß Gesundheit, Glück und Erfolg Dir zubestimmt sind und daß die Kraft in Dir ist, Dein Schicksal aufs beste zu meistern. Denn der Lenker Deines Schicksals ist ja *in Dir,* so daß alles, was geschieht, auf weite Sicht Deinem Wohle dient, Deiner fortschreitenden Vollendung und dazu, Dir bewußt zu machen, daß Du nur zu einem bestimmt bist: glücklich zu sein!

Hast Du erst begriffen, daß es gar nicht darauf ankommt, was für ein Schicksal Du *hast,* sondern was Du – in bewußter Partnerschaft mit dem Inneren Helfer – daraus machst, dann wirst Du das Leben nicht mehr fliehen und es Dir dadurch schwer machen, sondern Du wirst es bejahen, es mutig willkommen heißen und es eben dadurch leichter machen.

Das ist der Weg, jede Not in eine Segnung zu verwandeln

und jeweils um die Kraft dessen zu wachsen, was Dich nicht umzubringen vermochte! Es ist der Weg, der Dich auch aus der tiefsten Not mit Sicherheit zu den Höhen des Lebens hinaufführt.

WIE MAN SCHLAFLOSIGKEIT BEHANDELT

1. Du wirst Deine Schlaflosigkeit auf natürlichstem Wege und ohne Mühe los, wenn Du nachstehenden, aus reichster Erfahrung geschöpften Anweisungen folgst.

Fassen wir zunächst ins Auge, was zu *vermeiden* ist. Hier sind die wichtigsten *Schlafstörer:*

a) Schlafmittel, da sie nicht Schlaf, sondern nur vorübergehende Betäubung bringen und bei *längerem* Gebrauch dem Organismus schaden;

b) spätes Essen, und zwar sollten nach sechs Uhr abends keine *schweren* Speisen -- Fleisch- und Mehlspeisen, Hülsenfrüchte, Eier, Kaffee und Alkohol – mehr eingenommen werden;

c) aufregende Lektüre unmittelbar vor dem Schlafengehen oder im Bett, da sie spannend wirkt und das Einschlafen erschwert;

d) Wecker und sonstige äußere Schlafunterbrechungsmittel, da sie den Ablauf des Schlafrhythmus stören; für diesen Zweck steht ja der innere Wecker der »Kopfuhr« zur Verfügung;

e) anstrengende geistige Arbeit nach dem Abendessen;

f) übermäßige Heizung und unzureichende Lüftung des Schlafraumes;

g) die Furcht, nicht einschlafen zu können, da Furcht stets das Gefürchtete anzieht und schlafvertreibend wirkt;

h) die Sorge, daß Schlaflosigkeit schaden könnte; sie ist unbegründet, da der Körper sich in jedem Falle das an Schlaf und Erholung nimmt, was er braucht, wobei die Dauer des Schlafes ohne Belang ist;

i) das krampfhafte Erzwingenwollen des Schlafes, da jede Anstrengung erneute Spannung bedeutet, die wach hält; der Schlaf hingegen ist ein Passivwerden, eine Ent-Spannung, die sich nicht aktiv-willentlich herbeiführen läßt; sich gegen die Schlaflosigkeit stemmen heißt hellwach bleiben;

k) alles negative Denken, denn es erzeugt innere Spannungen, die Entspannung und Schlaf verhindern oder verzögern.

Mache Dir besonders folgendes klar:

Die Ursache der Schlaflosigkeit liegt zumeist nicht im Körper, sondern in der Seele: in Deinen *Gedanken*. Prüfe Dich einmal daraufhin, ob es gar schon eine Gewohnheit geworden ist, daß Deine Gedanken abends um die Möglichkeit des Nichteinschlafen-könnens kreisen, ob die Bilder des Wachseins bereits gefühlsbetonter und darum stärker sind als die Bilder des Schlafes, der Ruhe, des Gelockert- und Entspanntseins, der Gelassenheit und Stille. Ist das der Fall, dann ändere die Richtung Deiner Gedanken: erfülle Dich allabendlich bewußt mit Bildern der Ruhe, der Müdigkeit, des erquickenden Schlafes, der Geborgenheit und der Stille ...

Der gesunde Mensch kann längere Zeit mit sehr wenig Schlaf auskommen, ohne daß sich irgendwelche »Folgen der Schlaflosigkeit« bei ihm zeigen. Er schläft dann eben tiefer statt länger. Gestorben ist an Schlaflosigkeit noch nie jemand. Sieh Deine Schlaflosigkeit als harmlos und leicht überwindbar an, beruhige Dich mit der Bejahung: *»Ich werde immer genug Schlaf bekommen; mein Körper wird sich ihn schon holen, wenn er ihn braucht!«* – und Du wirst sehen, wie sich der Schlaf bald von selbst einstellt.

Es ist eine psychologische Tatsache, daß die Schlaflosigkeit um so schlimmer wird, je mehr man sich ihretwegen *sorgt*, während sie von selbst verschwindet, wenn man sich einfach nicht mehr darum kümmert und die schlaflosen Stunden positiv auswertet, etwa indem man eine liegengebliebene Arbeit erledigt. Auf diese Weise stellt sich die normale Müdigkeit und der gesunde Schlaf von selbst wieder ein.

Einer meiner Bekannten überwand seine Schlaflosigkeit, indem er sich in schlaflosen Stunden besann: *Es ist mir gleich, ob ich schlafe oder nicht; ich überlasse das meinem Körper, der ja weiß, was er braucht. Ich nehme es, wie es kommt!«*

Er machte aus einer schlaflosen Stunde das Bestmögliche, indem er entweder aufstand, eine Arbeit erledigte oder ein heiteres Buch las, oder indem er liegenblieb, die Augen schloß und sich dem beruhigenden Gefühl überließ, daß dieses Ausruhen seinen Körper genau so regeneriere wie der Schlaf.

Sehr bald gab sein Körper das Spiel auf und beglückte ihn mit traum- und unterbrechungsfreiem Schlaf.

2. Und nun wollen wir ins Auge fassen, was zu *beachten* und zu *tun* ist, um den Schlaf herbeizuführen.

Hier sind die wichtigsten *Schlafförderer:*

a) Rechtzeitiges Schlafengehen, sowie Du müde bist. Wer sich zwingt, aufzubleiben, wenn er sich nicht mehr frisch fühlt, mindert sein Entspannungs- und Schlafvermögen. Wenn Du nicht ein ausgesprochener Nachtarbeiter bist, versuche im *Sonnenrhythmus* zu schlafen: von 8 oder 9 Uhr abends bis 4 oder 5 Uhr morgens.

C. L. *Schleich* hat das ärztliche Wissen über die beste Schlafweise in der folgenden Regel zusammengefaßt: »Schlaf und Sonnenuntergang, Erwachen und Sonnenaufgang sollten parallele Dinge sein. Die Kultur hat Scheinsonnen erfunden, die das Dunkel und den Schlaf hintergehen. Aber die Natur läßt sich nicht überlisten. Die Nerven müssen hohe Prozente zahlen für das gestohlene Licht. Wer darüber hinaus seine Müdigkeit künstlich bekämpft durch Nikotin, Alkohol, Kaffee oder Tee, der legt seinem treuesten Wächter eine Binde um die Augen. Suche Deinen persönlichen Schlafrhythmus zu ergründen, also die Stundenzahl, die Du brauchst, um ausgeschlafen zu haben. Diese Zahl sei Dir heilig – und Du wirst immer gut schlafen und gesund bleiben!«

b) Ein Spaziergang vor dem Schlafengehen, den Du von einer Viertelstunde im Anfang allmählich bis zu einer Stunde ausdehnst. Bis dahin bleibe körperlich und geistig aktiv; nach dem Spaziergang aber vermeide erneute geistige Anstrengungen und Spannungen.

c) Wassertreten vor dem Schlafengehen: Laß etwas kaltes Wasser in die Wanne, 10 cm hoch, und spaziere 1–2 Minuten darin herum; anschließend gehe sofort ins Bett und bejahe in der Entspannungsübung besonders das rasche Warmwerden der Füße, in die das Blut prickelnd hineinströmt. Fühle, wie das Blut vom Kopf weg in die Beine fließt und wie als Folge davon Müdigkeit Dich überkommt und einhüllt ... Fühle, wie Dein ganzer Körper überall gut aufliegt, bequem und entspannt und angenehm warm daliegt – und wie der Schlaf Dich überkommt ...

d) Schlafrichtung nach Norden oder Osten: ein berühmter englischer Nervenarzt riet mit Erfolg seinen an Schlaflosigkeit leidenden Patienten, beim Schlafen mit dem Kopf nach Norden – zum magnetischen Nordpol – zu liegen oder nach Osten – in Richtung der Erdbewegung und der aufgehenden Sonne.

e) Eine Tasse warme Milch mit etwa Honig oder ein Likörgläschen Zuckerwasser hat sich ebenfalls als schlafförderndes Suggestivmittel bewährt.

f) Erschwertem Einschlafen oder mehrfachem Aufwachen in der Nacht kannst Du nach erfolgtem Warmwerden im Bett auch mit einem kalten Leibwickel im Sinne *Kneipps* wirksam begegnen. Bei kalten Füßen nimm vorher ein Wechsel-Fußbad.

g) Sowie Du im Bett liegst, mach' es Dir so bequem und angenehm wie möglich. Rolle Dich wie eine Katze zusammen, bis Du die Dir am meisten zusagende Schlafhaltung erreicht hast. Sammle Deine Gedanken dabei auf ein Bild des Friedens, der Ruhe, Geborgenheit und Harmonie.

h) *Entspanne* Dich, wie dies im technischen Teil gezeigt ist, bis die durch die Schwere- und Wärmebejahung erreichte

Muskel- und Gefäßentspannung und die Ruhigstellung des Körpers von selbst in den Schlaf übergeht, dem Du Dich willig überläßt.

i) *Danke* Deinem Inneren Helfer in der Stille des Abends für die Geborgenheit und Ruhe, die er Dir schenkt. Gib Dich völlig dem Gefühl des Stille- und Ruhigseins hin und vertiefe Deine Schlafbereitschaft durch die Bejahung:

»Ich freue mich auf den Schlaf. Ich bin müde und schlafe leicht ein. Ich werde gleich ruhig und fest schlafen ...

Mein Körper sehnt sich nach Schlaf. Ich werde bis zum Morgen gut schlafen und mit neuer Kraft aufwachen!

Ich bin müde ... meine Glieder sind schwer wie Blei ... schwer wie Blei ... Ich schlafe ... schlafe ... schlafe ...«

Fühle lebendig, wie der Schlaf Dich überkommt ... Laß es langsam in Dir dunkel werden, wie es um Dich herum dunkel ist ... Fühle, wie wunderbar es ist, langsam in den Schlaf hinüberzugleiten – wie er Dich mit einer warmen Welle der Geborgenheit umfängt und einhüllt ...

3. *Wenn Du nachts aufwachst* und eine Weile ohne Schlaf daliegst, überlaß Dich keinen negativen Gedanken, sondern werde Dir bewußt, daß das Wachsein dem Körper nicht schadet und dem Geist noch weniger, denn er ist ohnehin immer wach und tätig. Der Schlaf kommt von selbst wieder, wenn Du gar nicht darüber nachdenkst und Dich in keiner Weise darum sorgst, ob und wann er kommt oder nicht ...

Schlaflose Pausen während der Nacht, namentlich wenn sie *häufiger* auftreten, beseitigst Du nach kurzer Zeit, wenn Du der allabendlichen Schlafbejahung (wie unter 2 i angegeben) noch den Satz anfügst:

»Ich werde fest und gut und ohne Unterbrechung die ganze Nacht schlafen und erst morgen früh um ... Uhr frisch und gestärkt aufwachen!«

Sind die schlaflosen Pausen seltener, dafür aber von längerer Dauer, ist eine Stilleübung mit anschließender Meditation und folgender Bejahung angebracht:

»Die Ruhe und der Friede der Nacht strömen in mich ein. Ich bin völlig entspannt; ich bin Ruhe, Frieden, Harmonie. Ich bin ruhig, ich bin eins mit dem Rhythmus der Nacht ...

Ich bin müde und entspannt ... Ich fühle mich frei und in Harmonie mit dem Rhythmus der schlafenden Natur ... Meine Gedanken klingen ab ... Ich bin müde ... ich schlafe ... schlafe ...«

Es wird nicht lange dauern, und der Schlaf wird auch bei Dir die wunderbar regenerierende und verjüngende Wirkung auf den ganzen Zellenstaat ausüben, die er beim gesunden Menschen hat. –

Du kannst die *nächtliche Meditation* auch benutzen, um dem Inneren Helfer für alles zu danken, was er den vergangenen Tag hindurch für Dich getan hat, und ihn zu bitten, Dich auch am kommenden Tage zu behüten und alles zum Besten zu wenden und Dir durch einen erquickenden tiefen Schlaf die Kraft zu geben, den neuen Tag erfolgreich zu meistern. Denke daran, daß der Innere Helfer über Dich wacht, während Du schläfst, und überlasse es ihm, Dir den Schlaf zu geben, den Du brauchst.

Erneuere die durch einen negativen Gedanken oder eine äußere Ursache gestörte Schlafbereitschaft, indem Du leise vor Dich hinmurmelst: *»Ich bin entspannt ... ich bin müde ... ich bin schläfrig ... ich schlafe ein ...", ohne* Dich dabei zu belauern, ob und wann Du nun einschläfst. Gib Dich dem Gefühl des Müdeseins hin und überlasse alles übrige dem Inneren Helfer.

Ein weiteres einfaches Mittel, die *Schlafbereitschaft* wiederherzustellen und gleich wieder einzuschlafen, ist das Horchen auf das Ticken der Uhr und die Hingabe an den monotonen Rhythmus des Ticktack oder an den Atemrhythmus: *»Schlafe ein – schlaf ein – schlafe – schlafe – schlafe ...«* Dabei fallen Dir die Augen nach wenigen Minuten wieder zu und öffnen sich erst, wenn es Zeit für Dich ist, aufzustehen.

4. Ein Mittel, Schlaflosigkeit langsam aber sicher loszuwer-

den, ist die Gewöhnung an die *Terminsetzung für das Aufwachen mit Hilfe der »Kopfuhr«*, das sich auch dann empfiehlt, wenn Du morgens unfrisch erwachst und ungern aufstehst:

Laß die Entspannungsübung in die unter 2 i angegebene Bejahung ausmünden, die Du jedoch durch den folgenden Selbstbefehl ergänzst:

»Morgen früh um . . . Uhr werde ich frisch und frohgelaunt aufwachen und sofort aufstehen!«

Stelle Dir dabei den Zeitpunkt des Aufwachens auf einem Riesenzifferblatt plastisch vor.

Je mehr Du Dich auf diese Weise gewöhnst, zu einer bestimmten Zeit – im Anfang nach Möglichkeit immer zur gleichen Zeit – aufzuwachen, desto mehr schwindet erfahrungsgemäß die Neigung, zu anderen Zeiten, also mitten in der Nacht, aufzuwachen und längere Zeit schlaflos dazuliegen.

Diese Schulung des Schlafvermögens empfiehlt sich besonders bei hochgradiger Schlaflosigkeit. Der Organismus gewöhnt sich bald an den neuen Schlafrhythmus und an die vom inneren Wecker einmal akzeptierte Erwachenszeit – um so mehr, wenn Du beim Aufwachen dann sogleich aufsteht und froh gestimmt in den neuen Tag hineinspringst.

5. Wichtig ist schließlich noch, daß Du Dich auch *tagsüber* daran gewöhnst, Dich von immer weniger Dingen verstimmen zu lassen, da die Erregungen des Tages leicht während der Nacht weiterschwingen und Dich dann schwerer zur Entspannung und Ruhe kommen lassen. Folge hier der Mahnung des Dichters Otto *Ernst:*

»Gewinne die große Distanz zu den Dingen! Denn wenn ich nach acht Wochen oder nach drei Jahren über ein Ärgernis lachen kann, bin ich ein Esel, wenn ich nicht schon *jetzt* darüber lache. Mit dieser Selbstbesinnung zwingt der Mensch den Schlaf auf seine Lider, wenn die Niedertracht der Welt ihn wachzuhalten droht. Er legt sich auf sein sanftes Ruhekissen und nimmt die erste Dosis seines Schlafmittels, die lautet: ›Durch Schlaflosigkeit schwäche ich nur meine Kraft!‹ Hilft das nicht, so stellt er sich deutlich vor, wie er in Zukunft einmal über die Widerwärtigkeiten dieses Tages lachen wird, und mit dem vorgestellten Lächeln auf den Lippen entschlummert er. Nur in besonderen Fällen wendet er die dritte Dosis an, die lautet: ›Wie würden sich meine Feinde freuen, wenn ich um ihretwillen wachte!‹ In der nächsten Minute schläft er fest.«

IN DREI TAGEN FREI VON SCHÜCHTERNHEIT

1. Tag: Richtige Einstellung

Als erstes rede Dir aus, daß »alles auf Dich sieht«. Bilde Dir nicht ein, daß Du so interessant bist, daß jeder sich sogleich mit Dir beschäftigt. Tue überall, als ob Du zu Hause seiest. Laß die andern für Dich zunächst einmal Luft sein, gleichwie auch Du für die meisten andern Luft bist, solange Du ihnen nicht fordernd oder helfend entgegentrittst.

Denke nicht mehr darüber nach, was andere über Dich denken könnten. Gewöhne Dich daran, von innen nach außen zu leben. Solange Du ängstlich auf das achtest, was andere meinen oder denken könnten, lebst Du falsch, nämlich von außen nach innen. Erst wenn Du *Dich* als den Mittelpunkt Deines Lebens siehst und die Umwelt als Spiegel Deiner Innenwelt erkennst, lebst Du in rechter Weise von innen nach außen. Und wenn Du so lebst, weißt Du bald nicht mehr, wie Du es anfangen sollst, schüchtern zu sein.

Du brauchst Dich nicht darüber zu schämen, daß Du da bist. Dein Dasein beweist Deine Notwendigkeit. Fühle Dich als Kind des Ewigen und als Eigner aller Kräfte des Alls. Minderwertigkeitsgefühl, Geringschätzung des eigenen Selbstes ist, wie ich an anderer Stelle bereits zeigte, eine Sünde; denn es ist eine Nichtachtung der Vollkommenheit des göttlichen Funkens in Deinem Innern.

In den Augen des Ewigen bist Du ebenso viel wie ein König oder ein Milliardär. Sie unterscheiden sich von Dir nur durch die größeren Sorgen. Es kommt nicht darauf an, was Du bist, sondern allein darauf, ob und wie Du die Kräfte, die in Dir, wie in jedem Menschen, angelegt sind, nützest!

Denke also nicht gering von Dir; denn erst wenn *Du* es tust, werden auch andere, von Deinen Gedanken beeinflußt, es tun!

Und zum Abschluß Deiner Selbstbetrachtungen mache eine *Entspannungsübung,* wie sie im technischen Teil gezeigt ist. Sie wird bewirken, daß die Schüchternheit zum Abklingen kommt und daß mit ihr auch die sie begleitenden Übel – Erröten, Schwitzen an den Händen, im Gesicht oder am ganzen Körper, Menschenscheu, Unsichersein und Gehemmtsein im Verkehr mit andern, Versprechen, Platzangst und andere Fehlhaltungen infolge angstbedingter seelischer Fehlschaltungen – von selbst verschwinden, weil die diesen Übeln zugrundeliegenden inneren Spannungen sich lösen und zunehmender Lockerung, Ruhe und Gelassenheit weichen.

2. Tag: Selbstbesinnung

Wenn jemand Dich anstarrt und Dich zu verwirren droht, fixiere ihn ebenso scharf wieder in der beruhigenden Gewißheit, daß Du kraft des Inneren Helfers der *Stärkere* bist. Dann wird der andere bald seinen Blick senken und Dich nicht mehr stören.

Besinne Dich immer, wenn Schüchternheit Dich anwandelt, sogleich auf den Inneren Helfer. Wer ihn in sich gefunden hat, hat so viele Kräfte in sich mobilisiert, daß er sie kaum alle verwenden kann. Erfülle Dich mit Gedanken der Kraft, des Selbstvertrauens und des Mutes, dann hast Du Dich bereits zur Hälfte von Schüchternheit befreit. Mache Dir die folgende Einstellung und Bejahung zur Gewohnheit:

»Wenn der Innere Helfer mit mir zufrieden ist – und das ist er, wenn ich seiner Gegenwart stets lebendig bewußt bleibe –, kann es mir gleich sein, was andere über mich und mein Tun denken. Es berührt mich nicht mehr. Ich habe mein klares Ziel, und mein Innerer Helfer ist mein Führer auf allen meinen Wegen.«

Der sicherste Weg zur Überwindung jeder Schüchternheit und zur Wiedererlangung von Mut und Selbstvertrauen ist in der Tat der über den Inneren Helfer. Selbst-Vertrauen ist im Grunde Vertrauen auf seine stets gegenwärtige Kraft – ein Vertrauen, das Dich nach und nach zu einem neuen, kraftbewußten Menschen macht.

Jetzt wird es Dir bereits möglich sein, Dein bisheriges »Ich-kann-nicht«-Denken in ein kraftbewußtes »Ich kann!« zu verwandeln. An die Stelle der bisherigen negativen Vorstellungen und Mißgefühle: »Ich wage es nicht» . . . ich schaffe es nicht . . . dazu reicht meine Fähigkeit und Kraft nicht . . .« wirst Du jetzt spontan die folgende positive *Bejahung* setzen:

»Ich schaffe es! Alles ist leicht und gelingt mir. Ich werde meine Aufgabe besser erledigen, als ein anderer sie an meiner Stelle erledigen könnte. Dank der Kräfte des Inneren Helfers werde ich jedes Hindernis meistern. Mir gelingt immer mehr alles, was ich erstrebe!«

Erkenne, daß das Leben ein Wettkampf der Kräfte ist, in dem der gewinnt, der über die meisten »Ich kann!«-Gedanken verfügt.

3. Tag: Selbstbefreiung

Es ist eine Erfahrungstatsache, daß in der Mehrzahl seelisch reiche, wertvolle Naturen Schüchternheitsanwandlungen und Minderwertigkeitsgefühlen unterliegen – sehr oft, weil sie mehr von sich verlangen, eine höhere Aufgabe von den Pflichten des Daseins haben als der mit stumpferen Sinnen dahinlebende Alltagsmensch. Aber gerade diese feiner Konstituierten vermögen andererseits infolge ihrer größeren Einsicht auch leichter, sich von solchen Mißgefühlen zu befreien.

Heute gehen wir zunächst in die Stille, um auch die letzten Ursachen unserer Hemmungen zu entwurzeln. Hierzu bedienen wir uns wiederum des Beistandes des Inneren Helfers, der alle Tiefen der Seele kennt und – wenn wir seinem Spürsinn und seiner Führung vertrauen – bald alle Ursachen ermittelt und beseitigt haben wird. Du kannst mit dem Inneren Helfer wie mit Deinem besten Freunde sprechen und von ihm jede in den Tiefen Deines Unbewußten wurzelnde Hemmung beseitigen lassen.

Sowie das geschehen ist, folgt als zweiter Teil Deiner Aufgabe die Schaffung der Deiner früheren Schüchternheit entgegengesetzten *Mut*-Einstellung. Auch hierzu bedienst Du Dich des Inneren Helfers, und zwar erfüllst Du Dein Bewußtsein in der Meditation mit der folgenden *Bejahung:*

»Alle Kraft ist in mir! Ich bin eins mit den unerschöpflichen Energien des Inneren Helfers. Es gibt nichts, was ich nicht mit seiner Hilfe zu überwinden vermöchte.

Ich erstarke von Tag zu Tag. Alle Sorgen und Nöte, alle Hemmungen werden täglich kleiner. Ich bin stark und frei. Ich bin Herr über alle Kräfte des Inneren Helfers. Sie stehen immer zu meiner Verfügung und tragen mich sicher an mein Ziel. Ich werde mein Ziel erreichen. Ich habe Erfolg!«

Höre von nun an nicht mehr auf das, was andere meinen und raten, sondern vertraue einzig dem Inneren Helfer. Sage Dir immer, wenn andere Dich zu beeinflussen suchen:

»Mit dem Beistand meines Inneren Helfers werde ich die Aufgabe meistern, die mir gestellt ist. Was ich tue, ist recht und richtig und das Beste, was überhaupt getan werden kann. Was ich mit liebendem Herzen und in Harmonie mit dem Inneren Helfer beginne, führt immer zu einem glücklichen Ende. Ich werde Erfolg haben. Ich habe Erfolg!«

Zum Schluß noch eine Bejahung, die der bewußten Selbstbefreiung durch die Kraft des Inneren Helfers dient:

»Ich fühle mich frei und froh! Ich sehe mein Ziel klar vor mir; nichts bringt mich aus der Bahn, die mir mein Innerer Helfer vorgezeichnet hat. Mein Innerer Helfer und ich sind immer die stärkere Partei und jeder Situation überlegen.

Wie ein Fisch sich im Wasser wohl und sicher fühlt, so fühle ich mich im Leben wohl und geborgen. Alles, was an mich herantritt, dient mir dazu, diese Sicherheit und Kraft der Lebensmeisterung immer lebendiger zu entfalten. Ich fühle mich sicher und frei. Ich bin frei!«

WIE MAN SCHWÄCHE IN KRAFT VERWANDELT

1. Wenn Du Dich schwach fühlst, brauchst Du neue Kraft. Neue Kraft aber kannst Du in jedem Umfang gewinnen, und zwar von außen wie von innen. Zunächst von *innen:*

Die Hauptursache des Unvermögens, des Nichtkönnens, des Schwachseins liegt in Deinen *Gedanken.* Das beweist die Tatsache, daß, sowie Du in Deinem Denken eine Kehrtwendung um 180 Grad vornimmst, auch die äußere Wirklichkeit sich entsprechend wandelt.

Bejahe darum als erstes von früh bis spät die Tatsache:

»Ich bin stark ... mir gelingt alles, was ich unternehme ... ich habe Ausdauer ... ich führe alles zu Ende, was ich beginne ... ich habe Glück und Erfolg in allem, was ich anpacke ... ich bin mir meiner Kraft bewußt!«

Je lebendiger diese Tatsache – als Folge ständiger Bejahung und entsprechenden *Tuns, als ob* es bereits so wäre – Dir bewußt wird, desto rascher gleichen sich die äußeren Verhältnisse Deinem neuen Verhalten an und desto wesenloser wird das Gespenst der Furcht.

Folge dem Beispiel der großen Erfolgreichen, die jedes Schwächegefühl, jeden Gedanken: »Das kann ich nicht, das ist unmöglich!« mit der selbstverständlichen Bejahung beantworten: *»Natürlich geht es! Ich kann es! Alles ist möglich!«* Mit dieser Einstellung gingen sie ans Werk – und meisterten es!

Die Stärke der Großen besteht darin, daß sie Gedanken des Schwachseins und Nichtkönnens gewohnheitsmäßig schon beim Auftauchen durch die bewußte Hingabe an entgegengesetzte positive Vorstellungen des Starkseins und Könnens, des Überlegenseins und Erfolghabens abweisen, wegspülen und unwirksam, ja zunichte machen.

Durch tägliche Kraftbejahung und Zielkonzentration bewirkst Du nach und nach eine Energie-Aufladung, die nur dem Alltagsmenschen unfaßbar ist, weil er diesen Weg noch nie gegangen ist. Die innere Kraft beharrlich *bejahen* heißt, sie zum Wachsen bringen und allen äußeren Mächten gewachsen sein. Nur wer sich selbst aufgibt, ist verloren; wer mutig weitergeht, kann nur *gewinnen!*

2. Viele Menschen werten Schwäche bei anderen als *Willens*schwäche und versuchen es mit dem ebenso unpsychologischen wie nutzlosen Rat: »Du mußt nur *wollen*, dann geht es schon!«

Dieser Rat macht den, der ihn zu befolgen sucht, *noch* schwächer und hilfloser, weil jede *Anstrengung*, jeder Widerstand ein Übel nur verschlimmert.

Genau das Gegenteil ist anzuraten: nicht *wollen* sollst Du, nicht den Willenskrampf noch verschlimmern, sondern *lassen!* Schwäche ist Über-Spannung; also gilt es, Dich nicht durch Willensanstrengung noch mehr zu verkrampfen, sondern Dich zu *entspannen*, zu lockern, und nicht das Übel ins Auge zu fassen und dagegen anzukämpfen, sondern von ihm wegzusehen und den gegenteiligen positiven Wert in den Mittelpunkt Deines Bewußtseins zu rücken und ihn gläubig zu bejahen – bis Du fühlst, daß die bejahte Kraft zu sprudeln beginnt und die Sandbank der Schwäche von dem anschwellenden Strom des Starkseins, des Könnens, der Schaffensfreude überschwemmt und weggespült ist.

3. Mit der Entspannung – die Du am besten auf die im technischen Teil gezeigte Weise gründlich übst, bis sie Dir zur lieben Gewohnheit geworden ist! – geht die Gewöhnung an das *Schweigen* einher:

Rede von heute an nicht mehr, als unbedingt notwendig ist. Jedes überflüssige Wort – und wie oft ist das Redenmüssen nur eine Folge innerer Spannungen, die nach Auswirkung drängen! – schwächt Dich. Negative Gedanken und Worte gar, die der Mißlaune, dem Neid oder Haß entspringen, bedeuten doppelte Selbstschwächung, während jedes nicht ausgesprochene Wort einen Kraftgewinn bedeutet, der Dir für andere Aufgaben zur Verfügung steht.

Diese äußerliche Schweigeforderung ist aber nur die Vorstufe der inneren Schweigeübung, die Dir hilft, Dich in der Stille mit neuen Energien zu laden. Sie dient dazu, Dich allmählich mit den wirkstarken Tiefenkräften des Inneren Helfers in Verbindung zu bringen und Dich zu ihrem Mitbenutzer zu machen.

Wohl Dir, wenn Du lernst, Dich in der Schweigeübung an die geistigen Kraftströme der inneren Welt anzuschließen, diese Kräfte bewußt in Dich aufzunehmen und sie im Dienste erfolgreicher Lebensmeisterung recht zu nützen!

4. Noch einen Schritt weiter von der Schwäche zur Kraft tust Du, wenn Du vom Schweigen zur eigentlichen Meditation übergehst, um Deines Verbunden- und Verbündetseins mit dem Inneren Helfer lebendig bewußt zu werden. Denn mit dem Inneren Helfer eins sein heißt über so viel Kraft verfügen, daß es Dir künftig unmöglich wird, schwach und erfolglos zu sein.

Wie Du mit dem Kräftespender in Dir in lebendige Verbindung kommst, ist im technischen Teil gezeigt. Die im vorliegenden Fall in Frage kommende Bejahung ist folgende:

»Ich bin eins mit dem Inneren Helfer und seinen unausschöpfbaren Energien der Gesundheit und Fülle, des Mutes und Erfolges. Er erfüllt mich mit seiner Kraft und seinem Geiste. Er lenkt alle Dinge zu meinem Besten und führt mich unaufhörlich vorwärts. Ich vertraue dem Inneren Helfer; er ist meine Stärke, meine Weisheit, meine Kraft. Er macht mich stark und unabhängig von Dingen und Menschen. Ich habe Ausdauer, Kraft, Mut und Erfolg! Ich bin stark!«

Am wirksamsten ist auch hier die direkte Anrede:

»Du, mein Innerer Helfer, gibst mir die Kraft, meine Pflicht erfolgreich zu erfüllen. Du machst meinen Körper immer kräftiger und vollkommener und hältst ihn in steter Gesundheit. Du erfüllst meine Seele mit dem Bewußtsein absoluter Geborgenheit und Gelassenheit. Du gibst mir den Mut und die Kraft zu siegreicher Führung meines Lebens und hilfst mir, alles im Lichte der Ewigkeit zu sehen und zu meistern!«

5. Nun kannst Du neue Kraft aber nicht nur von innen in jedem Umfang gewinnen, sondern auch von *außen:*

Das *Sonnenlicht* enthält nicht nur verschiedenerlei Strahlen, es spendet nicht nur Wärme, sondern auch eine Art Lebensenergie, die die indischen Weisen *»Prana«* nannten und die die meisten Menschen *unbewußt* in gerade eben ausreichenden Mengen aufnehmen, wenn sie sich sonnen, mit der man sich aber auch *bewußt* vollsaugen und anreichern kann.

Gleichermaßen enthält die *Luft,* die Du atmest, außer dem für die Erhaltung des Lebens wichtigen Oxygen oder Sauerstoff und anderen Elementen auch »Biogen«, d. h. »Lebensstoff« oder Lebenskraft (Prana).

Und ebenso ist das *Wasser* und jedes andere Getränk und die *Nahrung,* insbesondere die Sonnenlichtnahrung – Früchte, Gemüse usw. – mit diesem Prana oder Lebensstoff angereichert, der sich im Körper in *Lebens- und Nervenkraft* umsetzt.

Wie aber entziehst Du diesen Lebensstoff dem Sonnenlicht, der Luft, den Getränken und Nahrungsmitteln? Auf die einfachste Weise, indem Du zwei Bedingungen erfüllst:

Du mußt a) *entspannt* sein, denn nur der entspannte Organismus kann sich mit neuer Kraft aufladen (daher die erneuernde Wirkung des Schlafes)! und Du mußt b) diesen Lebensstoff *bewußt* in Dich einsaugen, einatmen, einschlürfen, hineinessen. Das ist nicht schwer, wenn Du die Heinzelmännchen Deiner Gedanken einschaltest und Dich im Zustand des Entspanntseins positiv denkend dem Bewußtsein lebendigen Kraftzuwachses durch Sonnenlicht, Luft, Wasser und Nahrung hingibst.

Nehmen wir als Beispiel das *Atmen:* Hier gilt es, Dich an *bewußtes Kraft-Atmen* zu gewöhnen – anfänglich auf folgende Weise:

Stelle Dich aufrecht ans offene Fenster oder ins Freie, ziehe den Atem langsam und bewußt durch die Nase ein und stoße ihn durch den Mund wieder aus. Konzentriere Dein Denken und Fühlen während des *Ein*atmens auf die in der Luft enthaltene *Lebenskraft,* die Du jetzt in Dich hineinatmest, und spüre dabei, wie sie durch den ganzen Körper rinnt und ihn warm und schwer von Kraft werden läßt, während Du beim *Aus*atmen bewußt das Verschwinden aller Schwäche bejahst.

Atmest Du auf diese Weise bewußt neue Energie und Lebensfreude ein und alles Schwache und mutlos Machende aus, dann wirst Du schon nach wenigen Atemzügen fühlen, wie das Prana in Dich einströmt und Dich mit neuer Energie auflädt. Dehne nach und nach diese Atemübung dahin aus, daß Du die Zeiten des Ein- und Ausatmens um ein weniges verlängerst, ohne Dich dabei anzustrengen. Solche bewußten Prana-Atemübungen geben wunderbare Kraft. –

In gleicher Weise gilt es, beim *Trinken* den in der Flüssigkeit neben den Geschmacksstoffen enthaltenen Lebensstoff bewußt und besinnlich in kleinen Schlucken in Dich hineinzuschlürfen und dabei zu fühlen, wie die latenten Lebensenergien vom Magen aus ins Blut und mit ihm in alle Teile Deines Körpers strömen und als Lebenskraft in ihm aktiv werden.

Und genau so gilt es, beim *Essen* die Nahrung nicht mehr

auf die übliche Weise wie ein Tier gedankenlos hinunterzuschlingen, sondern *jeden Bissen bewußt so lange zu kauen,* bis Du spürst, daß Du nicht nur alle Geschmacksnuancen, die Dir jetzt erst richtig zum Bewußtsein kommen, der Nahrung entnommen, sondern vor allem die *Lebenskraft,* die in ihr steckt, durch das bewußte Kauen sozusagen aktiviert hast, so daß sie mit der nun ganz flüssig gewordenen Nahrung von selbst in den Magen und in den ganzen Körper hineinsickert ... Fühle Dich dabei wie ein *Schwamm,* der sich vollsaugt oder wie ein Akkumulator, der sich auflädt.

Das Beispiel des Schwammes kann noch deutlicher machen, worauf es hier ankommt:

Solange die Hand, die den Schwamm ins Wasser hält, ihn zusammenpreßt, kann er sich nicht vollsaugen. Erst wenn die Hand sich *lockert,* kann der Schwamm sich dehnen und alle Poren dem Einstrom des Wassers öffnen. – Ebenso kann sich der Energie-Schwamm Deines Organismus erst dann mit Kraft aus dem Sonnenlicht, der Luft, den Getränken und Nahrungsmitteln vollsaugen und für längere Zeit aufladen, wenn Du gelockert und *entspannt* bist und diese Lebenskraft-Aufladung bejahst.

Je gespannter Du bist, desto weniger Kraft kannst Du aufnehmen und akkumulieren und desto schwächer fühlst Du Dich. Je spannungsloser, je positiver, lockerer und aufnahmewilliger Du wirst, desto mehr Lebenskraft vermagst Du in Dir aufzuspeichern, und desto stärker und leistungsfähiger wirst Du.

Auch diesen Prozeß kannst Du wiederum dadurch fördern, daß Du in der Meditation den Inneren Helfer um sein Mitwirken bittest und es nach einiger Zeit der Übung im bewußten Atmen, Trinken und Essen mehr und mehr *ihm* überläßt, die Kraftaufladung vorzunehmen. Sprich ihm Dein Vertrauen aus, daß er Dich mit neuer Lebenskraft erfüllt, und fühle, wie Du an Kraft zunimmst ...

Halte Dich nach innen wie nach außen *offen* und empfangsbereit; fühle Dich als *Kanal*, durch den die Lebenskraft ungehindert strömen und in dem sie ungestört ihre Wunder wirken kann. Kein Weg führt Dich rascher und sicherer zur Wiedergeburt und zur Fülle der Kraft als dieser.

WIE MAN VON SCHWERMUT ZU MEHR MUT KOMMT

1. Mit Recht mahnt der Mystiker Johannes *Tauler:* »Laß niemals Schwermut über Dich kommen, denn sie hindert Dich an allem Guten.« Die Schwermut, die Deinen Mut schwerfällig und Dein Leben schwer macht – weil sie einen dauernden Kraftverlust bedeutet –, hindert Dich an allem Guten, insbesondere daran, das Beste in Dir zu erkennen: den Inneren Helfer, der Dir über alles Schwere hinweghilft.

Sofort, wenn Schwermut Dich einzuhüllen droht, schalte Dich darum ab und um, stelle Deine Gedanken auf entgegengesetzte Bilder der Freude, der Kraft oder der Liebe ein. Und dann entspanne Dich, gehe in die Stille und suche den Anschluß an den Inneren Helfer. Das ist der kürzeste Weg aus aller Schwermut zur Wiedererlangung des Seelenfriedens und des inneren Mutes.

Denke an das Wort *Marc Aurels* über die Stille: »Die Menschen fliehen vor sich in einsame Gegenden, auf das Land, an die See oder in die Stille der Berge. Bist Du aber ein Deines Selbstes bewußter Mensch, brauchst Du dies alles nicht. Ziehe Dich *in Dich selbst* zurück; denn wo findest Du mehr Ruhe und Frieden als in Deiner eigenen Seele«?

Stelle Dich auf die befreiende und beglückende Gegenwart des Inneren Helfers ein. Schon die bloße Gewißheit seiner Anwesenheit wird Dich nach kurzer Zeit fühlbar ermutigen und stärken. Durch die tägliche Besinnung auf ihn spornst Du ihn an, lebendig zu strahlen und Dein ganzes Inneres zu durchsonnen. Bitte ihn, daß er Deinen Mut entfache und Dir die Kraft gebe, das Leben zu bejahen, zu lieben und zu meistern.

Stelle Dir in der Meditation sodann *Dich selbst* vor, und zwar möglichst als Idealbild, also so, wie Du sein möchtest – frei von allem, was Dich bedrückt, und ausgestattet mit all den Eigenschaften und Kräften, die Du ersehnst. Male Dir dieses Bild in der Stille in allen Details plastisch aus.

Je lebendiger und regelmäßiger Du dieses geistige Bauen vornimmst, desto schneller wird das innerlich Bejahte auch nach außen hin Wirklichkeit. Es dient dazu, dem Inneren Helfer ein lebendiges Bild dessen zu vermitteln, was Du verwirklicht wünschst.

Um die Verbindung mit dem Inneren Helfer zu vertiefen, erfülle Dich in der Meditation mit etwa folgender *Bejahung:*

»Alles, was ich bin und habe, besitze ich durch Deine Kraft, mein Innerer Helfer. Du wirst mir auch fernerhin beistehen und mich weiter von Erfolg zu Erfolg führen, von Vollkommenheit zu Vollkommenheit. Du bist mein Schutz und Schirm, mein Freund und Berater. Du erfüllst mich mit Zuversicht, Frohsinn und Vertrauen. Mit Deiner Hilfe geht es mir täglich besser und besser. Ich habe immer mehr Freude, Glück und Erfolg!«

Schon bei dieser Bejahung wird Dir leichter ums Herz. Und wenn Du erst einmal erfahren hast, daß Dein unsichtbarer Begleiter, Dein Höheres Selbst, Dich nie in Stich läßt, kannst Du nicht mehr traurig, schwermütig oder ängstlich sein, nicht mehr zweifeln und Dich nicht mehr sorgen.

Über die angegebene Bejahung hinaus kannst Du Dich in der Meditation vom Inneren Helfer auch bewußt *entgiften und harmonisieren* lassen: Überlasse es ihm, den tiefern Ursachen Deiner Mißgefühle nachzuspüren und sie abzustellen. Bitte ihn in Deiner Bejahung, Dir bei dieser seelischen Entgiftung und Selbstbefreiung zu helfen:

»Du, mein Innerer Helfer, wirst den Ursachen meiner Schwermut, meiner Verzweiflung, meiner Sorgen und Ängste nachspüren, diese Ursachen beseitigen und bewirken, daß Friede und Freude, Harmonie und Vertrauen zum Leben mein

Herz erfüllen, zu beherrschenden Kräften in meinem Leben werden und mir die Meisterung des Daseins leichter machen! Ich vertraue Dir und danke Dir von ganzem Herzen für Deine Hilfe!«

Wo das Licht des Inneren Helfers aufgeht, weichen die Schatten der Schwermut für immer.

2. Ich sagte eben, daß Schwermut – vom psychodynamischen Standpunkt aus gesehen – einen dauernden *Kraftverlust* bedeutet.

Nun sitzt der *Hebel,* der den Kraft-Abstrom und -Zustrom reguliert, in Deiner Seele – aber die Hebelarme reichen bis ins Körperliche, beispielsweise bis in die Mundwinkel: Zeigen sie nach *unten,* steht der Hebel auf Kraftverlust; zeigen sie nach oben, hört der Kraftabfluß auf und der Zustrom beginnt.

Praktisch wird diese Umschaltung schon dadurch erreicht, daß Du *bewußt die Mundwinkel hochziehst* und darauf achtest, daß sie oben bleiben. Wenn Du Du das eine Weile durchhältst, wirst Du merken, wie Deine Gedanken sich aufhellen und wie Deine Kraft wächst. Wo aber die Kraft wächst, wächst auch der Mut, und wo mehr Mut aufquillt, kann die Schwermut sich nicht mehr halten.

Du kannst den Hebelarm auch weiter innen, im Bereich der Gedanken, packen und herumwerfen: Wenn Du Deine Gedanken bewußt vom Negativen zum Positiven umschaltest, sie gewissermaßen aufwärts richtest, dann folgen die Mundwinkel ihrerseits nach und zeigen bald gleichfalls nach oben. Je mehr Gedanken der Lebensbejahung, der Hoffnungsfreude, des Selbstvertrauens, des Optimismus und der Erfolgszuversicht Du in den Mittelpunkt Deines Bewußtseins rückst, desto wirksamer stoppst Du den Kraftverlust; Du lädst Dich allmählich wieder mit Kraft auf, beginnst Energie zu speichern und steigst dadurch auf eine entsprechende höhere Lebensstufe, wie die Wandlung Deiner äußeren Verhältnisse bald erweist.

Probiere es nur einmal aus – und wäre es auch zuerst nur

in der Form des *»Tuns, als ob«:* ziehe die Mundwinkel hoch, *als ob* Du lächelst. Banne das freundliche Lächeln des seiner Kraft Bewußten auf Deine Lippen und halte es möglichst lange fest ... Fühle, wie es immer tiefer in Dein Wesen eindringt, wie plötzlich ein Sonnenstrahl in Deine »umflorte« Stimmung hineinfällt, dann noch einer, und nun schon ein ganzes Bündel ... Spüre, wie es in Dir hell wird und wie die düsteren Wolken der Schwermut sich auflösen.

Und nun verhalte Dich bewußt so, als *ob Du* eine *Sonnenuhr* seiest, die nur die heiteren Stunden verzeichnet, bei Regenwetter aber ungerührt bleibt und nichts anzeigt ... Wenn Du, der Sonnenuhr gleich, gleichmütig Trübsinn und Schwermut wie die Regentage des Lebens mit Nichtbeachtung behandelst, nur den sonnigen Tagen lebst und diese bewußt in Deine Erinnerung eingräbst, wirst Du bald merken, daß Du weit mehr bist als nur eine Sonnenuhr – nämlich selbst ein Lichtträger, eine Sonne!

3. Wenn Du Zeit hast, darüber nachzudenken, ob Du Dich wohl fühlst oder nicht, zufrieden oder nicht, glücklich oder nicht, so zeigt das, daß Du zu wenig zu tun hast und neben Deiner Berufsarbeit noch ein Steckenpferd brauchst, eine zusätzliche Beschäftigung, einen Sport, der es Dir unmöglich macht, Dein Inneres mit Gedanken der Sorge zu vergiften ...

In der Praxis hat es sich als wirksame Hilfe gegen Schwermut, Grübelsucht und Selbstquälerei bewährt, wenn man bei einem aufkommenden Stimmungs-Tief sofort *handelt.* Laß das Grübeln und Pläneschmieden und gehe daran, *den* Plan, an dem Du gerade schaffst, unverzüglich auszuführen!

Die *Tat* ist die beste Erlösung, intensive Arbeit das wirksamste Heilmittel bei Schwermut und Grübelsucht. Ein amerikanischer Psychologe sagte einmal ebenso drastisch wie treffend: »Bazillen, negative Gedanken und andere Krankheitskeime setzten sich mit Vorliebe in gelee-artigen Substanzen fest, nicht aber in einer schnurrenden Maschine. Daher bleibe stets geschäftig!«

Falls Du Dich aus irgendeinem Grunde nicht in eine Arbeit stürzen kannst, setze Deinen Hut auf und mache einen *mehrstündigen Marsch.* Wenn Du wieder heimkommst, ist Dein Herz leichter und Dein Leben lichter.

Es ist in der Tat so, daß alles besser geht, wenn man mehr *geht.* Wir sitzen zuviel und geben dadurch negativen Gedanken, Gefühlen und Krankheitskeimen Gelegenheit, sich's in unserem leibseelischen Organismus bequem zu machen. Ein See ohne Bewegung wird leicht zum Sumpf, während fließendes Wasser rein bleibt. So klärt sich's auch in Dir leichter, wenn Du in Bewegung bleibst.

Hier liegt der Wert des Sports: er hilft, Körper und Bewußtsein auszulüften und zu erneuern, wenn er bewußt als Mittel hierzu benutzt wird. Körperliche Tätigkeit verkleinert Kümmernisse, weil Kummer und Sorgen bei zunehmender Bewegung immer schlechter gedeihen.

4. Noch ein letztes Mittel: Gewöhne Dich daran, täglich wenigstens *einem* Menschen eine Freude zu bereiten. Freude, die Du einem andern spendest, kehrt vervielfacht zu Dir zurück und wird allmählich Dein ganzes Dasein durchsonnen und alle Niedergedrücktheit in ihr Gegenteil verwandeln. Taten der Liebe, Hilfe und Freude lenken Deine Gedanken von den Sorgen ab, stellen Dich geistig um und geben Dir die Kraft, das Niedere leichter zu überwinden.

Probiere es einmal, Dich eine Woche lang einem Werk der Liebe zu widmen ohne jeden Gedanken an Dank und Belohnung – nur um des Gutseins und Guttuns willen –, und Du wirst zwei Dinge spüren: erstens, daß die geistige Welt Dir zustimmt und daß dies Bewußtsein Dich froher stimmt, und zweitens, daß Engelshände Dein wundes Herz heilen und Dich fühlbar über Widrigkeiten hinwegtragen.

Du wirst auf diese Weise den Frieden finden, den Du in der inneren Abschließung von den Menschen und in der Zurückgezogenheit von der Welt nicht zu finden vermagst ... Du wirst erfahren, daß Du für die Welt wertvoll und unentbehrlich bist und – geliebt wirst. Dieses Erleben fremder Liebe aber wird Deine eigene Liebesbereitschaft zu neuem Leben erwecken, auch den letzten Rest von Schwermut aus Deiner Seele vertreiben und Dir bewußt machen, wie wahr das Wort ist:

»Bist Du betrübt, so tröste
Den, dem *noch* weher ist ...
Du selbst bist der Erlöste,
Wenn er sein Leid vergißt!«

WIE MAN SCHWIERIGKEITEN ÜBERWINDET

1. Schwierigkeiten tauchen immer auf, wo Fortschritt ist. Es kommt nur darauf an, daß Du Dich nicht von ihnen aufhalten, entmutigen und entmachten läßt, sondern daß Du sie als bloße Begleiterscheinungen Deines Aufstiegs wertest und als Herolde kommender Erfolge. Denn das sind sie für den, der sich durch nichts beirren und schrecken läßt, sondern unentwegt weitergeht.

Ein erfolgreicher Geschäftsmann reagierte auf jede auftauchende Widrigkeit mit der Einstellung: *»Bisher haben mich Schwierigkeiten nicht umgebracht; ich werde auch heute damit fertig werden.«* Und wie er mir berichtete, wurde er noch jedesmal, wenn er – statt stehen zu bleiben und sich Grübeleien und Sorgen hinzugeben – einfach gottvertrauend weiterging, der Schwierigkeiten Herr ...

Indem er jeden neuen Tag als Geschenk des Ewigen willig entgegennahm mit allem, was er brachte, machte er aus jeder Lage das Bestmögliche und schritt oder glitt über Schwierigkeiten mit einer Leichtigkeit hinweg, die andere staunen ließ. Er sagte nicht nur obenhin: »Kommt Zeit, kommt Rat«, sondern er bejahte wirklichkeitsbewußt: *»Kommt eine Schwierigkeit, so kommt auch die Hilfe von oben! Man muß sie nur sehen und gläubig zugreifen!«*

Dieser Mann ist ein Lebenskünstler. Und Du kannst es gleich ihm sein und wie er durch rechtes Verhalten Behinderungen in Förderungen verwandeln.

2. Schwierigkeiten wollen Dich mahnen, Dich auf Dich selbst zu besinnen – auf Deine innere Kraft, den Inneren Helfer und damit auf Deine Überlegenheit gegenüber den äußeren Umständen und Dingen. Wenn Du Dich angesichts einer Schwierigkeit besinnst, daß *Du und Dein Innerer Helfer immer die Stärkeren sind,* wächst Dein Mut: Du überschätzest die Widrigkeiten nicht mehr, sondern schätzest sie *und* Dich richtig ein, was gleichbedeutend ist mit der Erkenntnis Deiner Überlegenheit ...

... Und das wirkt auch auf die Umwelt umstimmend: die *Menschen,* die gestern noch auf Dich herunterblickten, schauen heute bereits zu Dir empor, weil Du innerlich gewachsen bist – nämlich um die Kraft Deines Inneren Helfers. Die *Umstände* treten Dir nicht mehr feindlich entgegen, sondern kommen Dir freundlich entgegen. Die äußeren Schwierigkeiten erweisen sich auf einmal als bloße Durchgangsstationen zu größeren Erfolgen.

Diese Einstellung ist der allgemein üblichen diametral entgegengesetzt: die meisten Menschen reagieren auf Schwierigkeiten mit erhöhter Spannung und Anstrengung, wobei die Angst, der Widrigkeit nicht gewachsen zu sein, ihre innere Haltung verkrampft und ihr äußeres Verhalten unsicher und unfrei macht. Sie bringen, ohne es zu wissen, das von dem Schweizer Psychologen *Baudouin* formulierte »Gesetz der das Gegenteil bewirkenden Anstrengung« zum Wirken, das besagt:

Solange Du Dich auf Schwierigkeiten abwehrend einstellst und Dich mit aller Gewalt anstrengst und abquälst, sie zu meistern, machst Du sie größer statt kleiner. Deine Spannung und Willensverkrampfung fesselt Dich an sie wie mit eisernen Klammern.

Sowie Du Dich hingegen entspannst und statt mit Angst

mit Mut und *Vertrauen* reagierst, weicht nicht nur der Druck der Sorge, sondern auch der Druck der Umstände.

Die Schwierigkeit liegt nämlich mehr in den *Gedanken* als in den Dingen. Statt Dich zu sorgen und abzuzappeln, entspanne Dich, werde still und gelassen. Hast Du nicht schon erlebt, wie Du vergeblich nach etwas strebtest, was Dir von selbst zufiel, als Du es *aufgabst?* Dieses »Aufgeben«, das Spannungsloswerden, die Bereitschaft, die Dinge sich entwikkeln zu lassen und Vertrauen zu fassen, ist der erste Schritt zur Erlangung der Dinge, die Du ersehnst.

Statt hinter ihnen herzujagen, gilt es, vertrauend stillzustehen und abzuwarten, daß die Dinge zu Dir kommen. Die *Zukunft* gehört dem, der gelernt hat, die Dinge *zu sich kommen* zu lassen und, statt bei Widrigkeiten außer sich zu geraten, zu sich selbst zu kommen.

In der meditativen Selbstbesinnung wirst Du gewahr, daß Dir nichts geschehen kann, weil Du mit dem Ewigen verbündet bist und mit Deinem innersten Wesenskern aus dem Zeitlichen ins Ewige hinaufragst. In der Hingabe an den Inneren Helfer fühlst Du Dein Beschützt- und Geborgensein und spürst, wie ein Gefühl des Friedens, der Sicherheit und Kraft über Dich kommt, in deren Licht sich auch die größte Schwierigkeit als bloße *Stufe* entpuppt, die Dich, den Aufwärtsblickenden, nicht hält und hindert, sondern lichtwärts führt!

WIE MAN MIT DEN SORGEN FERTIG WIRD

1. Du liebst die Sorgen nicht? Warum läßt Du Dich dann unnötig von ihnen quälen?

Sie leben ja in der Hauptsache von Deinen *Gedanken,* von Deinem Daran-Denken. Ohne die Kraft Deiner Gedanken würden sie sehr bald aus Mangel an Nahrung sterben ...

Die *Dinge,* um die Du Dich sorgst, sind gewiß Realitäten, aber auch deren Wirkung auf Dich wird von Deinen Gedanken bestimmt. Wie Du Deine Ideen realisieren kannst, so kannst du die Realitäten idealisieren und umwandeln, indem Du das Gute an ihnen bejahst, das Beste von ihnen erwartest und sie bewußt als Erfolghelfer wertest und nützt.

2. Doch vorher wird es gut sein und Dir gut tun, wenn Du Dich hinsetzest, Dich ein bißchen entspannst und Dir einmal darüber klar wirst, *worum* Du Dich eigentlich sorgst. Diese *Klärung* der Sorgen ist der halbe Weg zu ihrer Überwindung.

Die andere Hälfte des Weges bringst Du hinter Dich, wenn Du Dich weiter besinnst: Drei Viertel aller Dinge in meinem Leben sind in Ordnung; das letzte Viertel ist es zum Teil und zum Teil nicht. Gut. Die Erfahrung aller Erfolgreichen geht nun dahin, daß man nach einer solchen Feststellung nichts besseres tun kann, als sich um all die Dinge zu kümmern, die in Ordnung sind, und den Rest, soweit es geht, zu ignorieren. Dadurch wird der Prozentsatz der Dinge, die in Ordnung sind oder kommen, ständig größer und der ignorierte Rest immer kleiner und bedeutungsloser. Tue also das Nächstliegende – möglichst etwas, was Dir Freude macht!

Das ist Punkt 1 des Entsorgungs-Verfahrens.

3. Punkt 2 besteht in der Kunst, *Dir die Zeit zum Freunde zu machen.*

Zunächst einen Rückblick: Du hast Dich nun seit Jahren mit allen möglichen Sorgen geplagt. Und wieviele davon sind eingetroffen? Ein Bruchteil. Und warum überhaupt? Offensichtlich als Folge Deines Erfülltseins von der Furcht vor den eingetretenen Dingen. Beim Blick zurück erweist sich der größere Teil Deiner einstigen Sorgen als grundlos und unnötig, und der Rest als Auswirkung Deines Daran-Denkens: Du zogst herbei, was Du fürchtetest.

Schon *Hiob* hat dieser Erfahrung die klassische Formulierung gegeben: »Was ich gefürchtet habe, ist über mich gekommen!« Hast Du diesen Kausalzusammenhang zwischen Furcht und Unglück erfaßt, dann sorgst Du Dich nur noch darum, daß Du künftig keine Zeit mehr an Sorgen verschwendest, sondern einfach hingehst und *handelst* und Deine Sorgen der *Zeit* überläßt, die der beste Freund des Tätigen ist.

Das bedeutet einen Fortschritt in Deiner Entsorgung, denn die Sorgen suchen vornehmlich den auf, der ihnen in seinem Bewußtsein eine Heimat bereitet und für sie Zeit hat, während sie den anderweitig Beschäftigten in Ruhe lassen.

Wie kommt es, daß die *Zeit* sich der meisten Sorgen des Tätigen annimmt und sie nach und nach gegenstandslos macht? Du weißt bereits, daß das *Leben* Dein Freund ist. Die Zeit nun ist der Freund des Lebens – und damit auch Dein Freund: übergib ihr Deine Sorgen – und Du bist die meisten für immer los.

Wie man das macht?

Durch eine einfache *Terminsetzung:* Statt Dich über eine Sorge aufzuregen, entscheide Dich sofort, Dich frühestens, sagen wir, in acht Tagen mit ihr zu befassen, bis dahin nicht mehr an sie zu denken und darauf zu vertrauen, daß Dein Freund, die Zeit, sie in Behandlung nimmt.

Praktisch sieht das so aus: Dur schreibst die Sorge auf Deinen Terminkalender für die nächste Woche oder legst einen entsprechenden Notizzettel in Deine Monatsterminmappe. Zum vorgenommenen Termin schaust Du dann nach, was aus der Sorge oder der ihr zugrundeliegenden Schwierigkeit geworden ist. Zumeist hat die Zeit sie gegenstandslos gemacht. Dann kann der Zettel verschwinden. Wenn nicht, verlängerst Du den Termin um noch eine Woche. Die meisten Sorgen überstehen diese Termin-Kur nicht; sie gehen inzwischen ein.

Wenn Du durch die ersten Erfolge auf den Geschmack gekommen bist, gehst Du zur *General-Terminsetzung* über: Du nimmst eine ruhige Stunde und schreibst nunmehr *sämtliche* Sorgen, die Dich belasten, auf einzelne Zettel. Schon das schriftliche Fixieren ist den Sorgen unangenehm und unbekömmlich und befreit Dich von einem Teil dieser Sippe, so daß Du Dich bereits erleichtert fühlst. Nun nimmst Du die Zettel und verteilst sie auf die Monatsterminmappe dergestalt, daß auf jeden Tag nur eine Sorge entfällt und die lästigsten am weitesten nach hinten kommen. Sowie alle Zettel verteilt sind, brauchst Du die Sorgen nicht mehr im Kopf zu behalten, sondern kannst Dich Deiner Arbeit widmen.

Und nun schaust Du jeweils am Abend vorher in das Terminfach für den nächsten Tag, ob die für diesen Tag notierte Sorge noch am Leben ist. Ist sie gegenstandslos geworden, kommt der Zettel in den Papierkorb; wenn nicht, gibt es zwei Möglichkeiten: a) die Terminverlängerung um weitere acht Tage oder b) die Überlassung der Sorge an den Inneren Helfer, worüber noch zu reden ist.

Tauchen neue Sorgen auf, schreibst Du sie in gleicher Weise nieder und unterziehst sie zunächst der »Termin-Kur«.

Du wirst bald vergnügt bemerken, wie Dein Gedankenleben durch diese Methode entgiftet und entlastet wird, was gleichbedeutend ist mit der fortschreitenden Steigerung Deines Leistungs- und Erfolgsvermögens.

4. Punkt 3 des Entsorgungs-Verfahrens besteht in der Befolgung des Rats, den *Christus* allen Sorgengeplagten gab:

»Sorget nicht für euer Leben, was ihr essen und trinken werdet; auch nicht für euren Leib, was ihr anziehen werdet. Ist nicht das Leben mehr denn die Speise? Und der Leib mehr denn die Kleidung? Sehet die Vögel unter dem Himmel an: sie säen nicht, sie ernten nicht, und der himmlische Vater ernährt sie doch. Seid ihr nicht viel mehr als diese? Trachtet am ersten nach dem Reiche Gottes und nach seiner Gerechtigkeit, so wird euch alles übrige von selbst zufallen!«

Wenn Du diese Worte in einer stillen Stunde auf Dich wirken läßt, werden sie Dein Herz mit Vertrauen erfüllen auf die Hilfe von oben und Dir den Entschluß leicht machen, das Sorgen künftig dem Inneren Helfer zu überlassen. Dieser Entschluß wird Dich mit neuem Mut erfüllen, Deinen Willen und Deine Füße in Bewegung setzen und Dich bald um die Erfahrung bereichern, daß, sowie Du mutig weitergehst, es auch äußerlich mit Dir vorangeht.

Aber für diese Umstellung und neue Einstellung mußt Du Dich innerlich bereit und reif machen. Dazu möge Dir folgende Überlegung dienen:

Die meisten werden nur darum nie froh, weil ihr Tag ausgefüllt ist mit einem Wust elenden Kleinkrams und weil infolgedessen ihre Seelen verkümmern und kränkeln. Solche Menschen werden nun *entweder* vom Schicksal geweckt durch *Enttäuschungen* und Leid, das sie aus der *Täuschung* und Blindheit des Alltagslebens herausreißt – *oder* sie geben sich aus eigenem Antrieb einen Ruck und lernen, die Alltagslast von sich zu schütteln und zuerst und vor allem *Mensch* zu sein und kein Sklave der Dinge und Umstände.

Leider können sich dazu nur die wenigsten selbst bringen. Lieber ersticken sie ganz im Alltag mit seinem Großreinemachen, überflüssigen Möbeln und nie gebrauchtem Hausrat, von dem sie *besessen* sind, statt ihn zu *besitzen*. Lieber gehen sie zugrunde, als daß sie dem Leben auf den Grund gehen und ihre Erkenntnis dahin erweitern, daß das Glück nicht in den Dingen liegt, sondern in ihrem eigenen Innern.

Prüfe Dich, ob und wieweit Du Herr dessen bist, was Du besitzest oder sein Sklave! Kannst Du alles aufgeben? Hast Du Dir schon einmal klargemacht, daß Du bei Deinem Tode *alles* hier lassen mußt, daß Dich nichts begleitet als die Schätze Deines Geistes: die Kräfte der Liebe und Güte, der Harmonie und Erkenntnis?

Nur der *freie* Mensch hat keine Sorgen. Der Besessene muß sich erst einmal frei machen. Hat er das, dann hört das Grübeln und Sorgen, das Brüten über die Vergangenheit und das ängstliche Starren in die Zukunft auf. Dann lernt er, im ewigen Hier und *Jetzt* zu leben – und aus der Fülle des Ewigen.

5. Damit kommen wir zum nächsten Punkt des Entsorgungs-Verfahrens, der in der Befolgung einiger praktischer Winke besteht:

a) Um Deinen Sorgen die Gefühlsbetontheit und die Macht

über Dich zu nehmen, vermeide von nun an jedes negative Wort; klage nie mehr anderen Deine Nöte; male Deine Lage nie mehr grau in grau, sondern nimm auch rosa, gelb und einige andere leuchtende Farben. In Kürze werden Dich dann die anderen nicht mehr durch ihr gleichgerichtetes Mit-Fühlen und Mit-Denken noch mehr schwächen, sondern Dich in dem Maße stärken, wie Du positive Gedanken und Worte aussendest.

In dem Augenblick, wo Du beginnst, das Gute beharrlich zu bejahen, hebt seine Verwirklichung an.

b) Mache es Dir weiter zur täglichen Gewohnheit, freudig *für* andere zu sorgen – um so rascher verlernst Du, Dich *um* etwas zu sorgen – einfach, weil es dem, der für das Wohl anderer sorgt, von selbst wohler wird und wohl ergeht.

Es ist eine alte Erfahrung, daß der Innere Helfer dem gern die eigenen Sorgen abnimmt, der gern für andere sorgt.

c) Laß alles Träumen, soweit es nicht einem Zweck dient. Wenn Du träumst, träume bewußt, träume Deine Ideale in Deinen jetzigen Zustand hinein. Baue Luftschlösser – aber rationell! Erfülle Deine Arbeit mit Sonne und suche Sonne aus ihr zu gewinnen. Besinne Dich bei Deinem geistigen Bauen auf die Gegenwart des Inneren Helfers und seiner unerschöpflichen Kräfte und vertraue ihm, daß er Dir bei der Verwirklichung Deiner Ideale und bei der Idealisierung der Wirklichkeit helfen wird.

d) Damit kommen wir zum Kernpunkt des Entsorgungs-Verfahrens: Du verfolgst mit Deinem Sorgen den Zweck, die Verhältnisse zu bessern. Das aber erreichst Du auf diese Weise nicht, sondern nur durch das Gegenteil: durch die Besinnung auf den Inneren Helfer und seinen Beistand.

»Es ist einzig und allein das Endliche, das leidet und klagt. Das Unvergängliche in uns zeigt sich in stets gleicher lächelnder Ruhe«, sagt *Emerson;* darum wende Dich nach innen und suche in der Meditation zum Einssein mit den Kräften des Inneren Helfers zu gelangen! Bejahe:

»Der Innere Helfer berät mich stets richtig und zeigt mir immer den rechten Weg. Er hilft mir aus allen Sorgen und Nöten. Er gibt mir Antwort auf jede Frage, die mich bewegt. Er löst alle meine Zweifel. Ich vertraue ihm voll und ganz, daß er mir auch j e t z t raten und beistehen wird! Ich bin eins mit seiner Kraft! Ich bin stark und frei!«

6. Überblicken wir jetzt das Entsorgungs-Verfahren noch einmal von einer anderen Seite – mit den Worten eines Wirtschaftsführers, der nach ihm seine Sorgen meisterte:

»Ich mache neun Zehntel aller Befürchtungen und Sorgen gegenstandslos, indem ich folgendes tue:

Als erstes schreibe ich jede Sorge, die mich quält, auf einen Zettel, um mich durch diese Klärung innerlich zu befreien und der Sorge das Ungewisse und Beunruhigende zu nehmen.

Als zweites schreibe ich auf jedem Sorgenzettel dazu, was ich von mir aus dagegen tun kann.

Als drittes gehe ich in die Stille und bitte den inneren Ratgeber um Klarheit darüber, welcher der möglichen Wege am sichersten zum Erfolg führt.

Als viertes gehe ich, sowie ich über den Weg klar geworden bin, sofort daran, diesen Weg zu gehen.

Auch das restliche Zehntel meiner Sorgen erwies sich bisher als ohnmächtig, sowie ich einfach handelte und im übrigen auf die Hilfe von innen vertraute.«

Dieses Vorgehen führt zur Sorgenvernichtung, weil die Überlassung der Entscheidung an den Inneren Helfer Dich von der Last der Verantwortung und der Sorge um den Ausgang frei macht, und weil das sofortige Handeln nach dem inneren Rat Deine durch die Sorge blockierten Seelenkräfte zum Fließen und Wirken bringt, so daß sich Dein Herz mit Zuversicht, Schaffensfreude und Siegvertrauen erfüllt. Du bleibst nicht mehr ängstlich stehen, sondern blickst aufwärts und schreitest vorwärts und kommst infolgedessen sichtbar voran, während die Sorgen hinter Dir zurückbleiben und aus Deinem Gesichtsfeld und Leben verschwinden.

Abschließend noch ein Wort von Charles *Fillmore,* das Dir helfen wird, jede aufquellende Sorge im Keim zu ersticken. Es heißt: *»Let go and let God!«* und besagt:

Laß los und laß Gott machen! Laß die Sorgen fahren und überlasse sie dem Inneren Helfer! Laß Dich fallen und laß die Dinge von innen her ordnen! Verkrampfe Dich nicht in Deine Ängste, sondern vertraue dem Ewigen, daß er Dir beisteht und alles zum Besten wendet!

Diese Selbstbesinnung erfüllt Dich mit dem mutmachenden Bewußtsein Deines Verbunden- und Verbündetseins mit dem Inneren Helfer, der Dir nach dem Maße Deines Vertrauens beisteht, das ordnet, was Du ihm willig überläßt, und Dir das zuführt, was Du gläubig bejahst und erwartest. Du gehst den Dingen dann in der Gewißheit entgegen, daß nur Gutes auf Dich zukommt, da der Ewige mit Dir geht. Dies Wissen erfüllt Dein Herz mit Dankbarkeit; und die Dankbarkeit wiederum bewirkt, daß Du bald keinen Anlaß mehr zum Sorgen findest, sondern nur noch Grund zu immer neuer Dankbarkeit und Freude!

WIE MAN DIE SORGSUCHT ENTWURZELT

Es gibt Menschen, die hier und da von Sorgen überfallen werden. Es gibt andere, die von einer beständigen *neurotischen Sorgsucht* gequält und ihres Lebens nicht mehr froh werden. Ihnen wollen die folgenden Hinweise helfen.

Gegen drei Sorgen-Heere kämpft der von der Sorgsucht Gejagte: gegen Scheinsorgen, die als bloße Folgen körperlicher Störungen seine Stimmung herabdämpfen und sein Bewußtsein trüben – gegen Scheinsorgen, die als Folgen noch ungelöster seelischer Konflikte und Hemmungen aus den Tiefen des Unbewußten tausendfach vermummt in sein Bewußtsein springen – und gegen wirkliche Sorgen, die der Lebenskampf an ihn heranträgt.

Sie alle vermag er zu besiegen.

1. *Körperliche Depressionen* genügen, um seelische Verstimmungen und Sorgsucht auszulösen. Jede Müdigkeit, Erschöpfung oder nervliche Überlastung, jede Schwäche macht Dich empfänglicher für die Gedankenwellen der Sorge und Furcht. Aber diese Sorgen weichen von selbst, wenn Dein Körper zur Ruhe, zur Entspannung findet, wenn seine gesunden Kräfte sich wieder heben. Sind Herz und Nerven wieder ruhig, lichtet sich der Sorgengespenster graues Heer von selbst . . .

Das erste Hilfsmittel gegen Sorgsucht ist die *Entspannungsübung*, wie sie im technischen Teil gezeigt ist.

2. *Seelische Gleichgewichtsstörungen* lösen gleichermaßen Sorgsucht aus. Ein Mißerfolg, eine Enttäuschung auf einem Gebiet gebiert Hemmungen in anderen Lebensbezirken: Minderwertigkeitsgefühle, Selbstherabsetzungen und Erfolgszweifel, die Furcht, bestimmten Aufgaben nicht mehr gewachsen zu sein, und die Furcht vor der Zukunft. Hier genügt die Einsicht in die tieferen Zusammenhänge, die Dir in der an die Entspannung sich anschließenden Stille zuteil wird, um Unwertgefühle und Sorgen zu überwinden.

Es handelt sich in diesen Fällen nicht eigentlich um die Bekämpfung von Sorgen, sondern um die Zähmung der unbeherrschten Einbildungskraft. Es sind jene Scheinsorgen, die in der Dunkelheit der Nacht anschwellen wie eine Ballonhülle, die mit Gas gefüllt wird. Es ist, als ob die äußere Dunkelheit Dir Deine innere Unerhelltheit schmerzhaft zum Bewußtsein brächte. In solchen schlaflosen Stunden, da die Sorge mit abgewandtem Gesicht an Deinem Lager hockt, wirst Du das Licht anzünden, in die Stille gehen und Dein Herz erhellen, um die Scheinhaftigkeit der Sorgen offenbar zu machen.

Sowie es in Dir hell wird, verlieren die Sorgen jede Macht: jede Sorge, der Du auf diese Weise zu Leibe rückst, enthüllt Dir ihre Grund- und Wesenlosigkeit. Sie wird schon geringer, wenn Du das, was Dich quält, in *Worte* zu kleiden suchst.

Sowie Du gar *schriftlich* ausdrückst, was Dich peinigt, drückst Du das Lastende aus dem Unbewußten hinaus, das Du vorher irgendwann »in Dich hineingefressen« hattest: entweder entpuppt sich die vage Furcht, die durch die schriftliche Festlegung versachlicht wird, als ein Nichts oder erhält die Sorge beim späteren Überlesen des Geschriebenen ein anderes Gesicht: hinter der Frage dämmert die *Lösung* auf. Die Lösung konnte sich vorher nicht einstellen, weil die Frage dem Inneren Helfer nicht als eindeutig umrissene Aufgabe gestellt ward . . .

Ebenso werden Deine Scheinsorgen geringer, wenn Du Dich übst und gewöhnst, jedem auftauchenden negativen Gedanken sogleich einen positiven entgegenzusetzen. Du wirst für üble Gedankenschwingungen unempfänglicher, wenn Du beharrlich auf positive Ziele gerichtet bleibst. Jedes *Grübeln* über Sorgen aber bedeutet, daß Du Dich nur noch tiefer in die *Grube,* in die Dein Sorgen Dich stürzte, hineingräbst, bis die Grube Dein *Grab* wird!

Die meisten dieser Sorgen sind selbstgeschmiedete Fesseln. Sie entstammen Deiner Seele, nicht der Umwelt. Und viele von ihnen sind Kinder der Ichsucht. Prüfe Dich, ob Du nicht allzu sehr an Dich, zu wenig an andere dachtest und ihr Glück. Stellst Du Dich um, beginnst Du, andere zu beglücken, dann schwindet Deine Sorgsucht und das verloren geglaubte Glück zieht in Dein Leben ein.

3. Doch auch *wirklicher Sorgen* Herr zu werden kannst Du lernen:

a) Erkenne als erstes, *daß das Gute immer und überall stärker ist als alle Übel.*

Die meisten handeln umgekehrt: sie bekennen zwar, daß Gott alles in allem ist – aber dann gehen sie hin und grübeln über Sorgen und Nöte, statt die göttlich-lichten Dinge des Daseins zu bejahen und sie eben dadurch ins Leben zu rufen. Dabei ist es gleich leicht, an etwas Gutes, wie an ein Übel zu denken. Versuchst Du, in allem, was kommt, nach dem werdenden Guten Ausschau zu halten, dann weichen die Sorgen und das Gute tritt sichtbar hervor.

Dich sorgen heißt: Deine Gedanken nicht in der Gewalt haben, so daß sie in Richtungen abwandern, die abseits Deiner Erfolgsbahn liegen. Gedanken, die ohne Aufsicht ihre eigenen Wege gehen, fallen leicht ins Dunkle: sie beginnen, um Übel und Ängste zu kreisen, sie auszumalen und sie zu vergrößern.

Mit dem *Willen* ist diesem Treiben nicht zu steuern, nur durch gläubiges Vertrauen zum Inneren Helfer. Manchen schon trieb der Umstand, daß sein Wille sich vergebens gegen die Fesseln der Sorgsucht wehrte, zur Verzweiflung. Je heftiger er sich dem Grübeln widersetzte, desto häufiger ertappte er sich bei diesem Laster – gleich der Fliege im Spinnennetz, die sich mit jedem Sträuben nur unrettbarer in das Netz verstrickt.

Nicht darauf kommt es an, die einzelne Sorge, die Dich beunruhigt, zu befehden. Allzu leicht enthüllt sich Deine Sorgsucht sonst als Enkel jener neunköpfigen Hydra, bei der an Stelle jedes abgeschlagenen Kopfes zwei neue wuchsen – bis Herkules erkannt, daß es gelte, das Ungeheuer als Ganzes zu erlegen: er brannte die Halsstümpfe mit glühenden Baumstämmen aus, traf das Herz des Untieres und vergrub den unsterblichen neunten Kopf – die Furcht vor dem Tode – unter dem Felsblock der Geborgenheitsgewißheit.

So wird die Sorgsucht als Ganzes vernichtet: durch den Entschluß, allen Sorgen das Vertrauen und die Gewißheit absoluter Geborgenheit entgegenzusetzen. Du gehst dann Schwierigkeiten nicht mehr ängstlich aus dem Wege, sondern suchst sie auf, um Deine Kraft an ihnen zu erproben, wie Herkules die Abenteuer suchte, um seinen Mut und seine Überlegenheit in ihnen zu erweisen. An die Stelle der Sorgsucht treten die Lebensbejahung, das Selbstvertrauen und die Geborgenheits-Gewißheit. Diese drei verträgt keine Sorge.

b) Überwinde die Sorge immer zuerst in Deinen *Gedanken.*

Denn hier ist ihre Wurzel, auch wenn die Not von außen an Dich herantritt. Die Bedingungen und Umstände Deines Lebens werden gefahrvoll erst, wenn Du sie dafür hältst.

Nichts, was geschieht, kann Dir schaden; nur das schadet Dir, was Du falsch denkend in die Geschehnisse hineinlegst, was Du an ihnen *fürchtest*. Ändere Deine Einstellung zu den Dingen, die Dich bedrücken, und Du nimmst ihnen das Lastende, machst sie leichter. Du mußt Dich innerlich über sie erheben, um auch äußerlich über sie hinwegzukommen. Eine Sorge aus Deinem Herzen reißen heißt zumeist: das Gefürchtete aus Deinem Lebenswege entfernen.

Warum denn sorgst Du Dich? Weil Du die tieferen Zusammenhänge nicht siehst, weil Dein geistiger Stehkreis zu klein ist. Du gewahrst darum nur die *Schatten* des Kommenden und hältst diese für bedrohlich, obwohl es doch nur Schatten *guter* Dinge sind, die zu Dir kommen wollen, damit Du guter Dinge seiest. Faßt Du *Vertrauen*, dann weitet sich Dein Sehkreis und Du gewahrst, daß, was Du fürchtest, in Wahrheit Deinem Besten dient.

Sorgen entstehen dort, wo Du isoliert siehst, was in Wahrheit Teil eines Ganzen ist, das in jedem Falle auf Dein Wohl hinzielt. Du siehst – weil Du Dich klein wie eine Maus fühlst – eine unüberwindliche *Schranke* vor Dir aufgerichtet, die sich – sowie Du selbstvertrauend Deiner wahren Größe bewußt wirst – als einzelne *Stufe* einer Glückstreppe erweist, die Dich höher führen will.

Das wird Dir gewiß, sowie Du Deinem Inneren Helfer Dein Vertrauen schenkst: die Not, von der Du glaubst, daß sie zu etwas gut sei, enthüllt sich Dir als glückbringende Wende.

4. In jenen sorgenvollen Stunden, da Du nicht mehr ein und aus weißt, *am Rande der Verzweiflung*, da Du vor dem »letzten Ausweg« zurückschreckst, *ist Dir die Hilfe von innen am nächsten*. Wenn Du es nur erkennen und – vertrauen wolltest! Wenn Du Dich nur besinnen und – Deine Not dem Inneren Helfer überlassen wolltest, daß er sie wende!

Statt auf die Sorgen und Gefahren, Deine Schulden oder eine andere Not zu starren, entspanne Dich und wende Dich in der Stille vertrauensvoll an den Inneren Helfer:

»Dir, meinem Inneren Helfer, überlasse ich in dieser Stunde der Gefahr und fernerhin die Führung. Du wirst mich leiten, wo ich keinen Weg mehr sehe. Ich vertraue Dir und danke Dir für Deinen Beistand. Ich bin gewiß: wenn ich Dir folge, wird alles gut!«

Und dann kümmere Dich, der Hilfe von innen gewiß, nicht mehr um Deine Sorge, sondern wirke gelassen auf den Erfolg hin – darauf bauend, daß der innere Führer Deine Schritte ins Helle lenkt.

Vielleicht entdeckst Du in der Stunde der Verzweiflung, daß Hilfe Dir zuteil wird von einer Seite, von der Du sie am wenigsten erwartetest, und daß Dein Weg auf einmal aufwärts führt.

Die Hilfe wird Dir in dem Maße zuteil, wie Dein Vertrauen darauf Dir zur Gewohnheit wird. Sie kommt im Augenblick der Wende als das Unerwartete: als eine Änderung der Umstände, die sich als Rettung und Fortschritt erweist; als Begegnung mit einem Menschen, der die Lösung bringt; als plötzlicher Gewinn oder als scheinbare Widrigkeit, die Dich in Wirklichkeit von einem Abgrund weg und in die Höhe reißt; oder als jähe Erkenntnis der Zusammenhänge, die Dich alles in einem neuen Lichte sehen und den sicheren Ausweg finden läßt.

In allem Ungewissen des Lebens gibt es ein Gewisses: den *Inneren Helfer,* von dem hier so viel die Rede ist, die Innenkraft, die unvernichtbar und unausschöpfbar ist. Vertraust Du ihr, dann bringst Du sie zum Strömen und baust Dir ein Leben auf, das immer weniger vom Wandel und Wechsel der Welt erschüttert wird.

Diese tragende Zuversicht auf die gütige Hilfe, die der Geist des Lebens Dir immerfort angedeihen läßt, ist Deine beste Antwort auf jede Sorge, die Dein Herz beschleicht.

WIE MAN SEINE STELLUNG VERBESSERT

1. Du meinst, Du stehst *nicht auf dem rechten Platz* und könntest in einem anderen Beruf, der mehr Deinen Neigungen entspricht, mehr leisten?

Darüber läßt sich nicht streiten. Allerdings sollte hier nicht Deine Meinung entscheiden, sondern das Urteil Deines Inneren Helfers, der weit besser als Dein kurzsichtiges Tagesbewußtsein weiß, was für Dich gut und nützlich ist. Schließlich hat jeder den Platz, den er verdient; wenn er einen besseren verdient, sich innerlich darauf einstellt und danach strebt, wird er bald dorthin gelangen.

Prüfe Dich aber zuvor, ob Dich nicht lediglich eine allgemeine Unzufriedenheit mit Deiner Tätigkeit gepackt hat, die beseitigt werden kann, auch ohne daß Du Deinem Leben einen neuen Kurs gibst.

Ist dies der Fall, dann versuche in der Meditation etwa folgende *Bejahung* in den Tiefen Deiner Seele zu verankern:

»Mein Berufszweig ist notwendig und hat einen wichtigen Platz im Ganzen. An sich sind alle Berufe gleichwertig und weder gut noch schlecht; erst der sie Ausübende adelt sie oder zieht sie herab.

Mein Beruf macht mir Freude; ich wachse täglich mehr in meinen Aufgabenkreis hinein. Meine Leistungen werden von Tag zu Tag besser und bewirken, daß ich von Erfolg zu Erfolg schreite.

Meine Arbeit ist interessant und leicht und macht mir Freude. Schwierigkeiten sind dazu da, überwunden zu werden. Ich werde sie überwinden. Ich habe die Kraft in mir, auch größere Aufgaben zu bewältigen. Meine Arbeit bringt mir nicht nur äußeren, sondern auch reichen seelischen Gewinn. Meine Tätigkeit macht mir Freude!«

Die Konzentration auf die *Leichtigkeit* einer Sache nimmt

ihr buchstäblich die »Schwere«, die ihr anhaftet und die Du zumeist selbst vorher in sie hineingedacht hast.

2. Beruf sei *Berufung!* Um Dir über den richtigen Beruf klar zu werden, ist eine gründliche Bestandsaufnahme und Sichtung der in Dir vorhandenen Fähigkeiten, Anlagen und Neigungen erforderlich, weiter die Kenntnis der in Frage kommenden Berufe und ihrer Anforderungen an den Menschen, die Erkenntnis der Tiefe Deiner *Neigung* zu den einzelnen Berufen und Deiner *Eignung* sowie des Grades der Übereinstimmung Deiner Wünsche mit den tatsächlichen Aufstiegsmöglichkeiten.

Das erste ist also, daß Du Dich über die Deinen Neigungen, Kenntnissen und Fähigkeiten entsprechenden Berufe und die Fortkommensmöglichkeiten in ihnen gründlich informierst. Ein Beruf, den man nicht liebt, für den man sich nicht eignet, ist ein Fluch, dem man nur dadurch begegnen kann, daß man ihn entweder durch positives Denken, durch Erziehung zur *Liebe* zum Beruf, beseitigt, oder daß man den Beruf wechselt.

Um jedoch bei einem Berufswechsel nicht aus dem Regen in die Traufe zu kommen, gibt es – nach erfolgter Orientierung über den gewünschten Beruf und seine Aussichten – nur einen absolut sicheren Weg, nämlich den, sich vom Inneren Helfer Rat zu holen. Nur was er rät, ist richtig. Denn er ist frei von allem, was Dir den Blick trübt: von Suggestionen der Angehörigen und Freunde, von unklaren Wünschen und Trieben, von verzerrten Vorstellungen über die Schönheit einzelner Berufe, von Verdrängungen, die Dich gegen bestimmte Berufe eingenommen machen, und von anderen negativen Gedanken, denen Du bei jeder Wahl und Entscheidung nur zu leicht ausgesetzt bist.

An sich ist ein Berufswechsel weder beschämend noch furchtbar; es kommt nicht auf den Wechsel an sich an, sondern mehr auf das Wie. Das ganze Leben ist eine Stufenleiter, auf der Du zu wachsenden Mißerfolgen abwärts- oder von Erfolg zu Erfolg aufwärtssteigen kannst. Wer sich dabei stets auf den Inneren Helfer verläßt, wird immer das Gefühl haben, wo oben und unten ist und stets den rechten Weg einschlagen, so daß ein Berufswechsel für ihn in jedem Falle einen Schritt nach oben bedeutet.

3. Die Entscheidung über die Berufswahl wird in der *Meditation* getroffen, weil sie nur dann der tieferen Einsicht und dem größeren Weitblick des Inneren Helfers entspringt und nicht späterhin zu Enttäuschung und Leid führt.

Nachdem Du Dich gründlich entspannt hast und in die Stille eingetreten bist, rückst Du die Dich bewegende Frage in das Blickfeld Deines Bewußtseins und beginnst, Dich ernsthaft zu prüfen, ob der Beruf Dir entspricht und Deinen körperlichen und seelischen Kräften gemäß ist. Sowie die Frage klar vor Dir steht, wende Dich mit ihr einwärts zum Inneren Helfer, und zwar mit etwa folgender *Bejahung:*

»Ich gebe mich Dir, meinem Inneren Helfer, hin mit meinem ganzen Sein. Hilf mir, den rechten Weg zu erkennen und den richtigen Entschluß zu fassen. Laß mich meine Berufung erkennen, damit ich den rechten Beruf erwähle. Deine Weisheit reicht über alles Menschenwissen hinaus; erfülle mich darum mit Deiner Kraft und Deiner Weisheit, damit ich richtig handle!«

In der anschließenden Stille erwacht langsam die Erkenntnis des einzuschlagenden Weges, und plötzlich springt das Wissen in Dir auf: Dies ist der rechte Beruf; in ihm werde ich Erfolg haben! Fasse dann sofort einen entsprechenden Entschluß und tritt mit ihm und dem festen Willen, sofort an seine Durchführung zu gehen, wieder in den Alltag hinaus.

4. Abschließend noch einen kleinen, aber wichtigen Hinweis für Dein weiteres Verhalten:

Manche meinen, sie müßten, um ihre Stellung zu verbessern, mit dem Beruf auch die *Umgebung* wechseln, also möglichst woanders hingehen – in eine andere Stadt, ein anderes Land–, um unter neuen Menschen, in einer neuen Umwelt ein neues, erfolgreiches Leben beginnen zu können.

Das ist nur dann richtig, wenn in die neue Umwelt auch ein *neuer Mensch* einzieht. Denn: solange Du der *alte* bleibst mit Deinem bisherigen, oft negativen Denken und Verhalten, schaffst Du auch in einer neuen Umgebung langsam, aber sicher um Dich herum wieder das alte Milieu mit den bisherigen inneren Hemmungen und äußeren Widerständen.

Nicht die Umwelt muß als erstes gewechselt, geändert werden, sondern *Du selbst*, Deine Innenwelt: Du mußt ein neuer, lebensbejahender Mensch werden im Denken, Fühlen und Wollen, für den der Aufstieg und das Erfolghaben Selbstverständlichkeiten sind. Dann folgt die Wandlung Deiner Umwelt, der äußeren Verhältnisse, von selbst – ganz gleich – ob Du in eine neue Gegend ziehst oder in der alten Umgebung bleibst . . .

. . . Die innere Wandlung hat in jedem Fall zur Folge, daß Deine Umgebung ein anderes Gesicht bekommt *oder* daß mit Deinem Berufswechsel auch ein Ortswechsel einhergeht und die neue Umgebung Deiner inneren Einstellung besser entspricht als die alte. Auch hier sorgt Dein Innerer Helfer für die notwendende Wandlung nach dem Maße Deines Vertrauens.

WIE MAN LATENTE TALENTE ENTWICKELT

1. Die Hauptforderung ist hier wie überall die beharrliche Bejahung des Ersehnten:

Besinne Dich täglich darauf, daß Du ein Kind des Ewigen bist und daß die Anlagen zu unzähligen Fähigkeiten, Kräften und Talenten als Keime in Dir schlummern und nur darauf warten, geweckt zu werden. Glaubst Du, daß Du ein besonderes Talent zur Musik, zur Technik, zur Landwirtschaft oder zu irgendeinem Handwerk, zu Erfindungen, zum Forschen, Dichten oder Malen hast, dann *bejahe* diese Kraft, damit sie zunächst einmal voll in Dir erwache.

Mache aber keine krampfhaften Anstrengungen. Denn jeder Krampf jagt den Erfolg davon; jede Anstrengung führt zur Selbstschwächung. Halte Deine Gedanken und Gefühle gläubig-vertrauend auf Dein Ziel gerichtet und sei der Gegenwart des Inneren Helfers gewiß – dann wird auch Deine Stunde kommen.

2. Die größte Förderung wird Dir vom Inneren Helfer zuteil; darum trage ihm in der Stille Deine Wünsche vor und bitte ihn in Deinen abendlichen Meditationen, die schlummernden Kräfte in Dir zu wecken und zu steigern. Nimm dabei keine bettelnde Haltung ein, sondern eine gläubig vertrauende. Wenn Dir geholfen werden kann – und jedem wird nach seinem Vertrauen geholfen! –, dann wird der Innere Helfer Deinen Wunsch erfüllen.

3. Bejahe die Fähigkeit, die Du zur vollen Entfaltung bringen möchtest, außerdem in Deinen morgendlichen Meditationen etwa wie folgt:

»Ich bin eins mit dem inneren Helfer. Er weckt alle in mir schlummernden Kräfte, besonders mein ... -Talent. Mit jedem Tage werde ich diese Fähigkeit lebendiger in mir offenbaren. – Ich entwickle die Talente, die mir verliehen sind, täglich in jeder Hinsicht mehr und mehr – und ich werde sie in wachsendem Maße üben und erfolgbringend betätigen. Auch dabei lasse ich den Inneren Helfer in mir und für mich wirken. Sein Wille ist mein Wille.«

Solche allgemeine Meditation wird am besten auf die speziellen Fähigkeiten oder Anlagen hin ausgebaut, die Du in Dir wecken und entwickeln möchtest, wobei darauf zu achten ist, daß die vorstehend gezeigte gedankliche Haltung eingenommen wird.

Auf die *äußeren* Hilfsmittel und Schulungsmöglichkeiten zur Entwicklung halb geweckter Talente ist hier nicht einzugehen; die Kenntnis und Benutzung der geeignetsten technischen Hilfsmittel und Lehrbücher wird hier als selbstverständlich vorausgesetzt. Wir haben es hier nur mit der psychodynamischen Seite des Problems zu tun. Wenn Dir wirklich an der Entfaltung neuer Talente und Fähigkeiten gelegen ist, wirst Du nicht nur die zweckmäßigen technischen Mittel und Möglichkeiten und die besten Schulungsgelegenheiten ausfindig machen und erfolgreich benutzen, sondern durch die stete gedankliche Beschäftigung mit diesem Problem bewirken, daß Dir beständig entsprechende Winke und hilfreiche Fingerzeige von innen und außen zukommen, die Dich weiterführen.

Auch hierbei ist der Innere Helfer sichtbar am Werk, so daß Dein Vertrauen ihm gegenüber immer mannigfach belohnt und das Ziel um so rascher erreicht wird.

WIE MAN TODESFURCHT BESIEGT

Die Todesfurcht überwindest Du auf zwei Weisen: von außen mit größter Wahrscheinlichkeit, von innen her mit absoluter Sicherheit. Zunächst von *außen:*

1. Einer meiner Bekannten überwand die lähmende Angst vor Unfällen und vor dem Tode durch eine einfache, fast lächerlich klingende, aber äußerst wirksame Bejahung: »Mir kann nichts passieren; ich werde 90 Jahre alt!« So alt wollte er nämlich werden. Und da er damals 54 war, stellte er sich mit seiner Bejahung auf weitere 36 Jahre frohen Schaffens ein. Seitdem ist über ein Jahrzehnt intensiver Arbeit vergangen, ohne daß ihn der Gedanke an den Tod noch einmal belästigt hat. Er hat zur Bejahung der *ewigen Gegenwart* gefunden.

Ich selbst kann über eine andere Erfahrung berichten: Mir hatte eine Chiromantin in meiner Jugend nach dem Studium meiner Hand gesagt: »Der Junge hat eine auffallend kurze Lebenslinie; er wird genau 21 Jahre alt.« Auf Grund dieser menschenfreundlichen Feststellung habe ich von da an wohl hier und da meine Lebenslinie kritisch gemustert; aber da ich so viele Steckenpferde hatte, von denen ich völlig in Anspruch genommen war, hatte ich zu wenig Zeit zum Sorgen.

In meinem 21. Lebensjahr übernahm ich die Redaktion einer Zeitschrift, die Lebensbejahung und Lebensmeisterung lehrte. Dieser neuen Aufgabe widmete ich mich mit einer solchen Begeisterung, daß ich ein Jahr später entdeckte, daß ich in meinem »Todesjahr« das Sterben vergessen hatte! Inzwischen bin ich dreimal so alt geworden, und meine Lebenslinie – ist seitdem dreimal so lang geworden wie einst, wächst heute noch und zeigt immer ein Jahrzehnt *mehr* an, als ich alt bin – für eine ›Lebenslinie‹ sicherlich das einzig richtige Verhalten.

Was ich daraus gelernt habe? Daß nicht die Lebenslinie, sondern die *seelische Haltung* das Entscheidende ist. Befreunde und erfülle Dich mit dem Gedanken, daß die menschliche Lebensdauer allgemein zugenommen hat und daß es heute für jeden möglich ist, 100 Jahre alt zu werden, wenn er es wünscht. Du kannst dabei leben, wie Du willst – wenn Du nur *bejahend* denkst, geistig rege und für alles Gute und Schöne aufgeschlossen bleibst, heiteren Gemütes und frei von negativen Gefühlen.

Du bist herzkrank? Das war ich auch einmal – aber das vergeht von selbst, wenn Du richtig denkst und richtig lebst. Es wird Dich nicht hindern, steinalt zu werden.

Befolge das, was in diesem Wegweiser gesagt ist, der nur Dein Bestes will – und Du gibst *Deinen Jahren mehr Leben* und *Deinem Leben mehr Jahre!* Das ist die Erfahrung, die ich gemacht habe – und Tausende gleich mir.

Nur die, die den Tod *fürchten*, werden vorzeitig von ihm ereilt, wie man ja am sichersten über das stolpert, was man fürchtet und vermeiden möchte. Andererseits gilt genau so: was Du glaubig bejahst, das wirst Du erreichen. Glaubst Du, 100 Jahre alt zu werden, dann hast Du die beste Aussicht, es zu werden. *Du bist immer so jung wie Deine Gedanken.* Solange Du das Leben bejahst, hast Du keinen Grund, vor dem Tode zu bangen.

2. Und nun zur Überwindung der Todesfurcht von *innen* her:

Schon *Epiktet* erkannte das hier Wesentliche: »Nicht die Dinge selbst beunruhigen den Menschen, sondern seine Vorstellungen von den Dingen. So ist der Tod an sich nichts Furchterregendes; nur die Vorstellung, er sei etwas Furchtbares, ist furchterregend.«

Hast Du den Tod als bloßen Übergang erkannt und eingesehen, daß Du überhaupt nicht aus dem Leben herausfallen kannst, sondern wie aus dem Schlafe, so auch aus dem Tode nur zu *neuem Leben* erwachst, dann verliert der Tod für Dich genau so seine Schrecken wie sein Bruder, der Schlaf.

Zu diesem Innewerden der Wirklichkeit und zu der daraus sich ergebenden völligen Furchtlosigkeit gegenüber dem Tode kannst Du Dich vom *Inneren Helfer* in der Meditation hinleiten lassen. Wenn Du – wie dies im technischen Teil gezeigt ist – einmal der lebendigen Gegenwart des Inneren Helfers bewußt geworden bist, dann *weißt Du*, daß er Dich auch in der letzten Stunde nicht verläßt, sondern daß die ewigen Arme des inneren Helfers Dich auch dann stützen und schützen.

Wenn Du Dein Einssein mit ihm einmal erlebt hast, weißt Du um Dein Geborgensein. Du weißt, daß Du mit dem inneren Kern Deines Wesens unauflöslich im Ewigen wurzelst und ihm auch über den Tod hinaus verbunden bleibst, daß Dein Weg jenseits des Todesschlafs genau so weitergeht wie diesseits, weil das Jenseits kein anderer Ort, sondern nur ein anderer Zustand ist, der Deinem innersten Wesen nicht unbekannt, sondern wohlvertraut ist, da es ja bei Deiner Geburt aus diesem Zustand kam.

Du bist von einer Liebe getragen und umhegt, die Dich nie fallen läßt und dafür sorgt, daß Dein Weg mit der gleichen Sicherheit und Zielstrebigkeit weitergeht wie seither.

Dem, der einmal von der aus dem Bewußtsein der Gegenwart des Inneren Helfers entquellenden *Geborgenheits-Gewißheit* ergriffen und verwandelt wurde, ist die Todesfurcht so fremd wie jede andere Furcht, weil eben dort, wo das Vertrauen zum Inneren Helfer und die Liebe zum Ewigen des

Menschen Bewußtsein erfüllt, für Furcht und Sorgen kein Raum mehr ist. Mit seiner Hilfe nimmst Du dem Tode seine Fremdheit und seine Schrecken:

Du weißt dann, daß der Augenblick des Sterbens genau so wenig empfunden wird wie der des Geborenwerdens. Dein Eintritt ins Leben wie Dein Austritt aus ihm geschieht unbewußt – *und vorher wie nachher ist Leben.* Der Tod trennt Leben und Leben, wie der Schlaf Tag und Tag voneinander scheidet. Diese beiden Brüder – Tod und Schlaf – sind nicht des Menschen Feinde, sondern seine Freunde: sie tragen ihn von Wachsein zu Wachsein und von Leben zu Leben; sie geben ihm die Ruhe und in der Ruhe die Kraft, sein Dasein unter neuen Umständen mit neuem Mut wiederaufzunehmen.

Wie dem Schlaf am Abend, so kannst Du Dich ohne Sorge auch dem größeren Schlaf überlassen und heim-gehen, wenn Dein Tag sich seinem Ende zuneigt und die Sterne am Firmament der Ewigkeit aufleuchten, und getrost dem Aufgang eines neuen Tages entgegenschlummern, der Dich rufen wird, wenn es Zeit ist.

3. Du kannst sogar noch einen Schritt weiter gehen und Dir in der Meditation vom Inneren Helfer Antwort geben lassen auf die Dich bewegende Frage, wie Dein Schicksal nach dem Tode sein wird.

Mehr oder minder deutlich wirst Du – je nach dem Grade der Bewußtheit Deines Verbundenseins mit ihm – in der Stille seine trostvolle Antwort vernehmen:

»Fürchte dich nicht, denn ich bin immer in dir und bei dir! Der Anfang deines leiblichen Daseins ist nicht der Anfang deines Lebens, und das Ende deines Körpers ist nicht dein Ende. Der Tod ist nicht dein Untergang, sondern nur ein Übergang und ein neuer Anfang.

Ich, dein wahres Selbst, deine innerste Wesenheit, bleibe vom Tode unberührt; mit mir bist du so unvergänglich wie die Gottheit. Wie du während deines Erdendaseins bei allen Veränderungen und Erneuerungen deines Körperkleides von der Jugend bis ins hohe Alter unverändert der Gleiche bist und bleibst, so bleibst du auch beim Verlassen des Körperkleides der Gleiche und setzest deinen Weg zur Vollendung fort.

Dein Erdenleben ist nur ein Teil deines ewigen Lebens. Der Tod dient deiner Erneuerung und will dich, wenn du an ihn denkst, nur mahnen, das zu vollbringen, wozu du in dieses Dasein tratst, und das Bestmögliche aus deinem Leben zu machen, damit nach deiner Wandlung eine reiche Ernte deiner wartet. Blicke darum dem Tode nicht mit Bangen entgegen, sondern mit Mut und Vertrauen auf die immer helfenden Hände des Ewigen. Denn zu fürchten ist nichts.

Wenn du tiefer blickst, gewahrst du die verborgene Weisheit in den Wundern der Natur und des Lebens, die alle auf die unendliche Entfaltung und fortschreitende Vollendung des Lebendigen angelegt sind. Sorge dich nicht, wenn du dies und jenes im gegenwärtigen Dasein nicht ganz zu erreichen, nicht zu vollenden vermagst; du wirst künftig Zeit und Gelegenheit in Fülle finden, alles zu erreichen und alles zu verwirklichen, was dein Herz ersehnt und bejaht, eben weil es spürt, daß du ewig bist und in immer höhere Reiche des Lebens emporsteigt, deren Horizonte myriadenmal weiter reichen, als du heute ahnst . . .

Erkenne, daß du nicht nur heute, sondern immer da bist, weil du so unvergänglich bist wie der Ewige selbst. Dein Körperkleid gehört dem Reich der Vergänglichkeit an; dein Inneres aber wurzelt und lebt im Reiche der Ewigkeit.

Es gehört zum Wesen deiner fortschreitenden Vervollkommnung, daß du, wie alles Lebendige, des Wechsels bedarfst: des Wechsels von Tag und Nacht, von Tat und Ruhe, von Leibhaftigkeit und Leibfreiheit. Aber in allem Wechsel bist und bleibst du in Zeit und Ewigkeit der Gleiche, der aus jedem Schlummer der Nacht in einen neuen Morgen schreitet – unaufhörlich, solange dein höchstes Ziel noch nicht erreicht ist: dein Einssein mit dem Ewigen!«

Es ist eine der beglückenden Früchte der Meditation, daß das Gewißsein der Gegenwart des Inneren Helfers mit dem Gewißsein Deiner Unvergänglichkeit untrennbar verbunden ist. Es gibt keinen tieferen Trost als diese Gewißheit.

WIE MAN TRÜBSINN HEILT

1. Das einfachste und nächstliegende Mittel, Trübsinnsanwandlungen rasch zum Abklingen zu bringen, ist eine *körperliche* Betätigung, die Dich ganz in Anspruch nimmt:

Wenn Du mit offenen Augen durch Dein Heim gehst, wirst Du gewiß mehr als eine Gelegenheit entdecken, Dich zu betätigen: eine Reparatur oder Aufräumarbeit im Hause oder eine Gartenarbeit, die schon längst fällig war und die Du nun in einem Stück zu Ende führst. Nichts lenkt Gedanken schneller vom Grübeln ab als eine anregende Beschäftigung – namentlich, wenn Du Dir dabei die Freude vorstellst, die die Erledigung der Arbeit mit sich bringt.

Wie das möglich ist? Da Du immer nur an *eine* Sache zur Zeit denken kannst, vertreibst Du negative Gedanken und Gefühle am bequemsten dadurch, daß Du Dich auf einen positiven Gedanken oder auf eine Beschäftigung mit einem positiven Ziel konzentrierst. Der Seelenarzt, der einen dem Trübsinn Verfallenen heilen will, verordnet als erstes eine Beschäftigungskur; sowie der Leidende in seiner Beschäftigung aufgeht, vergißt er das Grübeln. Intensive Arbeit heilt die meisten seelischen Verstimmungen, und das erfolgreiche Fortschreiten der Arbeit weckt neuen Mut, Selbstvertrauen und Lebensglauben und beseitigt auch den letzten Rest von Trübsinn und Schwermut.

2. Wenn Dein Beruf Dir zuviel Zeit zu Grübeleien und Mißgefühlen läßt, ergreife neben ihm einen zweiten Beruf. Sicherlich hast Du irgendein Steckenpferd. Versuche einmal, es zu

einem Nebenberuf auszubauen. So mancher hat sich dadurch für immer von Trübsinn geheilt, daß er zwei oder drei haupt- und nebenberufliche Tätigkeiten nebeneinander ausübte. Wenn diese Nebentätigkeiten nach und nach auch entsprechende Einkommenserhöhungen mit sich bringen, werden sie Dir doppelt willkommen sein. Eines Tages stellst Du dann vergnügt fest, *daß man sich am glücklichsten fühlt, wenn man keine Zeit mehr hat, darüber nachzudenken, ob man sich unglücklich fühlt.*

3. Kein Trübsinn kann in Deinem Bewußtsein Anker werfen und es zu seinem Heimathafen machen, wenn Du Dich daran gewöhnst, Dich täglich zu *entspannen.* Denn Entspannung und Trübsinn schließen sich gegenseitig aus. Wenn Du noch einen Schritt weitergehst und in der Meditation Deinem Inneren Helfer Dein Vertrauen aussprichst und seine immerwährende Liebe und Hilfe bejahst, wird sich Dein Bewußtsein schrittweise enttrüben und aufhellen – und im gleichen Maße wird Dein äußeres Leben lichter und leichter.

Du kannst in der Stille auch das, was Dich bedrückt und quält, dem inneren Berater vortragen mit der Bitte, Dich von Deiner Seelen- und Lebensnot zu befreien. Du kannst darauf vertrauen, daß die Erlösung und Hilfe kommt – oft von einer Seite und in einer Weise, an die Du überhaupt nicht dachtest.

4. Ein weiteres Mittel, Trübsinn und Melancholie zu entwurzeln und von innen her zu überwinden, ist die *Goldene Regel:* Versuche zunächst einen Tag lang – und zwar *heute* – Dein Leben nach ihr auszurichten, indem Du Dich von früh bis spät gegenüber jedermann so gütig und lieb, freundlich und hilfsbereit verhältst, wie Du möchtest, daß die anderen es Dir gegenüber sind. Du wirst am Abend merken, daß Du aufgeräumter bist, daß es in Dir freundlicher und heller aussieht als am Tage vorher.

Vielleicht genügt für Dich schon dieser eine Tag, um das Leben von einer neuen Seite zu sehen und neue Werte aus ihm zu schöpfen. Bist Du ein schwerer Fall, dann setzest Du eben das Denken und Handeln nach der Goldenen Regel noch einen zweiten Tag oder eine ganze Woche hindurch fort. In dieser Zeit bist Du innerlich bereits so hoch gestiegen, daß die Talnebel der Melancholie, des Trübsinns und der Schwermut weit unter Dir liegen und die Sonne eines neuen Lebens voller Freuden, Beglückungen und Erfolge Dir leuchtet ...

Dieses Wunder der Wandlung bewirkt die Gewöhnung an eine altruistische Haltung im Sinne der Goldenen Regel. Übrigens empfahl der bekannte Begründer der Individual-Psychologie, Alfred *Adler*, den gleichen Weg mit seinem Rat:

»Wenn Du an Melancholie leidest, kannst Du in 14 Tagen davon geheilt sein, wenn Du meiner Vorschrift folgst: suche von heute an jeden Tag etwas ausfindig zu machen, wodurch Du einem anderen Menschen eine Freude bereitest; und wenn Du das Richtige gefunden hast, *tue es sofort!*«

In der Tat wirst Du, wenn Du diesem Rat folgst, erfreut bemerken, wie Deine Mißstimmungen und Sorgen von Tag zu Tag kleiner werden. Hier wirkt das psychodynamische Gesetz, *daß jede Guttat eine Sorge tötet* – und zwar um so sicherer, je weniger Du dabei auf den Dank der anderen aus bist. Der Ausgleich für das, was Du anderen an Freuden und Beglückungen bereitest, kommt nämlich nicht von außen, sondern von *innen* – von Deinem Inneren Helfer:

Er sorgt dafür, daß Du es bald nicht mehr nötig hast, Dich trüben Gedanken hinzugeben, indem er die Anlässe dazu aus Deinem Leben entfernt. Durch die Befolgung der Goldenen Regel rechten Verhaltens gelangst Du von der Schattenseite auf die Sonnenseite des Lebens und spürst das bald an Deinem inneren Warmwerden, an Deiner wachsenden positiven Stimmung und Begeisterung, an der ständigen Besserung Deines Wohlbefindens und Wohlergehens.

Kurz gesagt – als Merksatz:

Für jedes Leid der beste Rat: Täglich eine gute Tat!

Probiere diesen Rat nur einmal aus – und Du wirst mir bald begeistert zugeben, *daß jede Guttat Dir selbst am mei-*

sten gut tut, Dich beglückt und reicher macht. Dich selbst beim freudigen Geben vergessen heißt von Selbstquälereien frei werden. Nichts macht rascher glücklich als der Versuch, andere glücklich zu machen.

WIE MAN EINE UNHARMONISCHE UMGEBUNG ÄNDERT

»Ich wäre ein glücklicher Mensch, wenn ich in einer anderen Umgebung leben könnte. Meine Umwelt erdrückt mich und macht mir das Leben zur Hölle. Leider läßt sich das nicht ändern!«

O doch, es läßt sich! Und damit Du den Ausweg erkennst und erfolgreich gehst, brauchst Du Dir nur einige elementare psycho-dynamische Gesetzmäßigkeiten bewußt zu machen:

1. Deine Umgebung ist immer genau das, was Du aus ihr machst.

Wenn Du sie *ablehnst,* rächt sie sich, indem sie Dich belästigt, belastet, einengt, spannt und verkrampft. Solange Du denkst und fühlst, daß Deine Umgebung Dich stört, rufst Du Störungen am laufenden Band herbei. Solange Du Deine Umwelt als unharmonisch wertest und Dich innerlich *gegen* sie stellst, machst Du Dir das Leben zur Hölle und ruinierst Deine Nerven – ein Gesellschaftsspiel, das die meisten vorzüglich beherrschen.

Wenn Du hingegen Deine Umgebung so, wie sie ist, *bejahst,* hältst Du Dich von Spannungen und damit von Verstimmungen frei. Fühlst Du Dich innerlich von der Umwelt unabhängig, dann erfährst Du, daß Du tatsächlich frei bist. Handelst Du gar so, als ob Deine Umgebung Dir Sympathie, Freundschaft und Hilfsbereitschaft entgegenbringe, dann verwandelst Du alles Negative, das Dich berührt, im gleichen Augenblick in positive, förderliche Impulse. Machst Du aus der Umwelt, in der Du lebst, das Bestmögliche, wirst

Du erleben, daß sie sich schließlich von ihrer besten Seite zeigt.

Die Dinge und Bedingungen Deiner Umwelt sind nämlich *von innen her bedingt* und können nur von hier aus wirksam gewandelt werden. Was Dich als Disharmonie berührt und Dein Wohlbefinden mindert, ist nicht die Umgebung – es sind die *Gedanken*, die Du Dir von Deiner Umgebung machst; es sind die Mißgefühle, die Du an die Alltagsgeschehnisse hängst; es ist die dunkle Brille, durch die Du die Außenwelt siehst.

Deshalb empfiehlt der Seelen-Optiker einen *Brillen-Wechsel*, und zwar die Durchsonnungsbrille freudiger Bejahung: Was Du ohne Rücksicht auf sein Aussehen beharrlich bejahst, das machst Du positiv, so daß es Dir seine freundliche Seite zukehrt. Dein Wesen hört nämlich keineswegs an Deiner Haut und mit Deinen Kleidern auf, auch Deine Umwelt ist ein Teil von Dir; und wenn Du sie anders wünschest, brauchst Du nur die Richtung Deines Denkens zu ändern, um automatisch auch den Magnetismus und Dynamismus Deines Strahlungsbereiches, also Deines Lebens und Deiner Umwelt zu wandeln. Was Du hinausstrahlst, das kehrt aus allem, aus den Dingen wie aus den Menschen Deiner Umwelt, zu Dir zurück.

Du bist kein Hellseher, sondern ein Dunkelseher, wenn Du »im Mitmenschen nichts Gutes siehst«. Sieh genauer hin, hinein in die Herzen der Menschen, und Du wirst in jedem einen göttlichen Funken finden. Fühle Dich innerlich bewußt mit diesem Funken eins – und Dein ganzes Leben wird licht.

2. Ungünstige Verhältnisse können nur soweit Macht über Dich gewinnen, als Du ihnen diese Macht durch negatives Denken einräumst. Unter allen anderen Umständen vermögen sie Dich nicht zu berühren. Besinne Dich darum auf die Gegenwart Deines Inneren Helfers; verbinde Dich mit ihm, dann bist Du gegen alles gefeit, was Dich herabziehen will, und stehst bald jenseits der »ungünstigen Verhältnisse«.

Jedes Übel ist genau so groß, wie Du es in Deinen Gedanken siehst. Wende Dein inneres Auge davon ab und auf die sonnige Seite des Lebens, dann schwinden die Schatten und Du ziehst das an, was Deiner positiven Gedankenrichtung gemäß ist: Verhältnisse, Dinge und Menschen, die Dich fördern und Dir die Hand zum Erfolg reichen!

Laß Dich also nicht von der Umgebung beeinflussen, sondern beeinflusse Du Deine Umgebung! Der Mensch ist nicht das Produkt der Verhältnisse, seiner Umwelt, sondern die Umgebung, die Verhältnisse sind das Werk des Menschen. Der Schlüssel zu allem liegt, wie gesagt, in Deinem Denken. Du ziehst Dich durch die Anziehungskraft negativen Denkens in immer ungünstigere Verhältnisse hinab, Du allein vermagst Dich durch den Magnetismus positiven Denkens aus ihnen zu lösen. Laß also nicht die Umstände Dich besitzen, – besitze Du sie, sei ihr Herr!

3. Wer sich an eine unharmonische Umgebung *gebunden* fühlt, ist in Wahrheit nur durch seinen unbewußten *Widerstand* gebunden.

Ein Beispiel: ein Geräusch ärgert Dich und lenkt Dich ab. Du stemmst Dich innerlich dagegen. Du grollst. Du nimmst übel. Die Folge: Dir wird übel. Kopfweh peinigt Dich, der Magen, die Galle meldet sich. Und das nur, weil Du Dich spannen und verkrampfen und zum Widerstand verleiten ließest.

Und jetzt probiere das Gegenteil: *Entspanne* Dich. Richte Dein Denken und Fühlen statt auf die Störung auf etwas Angenehmes – Deine Arbeit, deren Erfolg Du bejahst, eine Freude, die Du einem lieben Menschen oder Dir selber machen willst. Widme Deine Aufmerksamkeit und Hingabe ganz dieser Aufgabe, konzentriere Dich ausschließlich auf sie, gib Dich ihr hin. Damit bist Du für die Störung unerreichbar geworden; Du nimmst sie nicht mehr wahr; sie kann Dich nicht mehr spannen.

Das gilt für alle Einflüsse und Einwirkungen der Umwelt auf Dich. Es liegt bei Dir, ob Du reagierst und *wie*. Tue es dem Philosophen gleich, der die innere Umstellung, auf die es hier ankommt, auf die einfache Formel brachte: *»Wenn ich nicht die Umgebung haben kann, die ich liebe, dann will ich die Umgebung lieben, die ich habe, um das Bestmögliche aus ihr zu machen.«*

Im Wort «Liebe« liegt der Schlüssel: Was Du liebst, das gleichst Du Dir an, das berührt Dich sympathisch und harmonisch, das fördert Dich, das wird Dir zum Erfolghelfer.

4. »Ich kann mich in meiner engen Wohnung nicht auf positive Ziele konzentrieren, weil ich praktisch keinen Augenblick allein bin.«

Tiefe und Erfolg Deiner Konzentration wird nicht von der Umwelt bestimmt. Du kannst mitten im Lärm der Menge in die Stille gehen, ganz in einen Gedanken versunken sein. Ein Lehrer, Flüchtling, der mit Frau, Schwager und zwei Kindern in einem Raum haust, macht seine tägliche Entspannungsübung und Meditation, während die andern sich unterhalten. Sie stören ihn nicht, denn: »Was wir lieben, das kann uns nicht stören.« Er setzt sich in eine Ecke des Zimmers, schließt die Augen und verhält sich, als ob er auf eine Meile in der Runde der einzige Mensch sei. Das Sprechen der andern wird ihm zum Flüstern des Windes in den Bäumen. Wenn er aus der Meditation zurückkehrt, kommt er aus einem Schweigen, so tief wie das Schweigen am Meeresgrund.

Er hält sich frei von dem Gefühl, daß es schwer sei, sich in Gegenwart anderer zu entspannen und zu sammeln; und eben darum bleibt er frei von Spannungen und fähig, sich zu konzentrieren. Er stellt sich nicht gegen seine Umgebung, sondern paßt sich ihr an und macht das Bestmögliche aus der Lage. So wurde er mit jeder Übung mehr zum Meister seiner Umgebung.

Das Paradies ist immer dort, wo ein Mensch sich anpaßt und sich entspannt, sich selber findet und mit sich selber eins ist.

5. »Ich möchte – trotz allem – aus meiner Umgebung heraus und frei sein!«

Das gelingt Dir, wenn Du zuerst einmal von Dir selber frei wirst, von Deinen Verneinungen und Abneigungen. Denn wenn Du Dein altes negativ gestimmtes Ich in eine neue Umgebung versetzest, werden Deine Mißgefühle und Abneigungen bald neue Personifikationsobjekte finden, so daß es Dir am neuen Ort bald so wenig gefällt wie am alten.

Was Du brauchst, sind Ferien vom Ich und seinen ungelösten Spannungen und Widerständen. Dazu brauchst Du nicht in die Ferne zu schweifen, das kannst Du bei Dir daheim billiger haben: Du brauchst nur in der Meditation den Inneren Helfer zu bitten, Dir bei der Wandlung Deiner selbst und der Umwelt beizustehen. In dem Maße, wie *Du* Dich änderst, ändert sich Deine Umgebung: entweder wandelt sie ihr Gesicht – oder wandelt sich Dein Schicksal und geleitet Dich an eine neue und schönere Wohn- und Wirkungsstätte mit neuen Gesichtern.

Versuche einmal, drei Tage lang das Gute zu bejahen und das Schlechte zu ignorieren – und dann prüfe, ob Deine Umgebung sich nicht geändert hat, ob das Dunkel in ihr sich nicht ein wenig lichtete und Dein Leben erträglicher wurde. Ist es so, dann folge dem eingeschlagenen Wege weiter – und jeder Schritt wird Dich aus der bisher unharmonischen Umgebung weiter heraus- und in ein neues Leben hinein-führen.

Und blicke bei alledem nicht so viel nach außen, sondern mehr nach *innen.* Denn in der Außenwelt bist Du nach dem Maße Deines Nach-außen-gerichtetseins Objekt und von allem Möglichen bedingt und bestimmt. In der Innenwelt aber bist Du Subjekt, bist Du der Bedingende und Bestimmende. Und wenn Du es hier *bewußt* bist, wirst Du es um so schneller auch in der Außenwelt. Je höher Du von Dir denkst, desto lichter wird Dein Dasein und desto leichter lenkbar werden die Dinge.

Wenn Du gar Deines Einsseins mit dem Inneren Helfer und Schicksalslenker lebendig bewußt bist, bist Du stärker als alles, was Dir entgegentritt, und bewirkst, daß alles, was Dich trifft, Dich trefflicher und jede Deiner Maßnahmen zu einem Treffer macht. Du fühlst Dich dann nicht mehr getroffen und bist nicht mehr betroffen, wenn sich die Dinge scheinbar nicht so anlassen, wie Du sie haben möchtest, sondern Du triffst dann jeweils die positiven Maßnahmen und entdeckst hinterher, daß sich alles gut trifft und daß Dein Lebenskreis mehr und mehr zum Treffpunkt günstiger Gelegenheiten und sympathischer Menschen wird.

WIE MAN SICH BEI UNDANKBARKEIT VERHÄLT

1. Wenn Du enttäuscht bist, weil Du für eine Guttat Dankbarkeit erwartetest und nicht erfuhrst, dann hast Du a) noch zu wenig Lebenskenntnis und b) noch nicht die rechte Einstellung beim Geben.

Wer Lebenskenntnis besitzt, der erwartet keine Dankbarkeit von denen, denen er Gutes erweist, sondern fühlt sich schon durch das Schenkenkönnen beglückt und belohnt und weiß um den Ausgleich von *innen* her. Er wird darum auch nie enttäuscht.

Und wer die rechte Einstellung beim Geben oder Helfen hat, der tut nichts um des Lohnes, sondern alles um des Guttuns willen – aus selbstloser Freude am Geben- und Helfenkönnen. Er weiß, daß der Ausgleich für jedes Rechttun nicht ausbleibt, aber fast nie von außen her erfolgt – etwas von den Menschen, denen er half –, sondern von innen kommt, vom Inneren Helfer. Wer das erfaßt hat, ärgert sich nie über Undankbarkeit, zumal er Forderungen nur an sich selbst stellt, nicht an andere.

2. Auch *Christus* erwartete keinen Dank von den Menschen, sondern half um Gottes Willen. Er war darum auch nicht enttäuscht, als von den zehn Aussätzigen, die er an einem Tage von ihrem Leiden befreite, nur *einer* ihm dankte, während die anderen ohne Dank ihrer Wege gingen. Wie kannst Du mehr verlangen als Christus?

Undankbarkeit ist eine Untugend, die Du am besten als solche zur Kenntnis nimmst in der beruhigenden Gewißheit, daß Guttun nie vergeblich ist, weil Dein Innerer Helfer über Dein Tun wacht und für den Ausgleich sorgt, der zumeist ganz woanders herkommt, als Du erwartest. Gib darum freudig und selbstlos Dein Bestes, tue gern, was Du als recht und notwendig erkanntest – und überlaß alles übrige dem Inneren Helfer.

3. Erfährst Du dann unerwartet die Dankbarkeit eines Menschen, dann werte sie als Antwort des Ewigen und als Ansporn, *noch* mehr zu helfen.

Praktisch machst Du, wenn Du den eben gezeigten Weg gehst und des Ausgleichs von innen her gewiß bleibst, die erfreuliche Erfahrung, daß Du immer seltener und schließlich überhaupt nicht mehr Undankbarkeit erfährst, sondern in wachsendem Maße Beglückungen und Förderungen der verschiedensten Art erlebst.

Hier wirkt das psychodynamische Gesetz der Wechselwirkung, demzufolge der, der Dankbarkeit von andern fordert, sie selten erlebt, während der, der sie nicht erwartet, also vorbehaltlos hilft, den guten Willen der andern anspricht und auf mannigfache Weise ihrer Freundschaft und Dankbarkeit teilhaftig wird.

Dem Weisen dürfte dieser Hinweis genügen.

WIE MAN INNERE UNRUHE BÄNDIGT

1. Ein innerlich unruhiger Mensch gleicht einem undichten Bezintank: er verliert dauernd Kraftstoff.

Jede nervöse Bewegung, das Spielen mit den Fingern, das Zupfen an den Ohren oder an der Nase, das Herumfahren der Hände, das Schlenkern mit den Beinen, das Zucken der Augenlider, das unlustige Hinüberwechseln von einer Tätigkeit zur andern, ja schon das Arbeiten ohne vorhergehende Planung ist mit entsprechendem Kraftverlust verbunden.

Abgesehen davon, daß die abendliche Zielsetzung und Festlegung des Arbeitsplanes des kommenden Tages und dessen konsequente Erfüllung zu einer bald spürbaren Energieersparnis und Nervenkräftigung führt, kannst Du täglich an Kraft und Ruhe gewinnen, indem Du Dich *entspannst.* Jede Leerlaufarbeit – und dazu gehören die obigen und ähnliche nervöse Angewohnheiten – bedeutet eine Spannung ohne Arbeitsleistung und damit einen Verlust an Leistungskraft. Sich entspannen heißt sich wieder aufladen.

Das erste ist also die Gewöhnung an tägliche Entspannung. Wenn Du aus ihr zurückkehrst, fühlst Du, daß die innere Unruhe abgeklungen und Dein Verhalten ausgeglichener und ruhiger ist. Mit der Zunahme der inneren Ruhe und Gelassenheit geht erhöhte Frische und Leistungsfähigkeit einher – also ein doppelter Gewinn.

2. Wenn Du vor einer schweren Entscheidung stehst, wenn Du Dich in die Enge getrieben fühlst, wenn die Vorahnung einer drohenden Gefahr Dich beunruhigt, wenn Du das Gefühl hast, etwas falsch gemacht zu haben, wenn Dir vor Aufregung übel wird, dann tue folgendes:

Setze oder lege Dich bequem hin und bitte nach erfolgter Entspannung von Körper und Gedanken den Inneren Helfer um *Seelenfrieden.* Laß Deine Sorgen und Nöte zunächst beiseite; bejahe nichts als den Frieden, der Dein Herz erfüllen möge . . . Fühle, wie er in Dich einströmt – und mit ihm Kraft und Mut . . . Fühle, wie die inneren Beklemmungen und Ängste sich lösen und weichen, wie Zweifel und Verzweiflung verebben, wie die Unrast und Unzufriedenheit der Gelassenheit und die Lebensfurcht dem inneren Gleichgewicht und der Geborgenheits-Gewißheit Platz macht.

Wenn Du soweit bist, überlasse Deine Sorgen bewußt dem Inneren Helfer. Sprich ihm Dein Vertrauen aus, daß er den Grund Deiner Ängste beseitigen wird, und danke ihm von Herzen für seinen Beistand.

Manchmal erfährst Du von einer Stunde zur anderen, wie

Dir geholfen wird, wenn nur Dein ganzes Vertrauen dem Inneren Helfer gehört. Schon wenn Du in der Meditation die Heiterkeit der Seele, den Frieden des Herzens wiedergewonnen hast, siehst Du Deine Sorgen schwinden wie Nebel in der Morgensonne.

3. Handelt es sich um *bestimmte* Dinge oder Umstände, die Dich beunruhigen, dann trage sie in der Meditation dem Inneren Helfer vor in der Gewißheit, daß er die tieferen Zusammenhänge und die möglichen Lösungen viel klarer übersieht als Du – und in dem Vertrauen, daß er nicht nur gleichen Augenblicks weiß, was zu tun ist, sondern auch sofort daran geht, die Dinge und Umstände so zu ändern, daß jeder Grund zur Beunruhigung für Dich entfällt.

Da Du dem allwissenden Inneren Helfer gegenüber völlig offen sein kannst, wirst Du nicht nur anführen, was *für* Dich spricht, sondern auch, was *gegen* Dich spricht, was Du falsch gemacht hast, um alsdann dem Inneren Helfer als gerechten und gütigen Richter die Entscheidung darüber anheimzustellen, auf welche Weise allen am besten gedient wird. Denn er ist absolut gerecht – er rät und tut immer nur das, was dem Wohle *aller* dient, selbst dem Deiner Feinde!

Durch die Darlegung des Für und Wider der Lage wird die innere Wirrnis bereits gelöst, die Unruhe entwurzelt, Dein Gemüt entsorgt, Deine Seele entgiftet, so daß Du Dich im schweigenden Einssein mit dem Inneren Helfer bald völlig entlastet und frei fühlst, wieder aufatmest, neuen Mut faßt und, aus der Meditation in den Alltag zurückgekehrt, dem Leben wieder mit klarem Blick entgegentreten kannst. Du fühlst Dich innerlich neu durchkraftet und weißt, daß ihr, Dein Innerer Helfer und Du, als die stärkere Partei jeder Lage gewachsen seid.

Mit einem Satz: Deine innere Unruhe hat dem stärkeren Gewißsein Deiner Geborgenheit und Überlegenheit den Platz geräumt.

4. Es hat sich in der Praxis als das Einfachste erwiesen, dem

Inneren Helfer die Entwirrung der inneren Ängste und Hemmungen zu überlassen, statt Dich selbst damit abzuquälen. Was *Du* zur Lösung beitragen kannst, ist, daß Du Dir über das, was Dich beunruhigt, möglichste Klarheit verschaffst, im übrigen aber, da Du kein Hellseher bist, die letzte Entscheidung vertrauensvoll dem inneren Berater überlässest, der die Auswirkungen jeder Maßnahme weit in die Zukunft hinaus übersieht und danach die einzig richtige Entscheidung trifft und Dir darüber hinaus durch sein Eingreifen in den Ablauf der Dinge unmittelbar beisteht ...

Du erlebst, wie die Dinge und Umstände sich klären oder ändern. In der Regel genügt eine derartige Erfahrung, um Dich von aller inneren Unruhe für längere Zeit oder für immer zu befreien und Dich in einen neuen Menschen zu verwandeln, der nicht mehr durch das Leben jagt, sondern gelassen seinen Weg geht und auch das kleinste Geschehnis bewußt genießt und ausschöpft.

Das ist der Weg, den die großen Könner aller Zeiten gingen: der Weg nach innen, auf dem Spannung und Unrast weichen und alle Dinge sich immer sichtbarer zu Deinem Besten entwickeln.

WIE MAN UNVERSTANDENSEIN UND VEREINSAMUNG ENDET

1. Du fühlst Dich von Deinen Angehörigen nicht verstanden, von Deinen Freunden verlassen, vom Leben betrogen und dazu verdammt, allein zu stehen, einsam und ohne Liebe zu bleiben?

Du irrst. In der Mehrzahl aller Fälle ist es nicht das Leben, sind es nicht Deine Freunde oder Verwandten, die Dich von sich stießen, sondern Du selbst hast, bewußt oder unbewußt, die Trennung von innen her geschaffen, die Harmonie gestört. Die meisten Gefühle des Unverstandenseins sind aus negativem, verkrampftem Denken erquollen, aus ichhaften Gedankenschwingungen, die gesetzmäßig ähnliches anziehen mußten.

Untersuche einmal in der Stille Deine vorherrschenden Gedankenströmungen und Gefühle und suche zu erkennen, daß und warum Du an Deiner Vereinsamung mitschuldig bist und wie Du sie in Gemeinsamkeit, gegenseitiges Verstehen, Har monie und Liebe zu verwandeln vermagst.

Blicke nicht auf die Oberfläche, sondern sieh etwas tiefer: Hast Du schon mit wirklicher Aufgeschlossenheit versucht, einmal die andern zu verstehen? Oder hältst Du Dich für anders als sie? Siehst Du in Gedanken vor allem das, was Dich von ihnen unterscheidet und scheidet, statt das zu sehen, was Dich mit ihnen verbindet?

Um von andern verstanden zu werden, mußt Du die andern verstehen, mußt einsehen, daß wir alle Kinder des Ewigen sind und auf die gleiche Weise reagieren. Du mußt aus Dir herausgehen, Deine Ichbezogenheit aufgeben, Dich in die andern hineinversetzen und sie gern haben. Sowie Du Sympathie ausstrahlst, beginnen die andern sich Dir – wie die Blumen der Sonne – zuzuwenden und zu öffnen, Dir Interesse entgegenzubringen, Verständnis, *Verstehen.*

Es ist unmöglich, anderen Menschen Gefühle entgegenzubringen, die sie nicht früher oder später unwillkürlich und unbewußt erwidern!

Einsamkeit ist immer die Folge einer Selbsteinkapselung, einer Selbstabschließung aus unbewußter Ichsucht, aus Gekränktsein oder ähnlichen Motiven. Du willst, daß die andern Dich glücklich machen – und ziehst Dich zurück, weil sie es nicht tun. Sie können es gar nicht, weil die Voraussetzung fehlt, die darin besteht, daß *Du zuerst* die anderen glücklich zu machen suchst. Denn immer gilt: nur glücklich machen macht glücklich! Nur Freund sein bringt Freunde! Nur Liebe macht liebenswert!

Wer sich gedanklich von andern abschließt und sich in eine

seelische Igelstellung zurückzieht, der sieht sich bald auch äußerlich von ihnen getrennt. Niemand empfängt Liebe, außer er gäbe sie vorher. Darum denke um, strahle Sympathie, Harmonie und Liebe aus, dann wirst Du zu einem Magneten, der alles anzieht, was mit Deiner Seele gleichschwingt. Hilf andern, dann wird auch Dir geholfen. Jeder zieht das an, was er vorwiegend denkt: der Ichhafte das Alleinsein, der Allverbundene die All-Gemeinsamkeit.

2. Du erwiderst, daß, weil die andern Dich nicht verstehen, Du auch keinerlei Neigung fühlst, die andern zu verstehen.

Nun, auch in diesem Falle gibt es einen rettenden Ausweg: Wenn die andern Dich nicht verstehen, dann versuche, *Dich selbst zu verstehen.* Beschreite also den entgegengesetzten Weg: nach *innen* statt nach außen. Du wirst sehen, daß das gleiche Ergebnis herauskommt.

Versuche, Dich selbst zu erkennen. Gehe in Dich, versenke Dich in der Meditation in Deinen innersten Wesenskern, bis Du Dich selbst, Dein innerstes Selbst, Deinen Inneren Helfer gefunden hast. Denn ihn finden heißt Dich selbst finden und verstehen. Es bewirkt zugleich, daß die andern Dich verstehen.

Auf dem Wege nach innen erkennst Du, daß Du *gar nicht allein* bist und auch nie sein kannst, weil einer immer in Dir, mit Dir und bei Dir ist: der innere Freund und Helfer. Er ist das Allerinnerste – und zugleich das, was Du mit den anderen Menschen gemeinsam hast. Sowie Du Dich mit ihm eins fühlst, erlebst Du auch Dein Einssein mit den anderen Menschen und endest damit die Not des Vereinsamt- und Unverstandenseins.

Also auch auf dem entgegengesetzten Wege – nach innen – weckst Du die schlummernden Kräfte der Liebe zu allem Lebendigen – Mensch und Tier –, der Sympathie zu den Wesen um Dich herum – mit dem Ergebnis, daß die gleichen Kräfte der Sympathie und Liebe auch in ihnen angesprochen und auf Dich zurückgestrahlt werden.

Das wirkt sich bald auch in Deinem Leben aus: eines Tages

findest Du Dich wieder mitten im Strom des Lebens und hast am Lieben und Leiden der andern teil – und zwar um so rascher, je williger Du Dich mit dem Inneren Helfer verbündest und ihn bittest, die Kräfte der Liebe und Harmonie in Dir und um Dich herum zu wecken. Er kennt alle Wege zum Glück und verläßt Dich nie. Bejahe in der Meditation täglich aufs neue Dein Einssein mit ihm:

»Ich bin eins mit Dir, meinem Inneren Helfer, und habe teil an allem, was das Leben seinen Kindern zubestimmt hat an Liebe, Freude, Schönheit, Harmonie, Gesundheit und Fülle. Ich bin Liebe, Kraft, Harmonie. Allen, die krank sind oder müde, schwach oder verzagt, sende ich Gedankenströme der Liebe, Kraft und Hilfe zu. Im gleichen Maße vervielfachen sich meine Liebeskräfte. Je mehr ich gebe, desto mehr empfange ich!«

Auf dem Wege nach innen kommst Du immer irgendwann an den Punkt, wo Du Deines Einssein mit allen Wesen bewußt wirst und weit mehr danach verlangst, andere zu verstehen und an ihrem Leben teilzuhaben, als danach, daß die andern Dich verstehen. Damit ist der von Dir selbst unterbrochene Kontakt mit der Umwelt wiederhergestellt: Dein Innerer Helfer nimmt die Fäden des Schicksals in die Hand und bewirkt, daß eben die Menschen Deinen Lebensweg kreuzen, die Dich verstehen und die Du verstehst.

3. Nun gibt es Existentialisten, die mit *Kierkegaard* sagen: »Zuinnerst in jedem Menschen wohnt doch die Angst, daß er vergessen sein könnte vor Gott. Er hält diese Angst zwar dadurch von sich fort, daß er sich mit vielen umgibt, die ihm durch Verwandtschaft und Freundschaft verbunden sind; aber sie ist dennoch da und er darf kaum daran denken, wie ihm zumute sein würde, wenn alle diese weggenommen würden.«

Aber auch diese Existenzangst, dies Gefühl des Verlorenseins vor Gott, wird zunichte in dem Augenblick, wo Du der Gegenwart des Inneren Helfers bewußt wirst und Dich mit ihm eins weißt. Das Gefühl des Verlassenseins wandelt sich dann in das beglückende Bewußtsein des *Geborgenseins,* das

Dich zur freudigen Bejahung des Lebens führt, weil Du nun weißt, daß alles gut ist.

Der Himmel, den Du auf Erden haben möchtest, muß *in Dir* seinen Anfang nehmen. Indem Du ihn in Dir aufschließt, erschließt er sich Dir auch außer Dir. Wenn Du das Gute in allen bejahst, kann Dir jeder Mensch zum Engel werden.

Versuche einmal, diesen Weg zu gehen – und Du wirst staunen, welch erfreulichen Erfahrungen Du auf ihm begegnest und wie sich Dir dann auch die äußere Welt mit ihren Wesen und Kräften erschließt und zuneigt.

WIE MAN ÜBER VERLUSTE HINWEGKOMMT

1. Zur ersten notwendenden Besinnung möge Dich eine Mahnung *Schopenhauers* führen: »Wir denken selten an das, was wir haben, jedoch fortwährend an das, was uns fehlt.« Ziehe angesichts eines Verlustes aus dieser Wahrheit die Konsequenzen und überlege folgendes:

Halte dem, was Du verlorst, das entgegen, was Du noch besitzest und gewiß nicht für das Vielfache Deines Verlustes hergeben würdest: Wieviel sind Dir Deine Hände wert? Hunderttausend? Für wieviel würdest Du Deine Augen hergeben? Nicht für eine Million? Und Deine Beine? Deine Talente und Fähigkeiten? Deine Kinder? Nicht für zehn Millionen?

Angesichts dieser Summen schrumpft Dein Verlust zu einer Bagatelle zusammen. Und da Du Deine Hände, Deine Beine, Deine Augen, Deinen Kopf, Deine Fähigkeiten und Talente noch besitzt, hast Du die Möglichkeit, binnen kurzem *mehr* als das Verlorene wiederzugewinnen, falls Du nur den Mut nicht sinken läßt und statt auf das, was weg ist, auf das blickst, was Du *gewinnen* kannst und wirst, wenn Du es beharrlich bejahst und erfolggläubig handelst.

Wenn Du solchermaßen jedes Geschehnis von seiner besten Seite nimmst und aus allem das Bestmögliche machst, bist Du auf dem besten Wege zu neuen und größeren Erfolgen.

2. Nichts ist mühsamer und vergeblicher als der Versuch, den Lebensweg zurückzulaufen, um Verlorenes wiederzubekommen. Es kostet in der Regel weit mehr Kraft, als wenn Du einfach den Blick vorwärts richtest und weiter gehst – entschlossen, für das Verlorene etwas Besseres, für Deinen Fortschritt Wichtigeres zu gewinnen. Wenn Du mit solcher positiven Haltung das, was weg ist, abschreibst und auf das, was gewonnen werden kann, lossteuerst, hast Du den Verlust bald aufgeholt.

Du kannst aus diesem Verhalten eine Gewohnheit machen und Dich bei Verlusten von seelischer Belastung frei halten, indem Du Dich besinnst: *»Wo etwas geht, kommt etwas Besseres«*, Dich ganz dem Besseren, das zu Dir kommen will, widmest, Dich dafür offen hältst und entschlossen zupackst, wenn es da ist.

So handelten die großen Erfolgreichen, die nicht über angebrannte Milch jammerten, sondern sofort einen neuen Topf mit Milch aufs Feuer setzten.

3. Und schließlich gilt es, hinter dem, was geschah, das Wirken der inneren Führung zu spüren und zu bedenken, daß *alles*, was geschieht, Deinem Besten dient, daß alle Dinge – auch die, die Dir verloren gingen – von innen her gelenkt zu Deinem Wohl zusammenwirken – um so sichtbarer, je gläubiger Du diese innere Gesetzmäßigkeit allen Geschehens bejahst und je vorbehaltloser Du dem Inneren Helfer als dem geistigen Regisseur aller Dinge und Geschicke in Deinem Leben vertraust.

Wenn Du das einmal erfaßt hast, wirst Du nicht lange traurig sein, sondern denken, daß, wenn alles, was geschieht, zu etwas gut ist, Dein Verlust sich hinterher als Deinem Wohle dienlich erweisen wird, auch wenn Du es jetzt noch nicht zu erkennen vermagst.

Eines Tages wird Dir klar, daß das Leben Dein Freund ist – selbst dort, wo Dir ein Erlebnis vorerst unerfindlich, ein Verlust schmerzlich erscheint. Nichts geht aus Deinem Leben, das nicht anderem, besserem den Platz frei macht.

Und wenn Du Dich durch das, was Dich traf, trefflicher und zielstrebiger machen ließest, wenn Du trotzdem ein *Jasagender* bliebst, der darauf vertraut, daß sein Innerer Helfer in allem Geschehen auf sein Wohl abzielt, dann werden die Enttäuschungen und Verluste bald weniger und endlich ganz aufhören, eben weil Du das, was sie Dich lehren sollten, *gelernt hast!*

Dein Innerer Helfer wird Dir im übrigen, wenn Du ihn darum bittest, rasch über den Verlust hinweghelfen. Blicke also, wenn das Außen Dir noch trüb erscheint und die Zukunft ungewiß, nach *innen* und erkenne, daß die innere Welt der Ursachen sich im gleichen Maße ändert wie Dein Denken, Deine Einstellung, und daß die äußere Welt der Erscheinungen von selbst nachfolgt; denn sie ist ja nur ein Spiegelbild der inneren.

Bejahe den Inneren Helfer als den einzigen Quell Deines Wohlergehens und Wohlstands; erwarte die Wandlung von innen und tue frohgemut in der Außenwelt, was Du tun kannst – um so rascher wird sich das, was Dir jetzt als Verlust erscheint, eines Tages als Gewinn erweisen, und noch lebendiger wird Dir dann bewußt sein, daß Dir zufällt, was Du wünschst, wenn Du es glaubst und darauf vertraust, daß es Dir werden wird!

WIE MAN SICH BEI VERSTIMMUNGEN UMSTIMMT

Verstimmungen quellen oft ganz plötzlich aus den Tiefen des Unbewußten empor und breiten sich aus, auch wenn man sich dagegen wehrt; man wird unvermittelt bei der Arbeit von

Unlust, Mißmut oder Interesselosigkeit gepackt; es wird einem unmöglich, sein Werk zu einem guten Ende zu führen; alle Gefühle sind verzerrt; man ist launisch, ungerecht und streitsüchtig und beginnt sich über alles zu beklagen, über Wetter und Wirtschaft, Geldverhältnisse, die politische Lage, schlechte Stellung oder was einem sonst in den Weg läuft.

Solche Verstimmungen kannst Du in kurzer Zeit restlos beseitigen, wenn Du folgendes beachtest:

1. Klage von heute an über nichts mehr. Du willst doch, daß es besser werde; das wird es aber nicht durch Dein Klagen; im Gegenteil: gerade dadurch ziehst Du das, worüber Du jammerst, heran. Durch Dein stetes Darandenken verhilfst Du ihm zur Verwirklichung.

Weiter sprich von heute ab nicht mehr mit andern über Dinge, über die sich streiten läßt; stelle Dich vielmehr bewußt auf positive, aufbauende, erfolgbejahende Gedanken ein und sage Dir immer, wenn eine Welle von Mißmut und Unlust in Dir aufsteigt:

»Ich bin Sonne! Ich bin froh, heiter und frei. Ich bin Kraft. Ich bin Liebe. Es geht mir täglich besser. Ich habe immer Erfolg. Ich bin glücklich!«

2. Das einfachste psychodynamische Mittel zur Überwindung einer Mißstimmung ist, einen entgegengesetzten gefühlsstarken *positiven* Gedanken eine Weile im Blickfeld des Bewußtseins festzuhalten, bis die negativen Gedanken und Gefühle aus Mangel an Beachtung – was gleichbedeutend ist mit Mangel an Nahrung – zugrunde gegangen sind. Das geht meist überraschend schnell.

Bedenke: es kann immer nur *ein* Gedanke zur Zeit im Blickfeld des Bewußtseins sein. Welcher Art er ist, hängt von Dir ab. Denkst Du positiv, kann kein negativer Gedanke in Dir Fuß fassen – um so weniger, je mächtiger Deine positiven Gedankenkräfte durch Deine stete bejahende Einstellung werden.

Praktisch bedeutet das, daß Du Dich sogleich beim Bewußtwerden einer Verstimmung entspannst und auf einen positiven Gedanken konzentrierst: eine schöne Erinnerung an einst durchlebte Stunden der Freude, auf Menschen, die Du liebst, oder auf eine Freude, die Du erwartest oder jemandem bereiten willst. Je farbenprächtiger dies Bild ist, desto schneller schwingt das ganze Bewußtsein mit.

Erst wenn so die augenblickliche Gefahr des Abgleitens in negative Gefühle behoben ist, rückst Du dem Übel dadurch zu Leibe, daß Du in der Meditation den Inneren Helfer anrufst und ihn bittest, die negativen Gedankenkomplexe in positive umzuwandeln.

3. Oft entstehen Mißstimmungen auch durch Überanstrengung, Angespannt- und Verkrampftsein, also infolge der Unfähigkeit, sich richtig zu entspannen. Wo dies der Fall ist, ist die *Entspannungsübung* das beste Gegenmittel:

Setze oder lege Dich hin, schließe die Augen, entspanne Körper und Gedanken und wende Dich bewußt nach innen, bis Du den Anschluß an den Inneren Helfer erlangt hast – was sich anfangs in dem Gefühl, von einem belebenden Wärmestrom durchpulst zu sein, anzeigt. Konzentriere Dich ganz auf dieses Pulsen der inneren Kraft in Deinem Körper und fühle, wie Du dabei zu einem Reservoir kosmischer Energien wirst.

Jetzt atme mehrere Male bewußt langsam, tief und ruhig aus und ein, bis Du Dich im ruhigen Rhythmus des Atems schwingen fühlst. Alsdann öffne die Augen und erhebe Dich. Alle Mißstimmung und Übellaune wird verschwunden sein!

4. In besonders schweren Fällen bitte den Inneren Helfer, der jeden negativen Komplex bei der Wurzel packt und ausrottet, um seinen Beistand. Stelle Dich in der Meditation etwa auf innere Sonnigkeit, Harmonie und Kraft von innen ein:

»Der Innere Helfer ist eine Sonne, deren Wärme und Licht mich durchflutet und durchstrahlt. Er erfüllt mich mit Sonnigkeit, Frohsinn und Freude. Was an mich herantritt, bringt mir Freude, Mut, Kraft, Erfolg und größere Harmonie.

Ich bin eins mit der inneren Kraft. Ich bin Mut, Vollkommenheit, Harmonie. Ich bin Liebe, bin Licht, bin Sonne!«

Bei allgemeiner Unzufriedenheit wandle diese Bejahung etwa so ab:

»Ich bin erfüllt von den Kräften der Liebe und Harmonie. Ich liebe die Natur um mich, die Bäume und die Blumen, die Tiere, die Berge, das Meer und die Wälder. Ich liebe alle Menschenbrüder, die gleich mir aufwärts streben zum Licht. Die Kraft meiner Liebe strömt hinaus und weckt in aller Herzen freudigen Widerhall. Wie ich mit mir selber eins bin, so auch mit den Wesen um mich herum.«

Nach kurzer Zeit der Übung wirst Du feststellen, wie Deine Mißstimmungen zunehmender seelischer Hochstimmung weichen. Diese *seelische Immunisierung* gegen Mißgefühle und Verstimmungen – einerlei, ob sie von außen oder von innen kommen – ist eine natürliche Folge der *seelischen Harmonisierung* und Einung.

Wenn Du zu wirklicher Selbstbeherrschung, Gelassenheit und Lebensüberlegung gelangen willst, wirst Du das auf dem Wege der Meditation rascher und sicherer erreichen als auf jedem anderen Wege.

WIE MAN WIDRIGKEITEN HINTER SICH BRINGT

1. Die normale Einstellung bei einer widrigen oder nicht zu überblickenden Situation ist die des Unbehagens, der Furcht und der Abwehr. Es ist die Reaktion der meisten – und gerade das, was die Überwindung der Widrigkeiten so schwer macht.

Andererseits gibt es Menschen, die solche Situationen spielend meistern. Wenn Du ihr Verhalten analysierst, entdeckst Du als erstes, daß ihr Blick nicht an der Widrigkeit haften bleibt, sondern tiefer dringt zu den in ihr steckenden oder hinter ihr verborgenen positiven Dingen und Möglichkeiten des Vorwärtskommens. Sie spüren das *Gute* auf, das in der Situation steckt, und sagen sich mehr oder minder bewußt: *»Ich bin dabei, etwas Gutes zu erleben und zu gewinnen!«*

Und das für Anfänger in der Lebenskunst Unbegreifliche ist, daß sie durch diese Einstellung nicht nur ihre Durchsetzungskraft erhöhen und leichter über die Widrigkeiten hinwegkommen, sondern daß sie zugleich auch die Dinge ändern, so daß sich das, was ihnen begegnet, von seiner besten Seite zeigt und sich bei sofortiger Nutzung als eine Hilfe beim Vorwärtskommen erweist. –

Du überwindest Widrigkeiten am ehesten, indem Du den Blick auf das *Gute* in und hinter ihnen richtest und nach seiner Erreichung strebst. Indem Du so, statt zögernd halt zu machen, zuversichtlich weiterschreitest, bringst Du das Widrige rasch hinter Dich.

2. Als zweites entdeckst Du bei den Erfolgreichen, die so leicht mit den Widrigkeiten fertigwerden, daß sie sich in irgendeiner Weise darauf verlassen, daß ihnen von innen her geholfen wird. Infolge ihres Vertrauens sehen sie sich in der Tat über Schwierigkeiten hinweggetragen, denen andere erliegen. –

Das Wissen um den Beistand des Inneren Helfers ist lebenspraktisch von größter Wichtigkeit. Es ist das Plus, das die Großen vor den Erfolglosen voraus haben. Dies Plus kannst Du auch für Dich buchen, wenn Du in der Meditation den inneren Berater um seinen Beistand bittest, ihm in positiven Worten sagst, was Du erreichen möchtest, und ihm Deinen Dank aussprichst für seine Führung und Hilfe auf Deinem Wege zum Erfolg.

Wenn Du aus der Meditation dann an Deine Arbeit zurückkehrst, wirst Du Dein Verhalten und Tun statt auf die Widrigkeit auf den bejahten *Erfolg* ausrichten, Dich auf dies Ziel hin in Bewegung setzen und alles tun, was Dich ihm näher bringt – mit dem beruhigenden Gefühl, daß der Innere

Helfer inzwischen das Seine tut, um die Widrigkeit von innen her zu wandeln, so daß Du Deine ganze Kraft auf Dein Ziel konzentrieren kannst.

3. Dies ist das dritte Merkmal, das die Erfolgreichen kennzeichnet: daß sie in einer widrigen Lage nie zögernd und zweifelnd stillstehen, sondern im Vertrauen auf die Hilfe von innen ihren Weg gelassen fortsetzen. –

Das Leben steht nie still. Es ist ein ewiger Strom. In diesem unaufhörlichen Fluß der Dinge grübelnd stehen bleiben heißt Widerstände auslösen, Rückschritt, Leid und Not. Das Leben erwartet von Dir, daß Du *mit* ihm gehst, daß Du über Zweifel und Widrigkeiten hinwegschreitest und sie dadurch hinter Dich bringst. Es erwartet, daß Du ihm vertraust. Dazu gab es Dir einen unsichtbaren Begleiter, den inneren Freund und Helfer, dessen Stimme Dir gut zuredet, Dir Mut zuspricht und Dir an den Kreuzwegen des Daseins die rechte Richtung bewußt macht. Folge ihr, und es wird bald keine unerfreulichen Situationen mehr für Dich geben, sondern nur noch den für das Leben charakteristischen Wechsel von Licht und Schatten, der anzeigt, daß es vorwärtsgeht.

Auf dieses Vorwärtskommen stelle Dich ein – nicht auf den Wechsel von Schatten und Licht, der bedeutungslos ist. Wesentlich ist nur, daß Du vorankommst. Daß Du auf Deinem Wege gelegentlich stolperst, ist nicht schlimm; auch das Hinfallen ist nicht wichtig; entscheidend ist, daß Du sogleich wieder aufstehst und mit dem Blick auf Dein Ziel weitergehst. Dann erweist sich jede Widrigkeit und Enttäuschung mit wachsender Entfernung von Täuschung und Irrtum als heilsam und förderlich . . .

Das ist es, was das Leben Dich lehren will, wenn es Dich durch Widrigkeiten führt: nicht stehen bleiben, sondern unentwegt hindurch- und *weiter-gehen* – auf der anderen Seite ist es hell und licht.

WIE MAN DER WIRTSCHAFTSSORGEN HERR WIRD

»Was soll ich tun, wenn ich in *Schulden* geraten bin und meine Gläubiger auf Zahlung drängen?«

So unwahrscheinlich Dir das im ersten Augenblick klingen mag: auch der Wirtschaftssorgen wirst Du von *innen* her leichter Herr als von außen.

1. Schulden sind, wie die Sorgen, Folgen falschen Denkens. Sie entstehen zumeist dadurch, daß Du Dir Dinge gönntest, deren Begleichung Du auf später verschobst.

Es ist ein verhängnisvoller Kreislauf, in den Du gerätst, wenn Du Schulden machst. Plötzlich kannst Du Deinen Verpflichtungen nicht nachkommen, weil das Einkommen geringer ward oder weil die eigenen Schuldner nicht rechtzeitig zahlten, da sie wiederum selbst auf Zahlungen warteten, die nicht kommen wollten . . .

. . . Aus diesem Kreislauf befreist Du Dich nur durch eine entschiedene geistige Umstellung. Das haben schon viele versucht und sich aus dem Maelstrom wachsender Verschuldung im letzten Augenblick errettet. Sie alle begannen, der Goldenen Regel rechten Verhaltens zu folgen: »Was Du wünschst, das andere Dir tun, das tue ihnen zuvor.« Da sie wünschten, ihr Geld pünktlich zu erhalten, gingen sie dazu über, ihren Verpflichtungen pünktlich nachzukommen. Das aber bedeutete, daß sie keine neuen Schulden mehr machten.

Die gleiche Regel kann auch Dir helfen. Sieh Dich selbst im Geiste, wie Du von Erfolg zu Erfolg emporsteigst, wie die Fülle in Dein Leben einströmt, wie Du Deine Schulden abträgst und wie, nachdem alles bezahlt ist, *noch* größere Fülle zu Dir hinströmt.

Sieh Dich, wie Du erfolgbejahend und selbstbewußt Deine Gläubiger aufsuchst, um Deine Schulden zurückzuzahlen, wie sie dankbar das Geld in Empfang nehmen, freundlich dabei lächelnd und Dir versichernd, daß es gar nicht eile, da es ja sichtbar mit Dir aufwärts gehe. Sieh, wie Du ihnen dann bedeutest, daß Du keiner Hilfe mehr bedarfst, und wie ihre Hochachtung vor Dir und ihr Vertrauen auf Deine Tüchtigkeit wächst, wie sie zu Dir hinaufsehen und sich danach drängen, mit Dir in Verbindung zu bleiben.

Alles das, was Du so in Gedanken wieder und wieder gläubig bejahst, beginnt vom Augenblick der lebendigen inneren Vor-Schau an seiner äußeren Verwirklichung entgegenzureifen – um so schneller, je häufiger und inbrünstiger Du solche Bejahungen in der Meditation wiederholst.

2. Um Verschuldungen zu überwinden, mußt Du zuerst Dein Bewußtsein von der *Last der Schulden-Gedanken* befreien.

In vielen Fällen macht erst die Art und Weise, wie Du eine Schuld ansiehst, sie zu einem schweren Übel. Dir das Leben zu verbittern durch die Angst, Du könntest Deine Schulden nicht abtragen, ist falsch: gerade durch solches Denken hältst Du Dich unten und treibst die Fülle von Dir fort. *Glaube und bejahe vielmehr, daß, was Du brauchst, zur rechten Stunde zu Dir kommt!*

Wie ein Spiegel genau das zeigt, was vor ihm steht, so zeigt die Umwelt, der Spiegel Deines Innern, schließlich das, was Du Dir innerlich ständig als Wirklichkeit vorstellst. Je umfassender Dein Vertrauen zur Fülle des Lebens ist, desto reicher strömt die Fülle des Guten in Dein Dasein hinein ...

... Setze also an die Stelle der quälenden Vorstellungen der Höhe Deiner Schulden und der Schwierigkeit ihrer Abtragung die Bejahung, *daß die Fülle in Dein Leben einzieht* nach der Inbrunst Deines Vertrauens auf die Hilfe von innen. Ist der Gedanke der *Fülle* einmal stärker und tiefer in Deiner Seele eingewurzelt als der des Mangels, beginnt die Fülle sich zu offenbaren; von irgendwoher wird Dir Hilfe; Deine Unternehmen werden plötzlich aussichtsreicher; Du bekommst eine glückliche Hand in dem, was Du beginnst; Freunde stoßen zu Dir und machen es Dir leichter möglich, Deine Schulden zu tilgen.

Nicht die Höhe der Schulden, Dein *Denken* entscheidet. Es kommt täglich vor, daß ein vorwärtsstrebender Kaufmann fremdes Kapital hereinnimmt, um ein erfolgversprechendes Unternehmen durchzuführen, das er sonst anderen überlassen müßte. In der Regel wird bei ihm nicht der Gedanke an seine Schulden im Mittelpunkt seines Bewußtseins stehen, sondern der des *Erfolges,* den er mit dem größeren Kapital erzielen will. Und da er auf seinen Erfolg und sonst nichts eingestellt ist, erringt er ihn und ist bald in der Lage, aus dem Gewinn das geliehene Kapital zurückzuzahlen.

Die gleiche Erfolgseinstellung muß Dich beseelen: nicht Gedanken des Mangels und finanzieller Lasten, sondern Vorstellungen des Erfolgs müssen Dein Fühlen, Wollen und Tun bestimmen. Was Du mit dieser Einstellung wagst, führt schließlich zu dem erwarteten Ergebnis.

3. Mit den Augen Deines Inneren Helfers gesehen, *bist Du jetzt schon von Schulden frei.* Und wenn Du nur ihm vertraust und in diesem Vertrauen siegbejahend vorwärtsschreitest, wirst Du es bald auch äußerlich sein. Das mag Dir seltsam klingen – aber es ist die Wahrheit.

Deine Sorge ist so abwegig wie der Gedanke, Du könntest einmal nicht Sonnenschein genug haben, müßtest also Deinen Nachbarn aus der Sonne drängen. In Wirklichkeit ist Sonnenlicht in Fülle da, heute wie vor tausend Jahren, und ebenso in weiteren Jahrtausenden. Genau so ist des Lebens Reichtum unermeßlich, und niemand braucht zu sorgen, daß für ihn nicht genug da wäre. Jeder kann so reich sein, wie er wünscht; er muß nur gläubig die Fülle in sein Leben strömen sehen, statt neidisch oder ängstlich auf andere zu starren.

Die Quelle, aus der der Millionär schöpft, ist die gleiche, aus der auch Du soviel schöpfen kannst, wie Du nur willst. Es gilt nur, die neue Einstellung vertrauender Bejahung einzunehmen, daß alle Fülle von innen her kommt, das Geld nicht ausgenommen, um den Strom des Reichtums sozusagen mit Deiner Brieftasche in unmittelbaren Kontakt zu bringen. Je vollkommener Dein Bewußtsein von jedem Zweifel und jeder Sorge entleert wird, desto mächtiger offenbart sich das Gesetz der Fülle in Deinem Leben.

Beginne noch in diesem Augenblick mit der inneren Umstellung auf Bilder des Erfolges. Sieh Dich und Deine Lieben von jetzt ab im Geiste von Wohlstand und Fülle umgeben. Nichts in der Welt kann Deine Gedanken daran hindern, Wirklichkeit zu werden, als Du selbst. Vergiß das nicht und achte auf jeden Deiner Gedanken! Sage Dir wieder und wieder:

»Mein Innerer Helfer gebietet über alle Reichtümer des Lebens. Er macht mich frei von Schulden und läßt alles, was ich unternehme, gelingen!«

Dieser Gedanke sollte so lange lebendig in Dir schwingen, bis er Dir zur Grundgesinnung wurde. Namentlich dann muß er lebendig vor Dir stehen, wenn Gedanken der Sorge ob des Umfangs Deiner Schulden Dich in schwachen Augenblicken überfallen.

Die Wiederholung dieser Bejahung ist nötig, weil zwar jeder positive Gedanke die Verbindung mit der All-Fülle herstellt, der nächste negative Gedanke sie aber wieder unterbricht, so daß es, bis die neue Gesinnung zur *Gewohnheit* wurde, einstweilen der täglichen Wiederholung der Bejahung bedarf. Höre also keinen Augenblick auf, Dich als Besitzer unermeßlicher Fülle zu sehen!

Wohl aber höre auf, Dir Sorgen darüber zu machen, auf welchen Wegen denn nun eigentlich die Mittel zur Zahlung Deiner Schulden zu Dir kommen. Du hast nichts zu tun, als das Kommen der Fülle zu bejahen; den *Weg* der Hilfe aber überlasse gänzlich Deiner inneren Führung, die weiter sieht als Du. Natürlich kommt die Fülle nicht aus der Luft, sondern in der Regel auf dem Wege über andere Menschen; dennoch wäre es falsch, Dich nun darauf einzustellen, daß dieser oder jener Dir die ersehnte Summe bringen wird. Dein ganzes Vertrauen muß ausschließlich auf den Inneren Helfer gerichtet bleiben; *ihn* gilt es als den einzigen Spender aller Fülle zu erkennen. Wenn Du ihm vertraust, darfst Du gewiß sein, daß er bewirkt, daß soviel Geld, wie Du benötigst, in seinem ständigen Kreislauf den Weg über Deine Börse nimmt. Es ist nur eine Frage des Vertrauens. Was Dich bisher am Reichsein hinderte, war nicht zuletzt Dein mangelndes Vertrauen zur Hilfe von innen.

Es gibt nichts auf der Welt, was Dich hindern könnte, Besitzer der Fülle des Lebens zu sein; es sei denn, Du *denkst*, es könnte. Sowie Du etwas fürchtest, gibst Du ihm Macht über Dich, Dein Schicksal und Dein Glück.

Wenn Du glaubst, daß der Innere Helfer der Quell allen Reichtums ist, daß also der Quell der Fülle *in Dir* sprudelt, wenn Du glaubst, daß alles, was Dir fehlt, Dir von innen her zuströmt und schließlich um Dich herum Wirklichkeit wird, *dann geschieht Dir nach Deinem Glauben.*

Stelle Dir darum lebendig vor, wie Deine Schulden abnehmen; fühle bei allem, was Du tust, wie Dein Vermögen wächst. Stelle Dir vor, wie Du immer häufiger Ersparnisse auf die Bank trägst, wie die Zahlen Deines Kontos, Deiner Bankausweise wachsen, und wie es Dir immer leichter wird, die Wesen um Dich zu beglücken. Du bist an die All-Fülle angeschlossen: jeder Gedanke des Vertrauens zum Inneren Helfer bedeutet eine Drehung des Schalters und bewirkt, daß die innere Kraft aufströmt und das gläubig Bejahte zu verwirklichen beginnt.

Der Strom des Erfolges fließt immerfort unsichtbar durch Dein Leben; es bedarf nur Deines Vertrauens, um die Fülle sichtbar zu machen.

4. Und noch eines hast Du zu tun: die volle Verantwortung für Dein Schicksal, Dein Wohlergehen, Deine Zukunft dem Inneren Helfer zu überlassen.

Überlege Dir einmal: wie würdest Du empfinden, wenn eine große Schuld Dich bedrückt, deren Zahlungstermin immer näher rückt, und Dir plötzlich eine Summe zufließt, die ausreicht, Deine ganzen Schulden zu bezahlen? Wärst Du nicht überglücklich? Würde Dein Gesicht nicht vor Freude strahlen? Wärst Du dem Inneren Helfer nicht über alle Maßen dankbar? Wärst Du nicht froh darüber, wie prompt und zuverlässig die Hilfe von innen eintrat? Und würdest Du Dich nicht fortan nur noch auf diese Hilfe verlassen?

Gewiß würdest Du so handeln. Eben diese Einstellung nun mußt Du *schon jetzt* einnehmen. Höre also auf zu rechnen, zu sorgen und zu jammern; wirf alle Gedanken der Not aus Deinem Bewußtsein hinaus als etwas, das nicht mehr zu Dir gehört. Und erfülle Dich gänzlich mit jenem *Vertrauen* und jener gläubigen *Bejahung* der Hilfe von innen, die eben die Mittel herbeiziehen, um Deine Schulden zu begleichen.

Wenn Du in der Stille nach innen lauschst, kannst Du das Wort des Inneren Helfers hören: *»Ohne mich kannst Du nichts tun; mit mir vermagst Du alles!«* Überlasse also deine Geldsorgen Deinem unsichtbaren Partner – und alles wird gut!

Denke an den Waisenhaus-Müller, dem als Folge seines vertrauenden Betens im Laufe der Jahre weit über zwanzig Millionen Mark zuflossen, und an andere, die es ihm gleich taten. Du vermagst dasselbe. Wenn Du Dein Schicksal gänzlich dem inneren Freund und Helfer überläßt, brauchst *Du* Dich nicht mehr zu sorgen.

Das Gesetz der Fülle wirkt unweigerlich. Du brauchst Dich nicht um Einzelheiten zu bekümmern. Du sorgst Dich auch nicht, wenn Du einen Brief in den Kasten wirfst, ob er nun auch richtig befördert und dem Adressaten zugestellt wird. Du vertraust der Post und weißt, daß Dein Brief den Bestimmungsort erreicht. Genau so kannst Du dem Gesetz der Fülle vertrauen und gewiß sein, daß Deine gläubigen Bejahungen dorthin dringen, wo sie neue Kräfte und Möglichkeiten auslösen und in Richtung auf Dein Leben in Tätigkeit setzen, bis die bejahte Fülle in Deinem äußeren Leben sichtbar wird.

5. Wenn Deine Sorgen drückend werden, dann nimm es als Appell an Dich, *mit der Vertrauensprobe unverzüglich zu beginnen.* Du kannst die Wahrheit des eben Vernommenen sehr bald erfahren; je eher Du Dich innerlich umstellst, desto eher wirst Du Deiner Schulden ledig.

Es ist nicht blinder Glaube, der von Dir gefordert wird. Jeder kann diese aus den Tiefen des Selbstes quellende Innenkraft und Lebensmacht gleichermaßen in ihrer schicksalbestimmenden Wirksamkeit erleben. Du sollst nicht blind glauben, sondern etwas *tun:* nämlich all Deine Sorgen ausnahmslos dem Inneren Helfer übergeben. Schenkst Du ihm Dein ganzes Vertrauen, wird seine volle Hilfe Dir zuteil.

Keiner Beweise bedarf, wer schon solche Hilfe von innen erfuhr. Wenn Du sie noch nicht erfuhrst, hast Du jetzt Gelegenheit, ihr Wirken zu verspüren.

Für die, die jetzt noch auf ihre Sorgen starren, gilt *Cassons* Wort von der »Gelegenheit, die an die Tür des Furchtlosen pocht«:

Das Erdbeben von San Francisco – sagt er – hat an die hundert Gelähmte geheilt. Sie alle sprangen beim ersten Erdstoß auf und rannten um ihr Leben. Sie waren nicht so gelähmt, wie sie dachten. Sie wußten nicht, daß sie laufen konnten, bis ihre Häuser zusammenzustürzen drohten.

Ihre Lähmung lag mehr in ihrem Geiste als in ihren Beinen. In ähnlicher Lage sind jene, die sich von ihren Sorgen fesseln lassen:

Ihr fühlt euch gelähmt, gehemmt? Ihr fürchtet euch vor der Zukunft? Euer Herz ist voller Sorge? In Wirklichkeit verfügt ihr über die Güter der Welt!

Wenn ein Pferd nicht weiter will, liegt die Bockigkeit in seinem Willen, nicht in seinen Muskeln. Es geht weiter, wenn es wieder will. Wenn ein Geschäftsmann bedrückt ist, dann ist des Übels Sitz in seinen Gedanken, nicht in den Dingen. In Wahrheit kann nichts ihn hindern, vorwärts zu schreiten und Erfolg zu haben, wenn er seiner Kraft vertraut.

Solange die Furcht den Willen beherrscht, ist der Wille machtlos. Wenn der Mann die Furcht aus seinem Herzen hinausjagt, wird die ganze Welt sein Spielplatz.

Was Dich bedrückt, liegt in Dir, nicht außer Dir. Erkenne das und schüttle es von Dir ab. Steh' auf und wandle. Du kannst es.

Grüble nicht über Sorgen nach, sagt *Emerson*, »sondern gehe an Dein Geschäft. Das Leben ist nicht gedanklich, sondern real: es greift handfest zu. Den Menschen, die sich ohne viel Fragerei an allem erfreuen, was ihnen begegnet, hat das Leben sein Bestes zu bieten. Die Natur haßt neugierige und ängstliche Seitenblicke. Die Stunde ausfüllen: das ist Glück. Wir leben auf lauter Oberflächen, und die echte Lebenskunst besteht darin, möglichst glatt über sie hinwegzuschlittern.«

Du erhebst Dich in dem Augenblick über Deine Sorgen und Schwierigkeiten, in dem Du Dich der Kraft in Dir verbündest und Dich der inneren Führung überläßt. In diesem Augenblick ist eine Macht in Dir erstanden, die stärker ist als die vereinigten Sorgen der Welt.

Nun erkennst Du mit aller Klarheit, was Du vorher nur ahntest:

Es gibt eine unversiegbare Quelle der Kraft, an die jeder angeschlossen ist und aus der sich jeder erquicken kann. Diese Kraft dient immerfort Deinem Wohle. Ihr Aufstrom in Deiner Seele und ihr Einstrom in Dein Leben erfolgt als Antwort auf Dein Vertrauen und wird erhöht durch gläubige Betätigung dieser Kraft.

Mag das Unternehmen, das Du wagst, noch so groß sein – wenn Du Deinen Sieg gläubig bejahst, das Ideal ständig vor Augen hast und Dich durch nichts davon abbringen läßt, wird das Ersehnte schließlich Wirklichkeit. Niemand kann Deinen Aufstieg hemmen als Du selbst – durch Deine Sorge, daß Deine Schulden Dich unten halten und daß Du darum dies und jenes nicht zu meistern imstande seiest.

Nur auf Dich kommt es an. Laß Dich nicht von vorübergehenden Wirtschaftssorgen niederdrücken, sondern richte Dich an Dir selber auf: an Deinem Inneren Helfer und seiner Kraft. Zerreiße Deine selbstgewirkten Fesseln und erkenne Dich als frei. Erkenne, daß Du vermagst, was Dein Herz gläubig bejaht. Und *handle* – im Vertrauen darauf, daß das Leben immer lichtwärts schreitet! Und Du wirst erfahren, was noch jeder echte Lebensmeister erfuhr: Wer *denkt*, er kann, der *kann!*

WIE MAN SEINE WÜNSCHE ERFÜLLT

1. Deine Wünsche wurden bisher großenteils nicht verwirklicht, weil Du Deine Wunschkraft nicht richtig anwandtest. Du hobst so manchen Erfolgsgedanken durch einen darangehängten Gedanken des Zweifels – also durch Gedanken an seine Unmöglichkeit oder Undurchführbarkeit – wieder auf. Erst wenn Du Dein Glück auch in Deinem tiefsten Innern uneingeschränkt bejahst, ziehst Du es an.

Bejahung ist aller Verwirklichung Anfang!

Bejahe also Deinen Erfolg: erfülle Dich mit dem Gefühl, als ob der Erfolg schon Dein sei; halte Deine Erwartungen hoch; fühle, daß Du alles herbeiwünschen darfst, was Dein Herz ersehnt; lade Dein Denken mit den Kräften des Mutes, der Fülle, des Erfolges, dann wird die Ernte bald der Gedanken-Saat gleichen.

Das Glück, das Du suchst, ist *in Dir,* Du mußt es nur wecken und bewußt aktivieren. Immer bist Du das, was Du aus Dir und Deinen Glückskräften machst. Verwirkliche Dein Glück in Deinem Innern, dann wird es auch in der Außenwelt Wirklichkeit ... Fühle die Kraft in Dir, Dein Ziel zu erreichen, und vertraue auf den Inneren Helfer; dann wirst Du siegen.

Am Anfang ist die Idee. Ihre Verwirklichungskraft wächst durch Bejahung. Zunächst ist sie nur innerlich sichtbar; aber wenn sie beharrlich gehegt und wiederholt wird, ergreift sie Dich, macht sie Dich zu ihrem Werkzeug und Träger, bis sie auch äußerlich Gegenständlichkeit und Sichtbarkeit annimmt. Bewußt und unbewußt wirkst Du auf ihre Realisierung hin. Von ihr ergriffen, geleitet, getrieben, schaffst Du leichter, zielgewisser, erfolgsichtiger, und im gleichen Maße wirken die Dinge, von innen her gelenkt, mit Dir zusammen – bis das, was zuerst nur Wunsch und Idee war, schließlich als Wirklichkeit vor Dir steht.

Jeder von Menschen geschaffene Gegenstand, jede Erfindung, jede Maschine, jedes Buch, jedes Haus, jedes Unternehmen muß diesen Prozeß durchlaufen. Aber es ist ein gewaltiger Unterschied, ob Du schicksalsblind durchs Dasein stolperst, oder ob Du diesen Werde-Prozeß durch rechtes Denken und Verhalten bewußt vorantreibst und den Weg vom Wunsch zur Wirklichkeit durch beharrliche Bejahung des Ersehnten auf das mögliche Mindestmaß abkürzst!

2. Die *Wunschverwirklichung* erfolgt nach den Gesetzen des Geistes. Sie wird vorangetrieben durch die Klarheit Deiner Zielvorstellungen, durch die Gefühlsbetontheit Deines Wünschens, durch die Erfolggläubigkeit Deiner Bejahungen, durch das Maß Deines Vertrauens und durch den Grad der positiven Ausrichtung Deines Verhaltens und Tuns. Aber sie läßt sich, wie alles organische Wachstum, nicht gewaltsam beschleunigen.

Ihr einen *Termin* setzen heißt, Dich spannen. Dich spannen heißt, die Wunschverwirklichung erschweren. Denn Spannung bedeutet Einengung; Enge löst Angst aus; und wo Angst aufquillt, wird die innere Kraft blockiert.

Wiederum zeigt sich, wie wichtig es für Dich ist, Dich täglich zu entspannen und gelassen auf die Hilfe von innen zu vertrauen. Wer das tut, der weiß zu warten. Wer warten kann, bleibt gelockert. Gelockert, bleibt er frei von Angst und Sorgen. Weil er angstfrei bleibt, wird der Aufstrom der inneren Kraft nicht gestört. Und weil die innere Kraft ungehindert strömen und sich betätigen kann, vermag sich sein Wunschgedanke rascher und vollkommener zu verwirklichen.

In der Entspannung aktivierst Du die magnetische Kraft, die Dich für das, was Du bejahst, anziehend macht.

3. Der Geist des Lebens ist ein Geist der Fülle. Als Kind des Lebens bist auch Du zur Fülle bestimmt. Mensch sein heißt ein Wünschender sein. Und das Leben will, daß es nicht beim Wünschen bleibt, sondern daß Du vom Wunsch zur Verwirklichung fortschreitest. Du handelst recht, wenn Du *viele Wünsche* hast. Aber Du mußt sie wirklich *haben*. Und dazu ist nötig, daß Du nicht alles mögliche gleichzeitig und durcheinander wünschst, sondern Dich jeweils auf *einen* Wunsch konzentrierst, bis er Wirklichkeit geworden ist.

Das nächste ist also, daß Du Deine Wünsche ordnest und den stärksten und wichtigsten Wunsch in den Mittelpunkt Deines Denkens und Trachtens stellst. Diese Wunschklärung erfolgt in der Meditation. Ihr Erfolg wird dadurch vorbereitet, daß Du vor der Meditation alles, was Du an Wünschen in Dir trägst, auf einen Zettel schreibst und diese Wünsche dann nach ihrer Wichtigkeit ordnest, um anschließend in der Meditation den Inneren Helfer zu bitten, Dir bei der endgültigen Wunschklärung, -ermittlung und -verwirklichung des wichtigsten Wunsches beizustehen.

Wenn Du an die Wunschbejahung und innere Verwirklichung herangehst, prüfe oder laß vom Inneren Helfer weiter prüfen, ob die Erfüllung Deines Wunsches Dich wirklich innerlich oder äußerlich fördert, oder ob er nur einer Laune entspringt. Streiche alle überflüssigen Wünsche, versage Dir kleine Dinge, damit alle Kraft frei wird zur Erreichung Deiner großen Ziele!

Und nun schaffe in der Stille ein plastisch-lebendiges Bild dessen, was Du verwirklicht wünschst . . . Fühle lebendig, wie der Innere Helfer Deinen Wunsch der Erfüllung zuführt. Versenke Dich in seine Kraft und Weisheit, vertraue darauf, daß er immer in Richtung Deines größtmöglichen Glücks strebt.

Erfülle Dein Herz mit Freude und Dank gegen ihn, damit Du recht oft sagen kannst: Mein Glaube hat mir wiederum geholfen!

Diese Wunschkonzentration und Erfolgsbejahung verleiht Deinem Denken, Wollen und Tun eine erhöhte Durchschlagskraft, um so mehr, wenn Du Dir dabei bewußt bist, daß alles, was Du wünschst, *innerlich bereits Dein ist,* und daß die Bejahung nur dazu dient, der inneren Wirklichkeit auch äußerlich zur Sichtbarwerdung zu verhelfen. Erfülle Deine Bejahungen mit diesem Geiste – dann wirst Du staunen über die Wandlungen, die sich dann vollziehen.

Bejahe innerhalb und außerhalb der Meditation zunächst allgemein:

»Ich habe Erfolg. Alles gelingt mir. Alles, worauf ich mein Denken richte, wird Wirklichkeit. Ich habe Erfolg, weil ich eins bin mit dem unsichtbaren Helfer und durch ihn mit allen Kräften des Lebens, der Liebe und des Glücks. Sie strömen in mich ein und tragen mich meinem Ziel entgegen.

Der Innere Helfer gibt mir die Kraft und die Weisheit, alles Gute zu denken, zu tun und an mich zu ziehen. Er wendet alles zum Besten und verwandelt alles, was an mich herantritt, in Fortschritt. Ich helfe allen Menschen, weil alle mir helfen. Ich ströme Kraft aus auf alle Schwachen; denn ich empfange unerschöpfliche Kraft von innen. Ich liebe alles, weil alles mich liebt und mir beisteht. Durch die Kraft in mir schreite ich von Erfolg zu Erfolg – und mit mir alle, die ich liebe! Ich bin eins mit den Kräften der Fülle. Was ich denke und wünsche, wird Wirklichkeit!«

Im weiteren bejahe immer beharrlicher die Verwirklichung Deines besonderen Wunsches:

»Ich weiß, mein Innerer Helfer, daß Du meinem Herzenswunsch zur Erfüllung verhilfst, und ich danke Dir für Deinen Beistand. Schon daß ich das . . . wünsche, ist ebenso von Dir gewollt wie die Verwirklichung dieses Wunsches, die ich Dir anheimstelle in der Gewißheit, daß Du unaufhörlich mein

Wohl wirkst. Du kennst das Sehnen meines Herzens und kennst den Weg, ihm zur Erfüllung zu verhelfen. Denn Dein ist die Weisheit, die Kraft und die Wirklichkeit. Ich danke Dir für Deine Hilfe!«

4. Im übrigen wirst Du überlegen, was *Du selbst* tun kannst, um die Wunscherfüllung auch von außen her zu fördern, und wirst es *tun* – im Vertrauen darauf, daß der Innere Helfer das Seine tut, um sie von innen her zu beschleunigen. Solchermaßen wirken beide auf das gleiche Ziel hin harmonisch zusammen. Du behältst, vorwärtsschreitend, Dein Ziel im Auge – und läßt Dich zugleich von innen her vertrauensvoll auf dem kürzesten Wege zum Ziel geleiten.

Wenn Du auf diese Weise mit dem Inneren Helfer zusammenwirkst, erlebst Du nicht nur in wachsendem Maße Wunscherfüllungen, sondern zugleich, daß diese sich in jeder Hinsicht zu Deinem Besten auswirken. Du gelangst so in eine Erfolgsserie hinein, die nicht mehr abreißt.

DAS ENDE DER ZUKUNFTSFURCHT

1. Die hilfreichste Lebensweisheit, die hier vermittelt werden kann, liegt in dem Christus-Wort: »Sorget euch nicht um den anderen Tag, denn der morgige Tag wird für das Seine sorgen. Es ist genug, daß ein jeder Tag seine Plage habe.«

Dieser Rat umschließt die Mahnung, Deine Sorgen auf den heutigen Tag zu beschränken, also *bis zum Schlafengehen*. Bis dahin wirst Du bestimmt durchhalten. Tust Du es, dann hast Du nicht nur die Gegenwart gemeistert, sondern auch die Zukunft aufs beste geordnet. Du bewirkst durch dieses Verhalten, daß morgen sozusagen ein neues Leben beginnt, ein neuer Tag, über dem das Wort steht: »Dies ist der Tag des Herrn. Laßt uns freudig und fröhlich darinnen sein.«

Mache Dir bewußt, welch erlösende Wahrheit darin steckt, die auch Dich furchtlos, frei und froh machen wird:

Der heutige Tag ist der einzige, der Dir gewiß ist. Was morgen ist, weiß nur Gott. Und er will, daß Du den heutigen Tag freudig und fröhlich, dankbar und ohne Sorge aus seiner Hand entgegennimmst und alles Schöne darin, richtig denkend und richtig handelnd, aufs beste wertest und nützest.

Tust Du das, dann sorgt er seinerseits dafür, daß auch der morgige Tag Dir Gelegenheit gibt, ihn gleich freudig und fröhlich zu durchschreiten und von Sorgen verschont zu bleiben. Wenn Du den heutigen Tag richtig lebst in dem Willen, das Bestmögliche aus seinen 24 Stunden herauszuholen, ist damit auch für das Glück des morgigen Tages der Grund gelegt.

Noch deutlicher gesagt: Genau genommen ist nur der *gegenwärtige Augenblick* Dein – dieser Schnittpunkt zweier Ewigkeiten, die Dir verschlossen sind: der Vergangenheit, die nicht mehr, und der Zukunft, die noch nicht ist. Was *ist* und von Dir allein gelebt und erlebt werden kann, ist immer nur die *Gegenwart*. Sie recht meistern heißt die Vergangenheit verklären und die Zukunft klären und durchlichten. Was dann als »Zukunft« auf Dich zukommt, kann nur erfreulich sein, weil Du Dir und anderen die Gegenwart durch rechtes Denken und Verhalten zur Freude machtest.

2. Solange Du etwas fürchtest, was in der Zukunft liegt, bleibst Du unfähig, die Gegenwart zu meistern – und damit auch die Zukunft. Wenn Du als Vertreter das Büro eines Geschäftsmannes mit Zweifel und Sorge betrittst, kannst Du unmöglich Erfolg haben, weil die von Dir vorausgesandten Furchtgedanken im Anderen, ihm unbewußt, bereits den Willen zum Neinsagen mobilisieren ...

... Genau so wird, wenn Du voller Furcht in die Zukunft blickst, eben das, was Du fürchtest, aus der Zukunft auf Dich zukommen. Eine Gefahr fürchten heißt in ihr untergehen, weil die Furcht Dich lähmt und Dich am Tun des Rechten hindert.

Wenn Du hingegen gelernt hast, dem Inneren Helfer zu vertrauen, entziehst Du der Zukunftfurcht den Boden, meisterst die Gegenwart und bewirkst, daß auch aus der Zukunft nur Gutes auf Dich zukommt. Die Gefahren, durch die Du mit vertrauendem Herzen hindurchschreitest, teilen sich wie eine Nebelwand und erweisen sich als Durchgang und Übergang zu neuen Erfolgen.

Wenn Du in der Meditation Dein Einssein mit dem Inneren Helfer bejahst, dann gedenke der Christus-Worte: »Seid guten Mutes, denn ich habe die Welt überwunden!« und »Größere Dinge denn ich werdet ihr tun.« Mit Deinem Inneren Helfer verbunden und verbündet, kannst Du jederzeit guten Mutes und gewiß sein, daß Du jede Not überwindest und immer größere Aufgaben meisterst.

Um Dich ganz mit dieser Gewißheit zu erfüllen und damit jeder Zukunftsfurcht den Zugang zu Deinem Herzen unmöglich zu machen, werde Dir in der Meditation immer aufs neue bewußt:

»Auf allen meinen Wegen weiß ich meinen Inneren Helfer am Werk. Er leitet mich und beschützt mich. Er ist der Lenker meines Schicksals in der Gegenwart und der Gesetzgeber meines Schicksals in der Zukunft. Mir geschieht nur, was er will und was meinem Besten dient!«

Den, der sich solchermaßen mit seinem unsichtbaren Partner eins weiß, kann nichts mehr schrecken. Er weiß, daß alles gut ist und daß er – mag kommen, was will! – überall und jederzeit geborgen ist. Diese Gewißheit bedeutet das Ende der Zukunftsfurcht.

WIE MAN ZWANGSVORSTELLUNGEN UND DEPRESSIONEN MEISTERT

1. Viele Menschen sind Sklaven von Zwangsvorstellungen, die oft plötzlich aufbrechen und durch vernünftiges Zureden nicht beseitigt werden. Der von Platzangst Befallene zum Beispiel fühlt sich unfähig, eine verkehrsreiche Straße oder einen

weiten Platz zu überqueren: ihm wird übel, er wird bleich, Schweiß bricht aus, seine Knie werden weich, wenn er es trotzdem versucht.

Solche Zwangsgedanken mit Willensanstrengungen unterdrücken zu wollen, ist ein vergebliches Unterfangen. Warum? Weil die Zwangsvorstellung bereits eine Überspannung ist, die durch weitere Anspannung von der Willensseite her nicht aufgehoben, sondern verstärkt wird, wie das Beispiel des Nicht-Errötenwollens zeigt, bei dem man erst recht errötet.

Gleiches gilt für *Zwangshandlungen*, die ebenso wie viele Zwangsvorstellungen auf negative Suggestionen und seelische Verletzungen zurückgehen, die in der Kindheit empfangen und vom Unbewußten festgehalten und zu festen Haltungen, zu Gewohnheiten ausgebaut wurden. Das geht von den bloßen schlechten Angewohnheiten über die Vielzahl abergläubischer Verhaltensweisen bis zu unwillkürlichen Muskelzuckungen, Ticks und sonstigem neurotischen Gebahren. Auch hier wirken Willensanstrengungen verschlimmernd, statt lösend.

Nicht vom Willen, nur vom »Es« her, vom innersten Wesenskern aus können solche inneren Fehlschaltungen erfolgreich abgebaut und beseitigt werden. Darum ist die Meditation und die Hinwendung zum Inneren Helfer hier das gegebene Mittel wirklicher Befreiung und Heilung: das lustbetonte Bewußtsein innigen Verbundenseins mit dem unsichtbaren Partner, das immer stärkere Erfülltsein von seiner Kraft, das daraus entspringende zunehmende Selbstvertrauen und das positive Gefühl des Überlegenseins entzieht den negativen Komplexen den Boden und bringt sie *kampflos* zum Absterben.

Wenn Du Dich entspannst und in der Stille den Inneren Helfer um seinen Beistand bittest, ihm Dein Vertrauen aussprichst und Dich gänzlich seinen helfenden Händen überläßt, wirst Du, von ihm geleitet, ganz von selbst aus der Dunkelheit der Depression hinausgeführt in die Helle eines neuen Lebens inneren und äußeren Freiseins.

2. Die Hinwendung an den Inneren Helfer wurde von einem, der dadurch von seinen Zwangsgedanken frei wurde, treffend als *»geistiges Jiu-Jitsu«* bezeichnet:

Statt dem Übel zu widerstehen und dadurch die innere Not zu vergrößern, gilt es, seine starke Spann- und Stoßkraft zu benutzen, um es zu Fall zu bringen und machtlos zu machen. Das geschieht in der Meditation, in der der inneren Über-Spannung keine neue Spannung entgegensetzt, sondern durch *Entspannung* der Boden entzogen wird.

Auf diese Weise wird aus hoffnungsloser Selbstquälerei und seelischer Umdüsterung eine schrittweise Selbstentlastung und innere Aufhellung, ein Freiwerden von der seelischen Bürde.

Schon nach der ersten Meditation wirst Du ein Nachlassen der Unzulänglichkeitsgefühle, der Situationsunsicherheit, ein inneres Freiwerden feststellen. Diese seelische »Selbstentgiftung« wird nach jeder Meditation deutlicher spürbar. Je williger Du Dich dabei dem Inneren Helfer überläßt, desto vollkommener wirst Du von innen her gelockert, harmonisiert und neudurchkraftet – bis Du eines Tages entdeckst, daß die Zwangsgedanken verschwunden sind.

Wie der Seelenarzt dieses geistige Jiu-Jitsu erfolgreich anwendet, sei an einem Beispiel gezeigt, das ich C. H. *Struble* verdanke:

Ein Junge wurde von einem ständig wiederkehrenden Traum gequält, in dem ihn ein Tiger bedrohte. Dieser Tiger erfüllte allmählich nicht nur seine Träume, sondern auch sein Alltagsleben mit so viel Angst und Gehemmtheit, daß die Eltern um die Gesundheit ihres Kindes fürchteten und sich an einen Seelenarzt wandten, der zufällig auch ein guter Psychodynamiker war:

Er unterhielt sich mit dem Jungen und erzählte ihm Geschichten von Tieren, wobei er beiläufig erwähnte, daß sie zuweilen auch im Traum erschienen. Ebenso beiläufig fragte er den Knaben: »Ich hörte von Deiner Mutter, daß Du im Traum manchmal einen Tiger siehst?« Mit vor Entsetzen geweiteten

Augen bestätigte dieser das und berichtete, was ihn ängstigte. Da strich ihm der Arzt über den Kopf und sagte: »Sicherlich hast Du nicht genau hingeschaut. Das ist nämlich ein *freundlicher Tiger*. Wenn er heute Nacht wiederkommt, dann legst Du ihm die Hand auf den Kopf und begrüßt ihn mit den Worten: ›*Da bist Du ja, alter Freund!*‹ – und Du wirst sehen, wie nett und zutraulich er zu Dir ist!«

In der folgenden Nacht schlich sich die Mutter an das Bett des Knaben, um zu sehen, wie er schlafen werde. Sie sah, wie er sich unruhiger als je im Bett herumwälzte und von Angst gequält wurde. Aber dann gewahrte sie, wie die kleine Hand ihres Buben unter der Decke hervorkam und streichelnde Bewegungen machte und wie ihr Kind dabei murmelte: »Da bist Du ja, alter Freund!« Dann breitete sich ein glückliches Lächeln über das Gesicht ihres Kindes – und bald darauf lag es ruhig, schlief die ganze Nacht hindurch friedlich und wurde seitdem nie wieder von der Tiger-Angst belästigt.

3. Du kannst etwas ähnliches tun und den seelischen Druck, der auf Dir lastet, die Zwangsgedanken, die Dich unfrei machen, ohne Widerstand und Kampf für immer los werden, wenn Du die abendliche Meditation in ein *Traum-Exerzitium* umwandelst.

Nachdem Du zu Bett gegangen bist, beginnst Du mit der üblichen Entspannung. Sowie alles Außen verklungen und die Stille erreicht ist, erfüllst Du Dich mit dem Bewußtsein Deines Verbundenseins mit dem Inneren Helfer und rückst darauf die Not, die Dich quält, mit etwa folgender Bejahung in das Blickfeld Deines Bewußtseins und in den Willens- und Wirkungsbereich des Inneren Helfers:

»Du, mein Innerer Helfer, wirst mich von dem Druck befreien, der auf mir lastet. Du hilfst mir, die mir unbekannten Ursachen des Zwangs, der mich quält, des Leidens, das mein Dasein vergiftet, zu erkennen, zu entwurzeln und zu lösen.

Laß meine Träume in dieser Nacht so tief werden, daß sie bis an die Wurzel meines Leidens hinabreichen und es lö-

sen ... Laß mich erwachen, wenn die Erkenntnis des Grundes erlösend in meine Träume einströmt.

Hilf mir, von der Last frei zu werden, damit ich ungehemmt und mit neuer Kraft meine Aufgaben im täglichen Leben erfüllen und mein Schicksal meistern kann!«

Wenn Du während dieser Bejahung einschläfst, schadet das nichts; wenn es nicht der Fall ist, schließe an die Bejahung eine erneute Stille, auf die dann der Schlaf folgen möge, wobei darauf zu achten ist, daß sich zwischen Bejahung und Schlaf keine störenden Gedanken mehr einschieben.

Der Erfolg tritt manchmal überraschend schnell ein: Du wirst entweder in der Nacht aufwachen und aus Deinen Träumen wird Dir das Bewußtsein des oft recht trivialen und unbedeutenden Grundes Deines Gehemmtseins werden – oder Du wirst wie gewöhnlich am Morgen erwachen, und unter den ersten Gedanken, die in Dir auftauchen, wird die ersehnte Erkenntnis und das Bewußtsein Deines Freiseins sein – oder wird der Zwang abklingen und nicht mehr wiederkehren.

4. Auch bei Niedergeschlagenheit und Depressionen hilft am schnellsten die Besinnung auf den Inneren Helfer:

Geh' in die Stille und laß, sowie Du in das Schweigen eingetreten bist, die Kraft des Inneren Helfers Dich durchfluten und umstimmen. Eine solche Selbstbesinnung am Morgen macht selbst den langweiligsten Arbeitstag zu einem Tag lebendigen Fortschreitens, zu einem Sonnentag, einem Krafttag: Sage Dir:

»Ich bin eins mit allen Kräften des Inneren Helfers. Alles fällt mir leicht – alles kommt mir entgegen – alles gelingt mir! Ich bin heute stark und glücklich, froh und frei!«

Wenn plötzlich eine Welle von Mißmut und Niedergedrücktheit sich über Dich ergießt, weil etwas nicht nach Deinem Wunsch ging, dann besinne Dich:

»Kann ich das nicht haben, was ich liebe, dann will ich das lieben, was ich habe. Denn wer ernsthaft liebt, was er hat, empfängt bald auch das, was er darüber hinaus liebt!«

Tritt ans Fenster, öffne es, atme tief aus und ein und sage Dir:

»Ich bin frei. Für mich gibt es keine Fesseln. Alle guten Kräfte des Lebens stehen mir zu Diensten. Ich atme Kraft und Fülle ein, Harmonie und Freude. Alles ist gut!«

»Ständige Depressionen und Sorgen«, sagt *Swedenborg,* »machen stumpf und verschließen Dich dem Einfluß des geistigen Lebens. Ein Mensch, der stets voll Kummer und Bedrücktheit ist, widersetzt sich dadurch dem Leben und seinen Kräften, dem Wahren und Guten dieser Welt, und macht es ihnen unmöglich, ihn zu erfüllen und ihn glücklich zu machen.«

Je weniger »Ich-kann-nicht«-Gedanken, desto weniger Depressionen; je mehr Gedanken an Freude, Frohsinn, Glück, Harmonie, Liebe und Erfolg Du in Dir hegst und festhältst, je williger Du Dich von den heilenden und stärkenden Kräften des Inneren Helfers durchströmen läßt, desto eher wirst Du ein Meister des Lebens. Bejahe darum in der Meditation immer aufs neue:

»Ich glaube an das Gute in allen Menschen und Dingen. Ich glaube, daß alles gut ist. Ich bin erfüllt von den Kräften der Gesundheit, der Liebe und des Erfolges. Alle Wesen um mich wollen mein Bestes und alle Dinge dienen meinem Fortschritt; darum strahle ich Liebe und Kraft aus auf sie alle. Wir helfen uns gegenseitig, wo wir können. Je mehr Liebe ich gebe, desto mehr Liebe und Freude kehrt zu mir zurück und lehrt mich erkennen, daß alles gut ist!«

Erinnere Dich noch einmal an das Bild des Tigers:

Im Traum wie im Leben ist der beste Rat, Deine Hand nicht ängstlich-hastig zurückzuziehen, sondern sie gemächlich-gelassen in der gleichen Richtung zu bewegen wie die ausgestreckten Krallen des Tigers – des Widerstandes –; dann verletzten sie dich nicht und tun nicht weh.

Hier wie überall erweist sich *Christi* Rat als der beste: »Widerstehe dem Übel nicht!« – stemme Dich nicht gegen

Hemmungen und Widerstände, sondern lenke ihre Kraft durch beharrliche Bejahung des Guten und gläubiges Vertrauen auf die Hilfe von innen in positive Kanäle, so daß sie Dir nützen, statt Dir zu schaden. Auf diese Weise verwandelst Du die Gespenster, die Dich scheinbar hemmen und hindern, in lauter freundliche Heinzelmännchen, die Dich fühlbar fördern!

DIE WAHRHEIT IST EINFACH

Genug der Beispiele, wie man durch rechtes Verhalten über Schwierigkeiten aller Art hinwegkommt. Wer sucht, der findet in den gegebenen Ratschlägen hilfreiche Rezepte auch für die Fälle, die hier nicht behandelt sind. Tatsächlich gibt es keine Not, die nicht von innen her gewendet und behoben werden kann. Es ist unmöglich, unglücklich und erfolglos zu bleiben, wenn man den hier gezeigten Weg geht.

Ein Gemeinsames haben alle hier vermittelten Hilfen: sie sind einfach in der Anwendung und unmittelbar wirksam. Absichtlich wurde nur das gesagt, was zum Verständnis der empfohlenen psychodynamischen Methoden unumgänglich nötig ist; denn wichtiger als Theorien ist die Praxis. Nur eines sei abschließend ausgesprochen:

Was hier an lebendigen Früchten der dynamischen Psychologie Neugeists dargeboten wurde, deckt sich mit dem, was man in den geistreligiösen Bewegungen unserer Zeit als »praktisches Christentum« bezeichnet. Beide gehen von der Grunderkenntnis aus, daß wir unsere Umwelt nur ändern, indem wir *uns* ändern, und daß die Wandlung unseres Verhaltens auch die unserer Verhältnisse mit sich bringt.

Ich hätte jeden Abschnitt durch Erfolgsberichte aus dem Leben solcher erweitern können, die die hier vermittelten Ratschläge als hilfreich erprobt und den Beistand des Inneren Helfers beglückt erfahren haben. Des großen Umfangs dieser Berichte wegen wurde darauf verzichtet. Sie werden in anderem

Zusammenhang wiedergegeben. Hier ist nur die Tatsache wesentlich, daß solche Bestätigungen in Fülle da sind und zu der Feststellung berechtigen, *daß das, was andern geholfen hat, auch Dir helfen wird!*

Wenn Dir im übrigen ein Hinweis oder Rat genützt hat, wäre es sehr freundlich, wenn Du mir darüber berichten würdest. Du dienst Dir selbst, wenn Du das, was Dir geholfen hat, wiederum andern mitteilst; Du folgst damit den Regeln der geistigen Mathematik: 1. *addierst* Du dadurch, daß Du Deine eigenen Erkenntnisse und guten Erfahrungen andern vermittelst, deren Beglückungen und Fortschritte Deinen eigenen hinzu; 2. *subtrahierst* Du dadurch, daß Du andern die Überwindung ihrer Schwierigkeiten erleichterst, im gleichen Maße Schwierigkeiten aus Deinem Leben, Du ziehst sie ab und aus Deinem Dasein fort; 3. *dividierst* Du Deine Freuden und Erfolge mit andern nie, ohne die beglückende Erfahrung zu machen, daß geteilte Freude doppelte Freude bedeutet; 4. *multiplizierst* Du Dein eigenes Glücks- und Erfolgsvermögen, wenn Du anderen hilfst, auf dem von Dir als richtig erkannten Wege ebenfalls freier, glücklicher und reicher zu werden!

Ich habe gelernt, so zu handeln, und wenn so jeder jedem hilft, ist bald jedem geholfen.

Wenn die Ratschläge dieses Wegweisers Dir zu dieser geistigen Selbsthilfe und rechten gegenseitigen Hilfe den Weg freigemacht haben, ist ihre Aufgabe erfüllt – um so mehr, wenn sie Dich zu bewußterer Betätigung Deiner geistigen Kräfte angeregt und Dir einen neuen Lebens- und Schicksalsglauben gegeben haben; denn, wie *Novalis* sagt, »das *Fatum,* das uns bedrückt und erdrückt, ist die Trägheit unseres Geistes. Durch Erweiterung und Bildung seiner Tätigkeit werden wir *uns selbst in das Fatum verwandeln* . . . bis am Ende keine Negation mehr sein wird, sondern wir alles in allem! Gott will Götter!«

INHALT

I. Teil: DER SCHLÜSSEL ZUM ERFOLG

II. Teil: TECHNIK DER GEISTIGEN SELBSTHILFE

III. Teil: DYNAMISCHE PSYCHOLOGIE IM ALLTAG

esotera
Neue Dimensionen des Bewußtseins
esotera
ERDE RUFT KOSMOS
SOJA FÜR DAS HERZ
WENN DIE LIEBE SPÜRBAR WIRD
INTERVIEW MIT EINEM STAR-KANAL
DER SONNENTANZ-PRIESTER
KLASSIKER DER ESOTERIK
BÜCHER SPEZIAL
Kanal zum Jenseits